ESTADO, DEMOCRACIA E CONTROLE EXTERNO DAS CONTRATAÇÕES PÚBLICAS

CONTRACORRENTE

João Antonio da Silva Filho

ESTADO, DEMOCRACIA E CONTROLE EXTERNO DAS CONTRATAÇÕES PÚBLICAS

AVARÉ

2024

CONTRACORRENTE

Travessa Vergílio de Araújo Valim, 167
Avaré - SP - Brasil | CEP 18707 815
www.editoracontracorrente.com.br
contato@editoracontracorrente.com.br

EDITORES
Camila Almeida Janela Valim
Gustavo Marinho de Carvalho
Rafael Valim
Walfrido Warde
Silvio Almeida

EQUIPE EDITORIAL
COORDENAÇÃO DE PROJETO: Erick Facioli
PREPARAÇÃO DE TEXTO: Amanda Dorth
REVISÃO: Fernanda Zandoná
REVISÃO TÉCNICA: Beatriz Duarte Lopes
DIAGRAMAÇÃO: Gisely Fernandes
CAPA: Giovani Castelucci e
Guilherme Vieira (Estúdio Daó)

EQUIPE DE APOIO
Carla Vasconcelos
Regina Gomes
Nathalia Oliveira
Geovanna Sales

Dados Internacionais de Catalogação na Publicação (CIP)
(Câmara Brasileira do Livro, SP, Brasil)

Silva Filho, João Antonio da
Estado, democracia e controle externo das contratações públicas / João Antonio da Silva Filho. -- Avaré, SP : Editora Contracorrente, 2024.

Bibliografia.
ISBN 978-65-5396-230-9

1. Direito administrativo 2. Direito público 3. Estado de Direito 4. Licitações - Leis e legislação I. Título.

24-231937 CDU-35

Índices para catálogo sistemático:

1. Direito administrativo 35
Eliete Marques da Silva - Bibliotecária - CRB-8/9380

@editoracontracorrente
Editora Contracorrente
@ContraEditora
Editora Contracorrente

SUMÁRIO

AGRADECIMENTOS

Agradeço à minha esposa, aos meus filhos, aos meus irmãos, aos amigos de longa data e, especialmente, ao Professor Doutor Bruno Dantas, meu orientador no Doutorado, além da gratidão ao meu sempre orientador e Professor Gabriel Chalita.

INTRODUÇÃO

O Estado de Direito é caracterizado, primordialmente, como um Estado sujeito a limites e controles. Em se tratando do Estado, há uma tendência natural daqueles que agem em seu nome, por razões diversas, a ocultarem suas ações; tendência esta que se acentua nos Estados autoritários, cujas normas jurídicas são meras formalidades para justificar o poder.

No contexto de um Estado Democrático de Direito, a limitação do poder não é uma mera abstração e deve ocorrer concretamente na fiscalização dos atos praticados pelos gestores públicos, tanto para assegurar o cumprimento dos fins do Estado, como para verificar a adequada e eficiente aplicação dos recursos públicos que lhes são confiados. Para tanto, a Constituição Federal brasileira e a sua legislação ordinária erigiram uma série de mecanismos de controle, dentre os quais se destacam as competências atribuídas ao Controle Externo exercido pelas Cortes de Contas.

Esse alargamento de competências, fruto de uma consciente opção política feita pelo legislador Constituinte, ao atribuir às Cortes de Contas a fiscalização contábil, financeira, orçamentária, operacional e patrimonial das contas públicas quanto à legalidade, legitimidade, economicidade (art. 70 da CF), alçou a atuação dessas instituições, de mero controle de natureza contábil, a mecanismo de vanguarda no controle econômico/financeiro e, por consequência, da forma de aplicação do dinheiro público que resulte em qualificadas políticas públicas e governamentais.

Sob essa nova perspectiva, inaugurada pela Constituição de 1988, a atuação dos Tribunais de Contas implica na superação do controle voltado à mera conformidade dos atos e finanças da Administração Pública, tipicamente de natureza posterior, impondo-se à valorização da atuação do Controle Externo, relacionando o controle da eficiência e dos resultados à efetividade das políticas públicas desenvolvidas pelos governos, verificando se a qualidade das despesas orçamentárias gera impacto positivo na qualidade de vida dos cidadãos e cidadãs.

Tais exigências demandam o fortalecimento da atuação preventiva do Controle Externo para, em nome do princípio da eficiência, fazer com que o dinheiro público seja efetivamente investido em benefício de todos.

A busca pela consolidação de um Controle Externo que supere o tradicional controle de conformidade, de natureza posterior, repressivo, portanto, e centrado, muitas vezes, em aspectos meramente formais e burocráticos, tem levado as Cortes de Contas a desenvolverem modernos mecanismos de fiscalização, abandonando a lógica da fiscalização voltada apenas para a detecção de falhas e aplicação de sanções.

Nesse sentido, os Tribunais de Contas se empenham na criação de instrumentos que propiciem uma atuação mais voltada à prevenção, fazendo com que o Controle Externo atue também como instrumento da coletividade para a concretização das finalidades do Estado. Para este fim, as Cortes de Contas, respeitadas as competências que a Constituição Federal lhes atribuiu, são instituições importantes do Poder Público na busca das melhores soluções para a coletividade.

Ao mesmo tempo, cada vez mais, a atuação das Cortes de Contas influencia o ambiente negocial das relações que se estabelecem entre Empresas e a Administração Pública, sendo essa atuação um fator fundamental para a defesa da livre concorrência em seus múltiplos aspectos, bem como da sustentabilidade das contratações públicas, e da manutenção da segurança jurídica das relações, a partir dos alicerces constitucionais da ordem econômica e da Lei de Introdução às Normas do Direito Brasileiro (LINDB), com as alterações promovidas pela Lei n. 13.655/2018.

A atividade negocial do Estado, aqui entendida no contexto das complexas relações que se formam a partir das contratações públicas – ou seja, não restrita apenas aos atos administrativos que exprimam declarações de vontade da Administração Pública coincidentes com interesses do particular –, encontra na relação que se forma entre Empresa e Estado a sua principal expressão do ponto de vista do controle dos gastos públicos, daí o interesse dessa pesquisa de investigar a influência do Controle Externo nessa relação.

Portanto, a presente pesquisa busca examinar amplamente os reflexos da atuação das Cortes de Contas na atividade empresarial a partir do exame de mecanismos inovadores de controle, baseados (i) na função dos Tribunais de Contas na mediação de conflitos entre a administração pública e empresas durante a fase de execução contratual, em especial de contratações públicas que envolvam grandes somas de recursos e que se protraiam no tempo por longos períodos; (ii) no papel das Cortes de Contas como avalistas de políticas públicas de reconhecida eficiência, impedindo que a rotatividade do Poder, própria da democracia, provoque a descontinuidade administrativa; e (iii) na atividade sancionatória das Cortes de Contas e seus reflexos aos agentes públicos e particulares, sob o prisma da responsabilização das pessoas jurídicas pela prática de atos contra a Administração Pública.

Quanto à consistência científica, este livro encontra aderência à Linha de Pesquisa 1 Estruturas do Direito Empresarial, do Programa de Doutorado em Direito da Universidade Nove de Julho, uma vez que busca, de uma forma original, construir respostas aos elementos anteriormente colocados, valendo-se, para tanto, dos métodos dialético, sistêmico e hipotético-dedutivo, com auxílio de experiências concretas e comparativas.

Importante ressaltar que as pesquisas comumente realizadas sobre as convergências entre o Direito Empresarial e o Direito Administrativo têm suas bases na análise bibliográfica, bem como da legislação e suas consequências. Como contraponto, o presente livro busca sua originalidade por meio da análise em capítulo próprio de dois casos concretos para reforçar aspectos conceituais aqui defendidos e sua aplicabilidade no mundo fenomênico.

O presente livro está dividido em quatro capítulos. O primeiro trata da atuação dos Tribunais de Contas no contexto do Estado Democrático de Direito, abordando este modelo de Estado como instrumento de composição e coesão social. Analisam-se também os pilares de sustentação do regime democrático, destacando-se, em especial, o papel das instituições de Estado como mecanismos de freios e contrapesos, examinando-se a função do controle externo a cargo das Cortes de Contas dentro desse contexto.

O capítulo II aprofunda o estudo dos Tribunais de Contas a partir do exame do histórico dessas instituições no Brasil, dos tipos de controle exercidos pelas Cortes de Contas e da natureza jurídica de seus julgados. Enuncia-se neste capítulo a ideia dos Tribunais de Contas enquanto avalistas de políticas públicas exitosas, medida que procura auxiliar a Administração no combate à descontinuidade administrativa. Aborda-se, além disso, a interferência da atuação dos Tribunais de Contas na esfera jurídica das empresas que possuem contratação com o Poder Público.

O capítulo III deste livro tratará sobre a repercussão das grandes contratações públicas, avaliando-se os impactos econômicos e sociais das grandes contratações do Estado, bem como as suas repercussões na atividade empresarial.

O capítulo IV aborda o papel do controle na construção de consensos, por meio da mediação de conflitos entre a Administração e empresas contratadas, bem como aspectos conceituais do controle preventivo como gênero que, sob a ótica temporal, se divide em duas espécies: controle prévio e controle concomitante. Aborda-se também, neste capítulo, os instrumentos que dão concretude a esta modalidade de controle. Aborda-se, ainda, o tema objeto desta tese a partir de uma ótica empírica, por meio do estudo de dois casos práticos envolvendo a atuação do Tribunal de Contas do Município de São Paulo. O primeiro deles analisará a interferência do controle externo na licitação para contratação dos serviços de indivisíveis de limpeza pública na cidade de São Paulo (varrição das vias públicas) e o segundo tratará da repercussão do controle preventivo na execução do contrato de concessão dos divisíveis de limpeza pública (coleta do lixo) na cidade de São Paulo.

Espera-se, ao final desta obra, demonstrar que o controle é uma atividade essencial no Estado de Direito, com destaque para a atuação das Cortes de Contas, que tem influência positiva nas relações que se estabelecem entre empresa e Estado, dentro do campo das interferências jurídicas multidimensionais no fenômeno econômico da empresarialidade, sobretudo, na proteção da sociedade e de seus direitos fundamentais constitucionalizados, buscando, em especial por meio do controle preventivo das contratações públicas, impedir a captura dos agentes públicos pelo poder econômico, e, ao mesmo tempo, a capacitação do Estado como tutor dos interesses da coletividade, de forma a assegurar a todos uma existência digna conforme os ditames da justiça social.

CAPÍTULO I

DEMOCRACIA E ATUAÇÃO DOS TRIBUNAIS DE CONTAS

1.1 Estado Democrático de Direito como instrumento de composição

Na contemporaneidade, o Estado Democrático de Direito, em sua dimensão política, exige uma cidadania ativa, que permita a enunciação dos anseios dos mais variados segmentos da sociedade e apto a dar respostas a tais pretensões por meio de regras e procedimentos que busquem a construção de acordos visando à composição das diferenças próprias da pluralidade das sociedades atuais.

> A democracia nas complexas sociedades de massa contemporâneas exige cidadãos ativos, capazes de formular e expressar suas preferências a seus concidadãos, governantes e representantes. Exige, também, que os cidadãos tenham as suas preferências consideradas por seus representantes e governantes na determinação de políticas públicas e ações governamentais, sem discriminação de conteúdo ou fonte da preferência. Um regime democrático, portanto, é aquele que tem capacidade de responder e de ser responsável pelas

> preferências de seus cidadãos, todos, sem exceção, considerados politicamente iguais.[1]

A invenção da cidadania se fez o elemento impulsionador da democracia, ao considerar que homens e mulheres não são obrigados a aceitar as determinações de uma ordem superior ditada por autoridades que se valem do aparelho estatal para, por meio da força, impor a sua lógica de dominação. Como afirma Olivier Nay, "A cidadania supõe, em primeiro lugar, que os homens sejam considerados como seres intercambiáveis, semelhantes uns aos outros, seja qual for sua origem, sua classe ou condição".[2] Sob tal perspectiva, o que caracteriza um cidadão é o seu pertencimento a uma comunidade política e não valores individuais tais como bens materiais, classe social ou qualidades pessoais.

Desde a Grécia Antiga, apesar da conhecida exclusão de mulheres, escravos e estrangeiros, a humanidade tem percorrido um caminho histórico de constante aperfeiçoamento do conceito de cidadania.

> Com o surgimento das cidades, muda-se também o conceito de cidadania. O aglomerado de pessoas morando num centro urbano provoca a necessidade de uma maior sociabilidade humana em todas as suas dimensões: sociológicas, econômicas, cultural e política. Isto implicou numa mudança de paradigma para as gerações futuras, cujas consequências são mudanças substanciais, tanto dos indivíduos, quanto do poder constituído e também do conceito de convivência em sociedade.[3]

---

1 RANIERI, Nina Beatriz Stocco. *O Estado Democrático de Direito e o sentido da exigência de preparo da pessoa para o exercício da cidadania, pela via da educação*. São Paulo: Universidade de São Paulo, 2009, p. 191. DOI:10.11606/T.2.2019.tde-10092019-171515. Acessado em: 04.06.2023. (Tese de Livre Docência).

2 NAY, Oliver. *História das Ideias Políticas*. Petrópolis: Vozes, 2007, p. 28.

3 SILVA FILHO, João Antonio. *A democracia e a democracia em Norberto Bobbio*. São Paulo: Verbatim, 2014, p. 30.

Expressões como interação, integração, intersubjetividade e coletividade já não são mais meros aspectos abstratos de indagações filosóficas sem aplicabilidade prática. Contrariamente, são manifestações concretas e impostas pela urgência objetiva de uma nova ordem social que se inicia e se projeta como irreversível, de tal forma que Aristóteles, 350 a.C., afirma: "Como qualquer totalidade, o Estado consiste numa multidão de parte: é a universalidade dos cidadãos".[4] Aristóteles, ainda que crítico da experiência democrática da Cidade-Estado de Atenas, ao formular conceitualmente a ideia de cidadania, circunscreveu-a como um elemento essencial de pertencimento a uma comunidade política, asseverando que: "Portanto, o que constitui propriamente o cidadão, sua qualidade verdadeiramente característica, é o Direito de votar nas Assembleias e de participação no exercício do poder público em sua pátria".[5] Dessa forma, vivência política e cidadania são elementos inerentes à construção do poder político desde os tempos antigos.

> Na Antiguidade, foram os atenienses, evidentemente, quem melhor exemplificou essa proposição. Para eles (e presumivelmente para as democracias menores inspiradas no modelo ateniense), a *isonomia* palavra que traduzimos como "igualdade perante a lei", passou também a significar igualdade através da lei; ou seja, igualdade entre todos os cidadãos em seus direitos políticos, uma igualdade de que foi criada pelos desenvolvimentos constitucionais, pelo direito. Essa igualdade significa não só a votar, a exercer cargos etc., mas sobretudo o direito a participar na formulação da política no Conselho e na Assembleia. Os debates na Assembleia eram abertos pelo arauto com estas palavras: "Que homem tem bons conselhos a dar à *pólis* e deseja torná-los conhecidos?" Isso afirmou TESEU, é liberdade (*As Suplicantes*, 438-41). PROTÁGORAS explicou o fundamento lógico: "Quando o assunto da deliberação deles envolve sabedoria política (...)

4 ARISTÓTELES. *A Política*. São Paulo: Martins Fontes, 2006, p. 41.

5 ARISTÓTELES. *A Política*. São Paulo: Martins Fontes, 2006, p. 42.

> eles escutam todos os homens, porquanto pensam que cada um deve compartir dessa virtude; caso contrário, não poderia haver *pólis* (PLATÃO, *Protágoras*, 322E – 313ª). Uma palavra grega adequada foi inclusive criada no começo do século V a. C., *isêgoría* que significa liberdade de expressão, não tanto com o nosso tom negativo convencional de liberdade de censura mas na acepção muito mais significativa de liberdade de falar onde mais importa, na assembleia de todos os cidadãos.[6]

A invenção da cidadania, em tal período histórico, se não foi o principal legado da civilização clássica grega, certamente está entre os principais. Seu exercício facultou o elemento da horizontalidade no modo de se fazer política. Desde então, o termo cidadania não se refere mais a cidadãos sujeitos a dobrar-se à vontade de um rei todo-poderoso e tirano, ou de uma casta oligárquica que vê a realidade do seu povo como se estivesse olhando de uma janela palaciana, pouco sensibilizados pela real situação da vida dos seus dominados.

Benjamin Constant, em *A liberdade dos antigos comparada à dos modernos*, traz um preciso contraste do exercício das liberdades da cidadania na Antiguidade e na Modernidade, destacando a concretude do primeiro exercício do poder político e o caráter mais abstrato do segundo:

> Conclui-se do que acabo de expor que não podemos mais desfrutar da liberdade dos antigos a qual se compunha da participação ativa e constante do poder coletivo. Nossa liberdade deve compor-se do exercício pacífico da independência privada. A participação que, na antiguidade, cada um tinha na soberania nacional não era, como em nossos dias, uma suposição abstrata. A vontade de cada um tinha uma influência real; o exercício dessa vontade era um prazer forte e repetido. Em consequência, os antigos estavam dispostos a fazer muitos

---

6 FINLEY, Moses. *Política no mundo antigo*. Rio de Janeiro: Zahar, 1985, p. 165.

> sacrifícios pela conservação de seus direitos políticos e de sua parte na administração do Estado. Cada um, sentindo com orgulho o que valia seu voto, experimentava uma enorme compensação na consciência de sua importância social.
>
> Essa compensação já não existe para nós. Perdido na multidão, o indivíduo quase nunca percebe a influência que exerce. Sua vontade não marca o conjunto; nada prova, a seus olhos, sua cooperação. O exercício dos direitos políticos somente nos proporciona pequena parte das satisfações que os antigos nela encontravam e, ao mesmo tempo, os progressos da civilização, a tendência comercial da época, a comunicação entre os povos multiplicaram e variaram ao infinito as formas de felicidade particular.[7]

Atualmente, a ideia de democracia nos remete a um campo semântico de homens livres, cidadãos, aptos constitucionalmente por meio de uma igualdade formal, a participar da vida política, diretamente ou por seus representantes. Cidadãos, segundo o conceito legal, são todos aqueles titulares de direitos e de deveres com padrões de conduta pactuados, que se expressam em normas previamente conhecidas e facilmente previsíveis por todos os integrantes de uma determinada comunidade política. O sentimento de pertencimento que une o indivíduo à sua comunidade é o aspecto nevrálgico da democracia, ou seja, é o que sedimenta o conceito de cidadania.

Num plano de comparação entre tais realidades políticas, é possível fazer a diferenciação, no tempo, dos conceitos em termos axiológicos: por democracia os antigos entendiam como sendo o povo decidindo em praça pública todos os rumos da política da cidade. É a chamada democracia direta. Já na contemporaneidade, a democracia é representativa. Em outras palavras: os cidadãos

---

7 CONSTANT, Benjamin. "Da liberdade dos antigos comparada à dos modernos". *Revista Filosofia Política*, nº 2, 1985, p. 3. Disponível em: http://www.caosmose.net/candido/unisinos/textos/benjamin.pdf. Acessado em: 06.04.2023.

habilitados elegem, por meio do voto, quem em seu nome deverá deliberar e decidir. Norberto Bobbio ressalta: "Quando nós falamos de democracia, a primeira coisa que nos vem à cabeça é o dia das eleições, com longas filas de cidadãos que aguardam sua vez para depositar votos nas urnas".[8] O período contemporâneo consolidou o sufrágio universal e a sua periodicidade como mecanismo de aferição da vontade geral, além de ser mecanismo de legitimidade do sistema de representação.

Em sua essência, a democracia consiste na expressão da pluralidade, da diversidade e do contraditório, elementos inerentes a toda sociedade. As múltiplas funções públicas; as profissões variadas; as atividades econômicas dos distintos setores da Economia; os ambientes culturais plurais e as diferentes ideologias estão todas contidas em um universo de interesses no interior dos Estados Nacionais. Tais interesses, muitas vezes contraditórios, somente poderão ser modelados e ter seus conflitos superados se concretizadas as expectativas futuras de um modelo político cujo diálogo e composição seja o modo principal de agir. É no respeito a esse universo diversificado que se encontram a eficácia e a legitimidade da democracia. No regime democrático, as partes são vistas, reconhecidas, respeitadas e consideradas fundamentais para conformar o tecido social, ao contrário dos regimes políticos totalitários, onde o todo a elas se sobrepõe. Quem propicia esta conformidade é o Estado por meio de um ordenamento jurídico compatível e aceito pela maioria dos seus membros.

Conceitualmente, concordamos com Norberto Bobbio quando afirma:

> O único modo de se chegar a um acordo quando se fala em democracia, entendida como contraposta a todas as formas

---

8 BOBBIO, Noberto. *O Filósofo e a Política*. Rio de Janeiro: Contraponto, 2003, p. 245.

> de governos autocráticos, é o de considerá-la caracterizada por um conjunto de regras (primárias ou fundamentais) que estabelece quem está autorizado a tomar as decisões coletivas e com quais procedimentos.[9]

Em um contexto de sociedades com imensa diversidade de interesses materiais e ideológicos, nenhuma sociedade sobrevive sem normas jurídicas que disciplinem padrões de comportamento tolerados por todos. O que diferencia, em termos axiológicos, a democracia das demais experiências de governo é justamente o fato de tais normas não serem impostas, mas pactuadas, adotando para este fim a regra de maioria, respeitando-se procedimentos formais, além de controles de freios e contrapesos, inclusive no exercício de uma função contramajoritária, para salvaguardar valores constitucionais civilizatórios que possam eventualmente ser turbados por maiorias circunstanciais.

Diante das complexas sociedades políticas do mundo contemporâneo, construir progressivamente o consenso, sem qualquer imposição, constitui uma árdua tarefa. Em contraste, ao restrito universo de cidadãos reconhecidos na democracia ateniense, as sociedades modernas se diferenciam pela extensão geográfica, pela quantidade de pessoas e pelos interesses diversificados. Robert Dahl afirma:

> (...) Às realidades de todas as democracias modernas que se localizam, não numa cidade-Estado, mas num Estado Nacional ou país: em vez de demos minúsculos e do território pressuposto na visão grega, um país - até mesmo um país pequeno - abrange um gigantesco corpo de cidadãos espalhado por um vasto território (para padrões gregos). Como resultado disso, os cidadãos são um corpo mais heterogêneo do que os gregos consideravam recomendável. Em muitos países, na verdade, eles são extraordinariamente diversos em matéria

9 BOBBIO, Norberto. *O Futuro da Democracia*. 11ª ed. São Paulo: Paz e Terra, 2009, p. 30.

> de religião, educação, cultura, grupos étnicos, raça, língua e situação econômica.[10]

Outro ponto a ser destacado nas democracias atuais consiste na questão, apontada por Moses Finley. Se, na Antiguidade, a escravidão convivia com a democracia ateniense e era justificada como algo natural,[11] em nossos dias, apesar da igualdade formal constitucionalmente reconhecida, é necessário ter consciência das diferenças de oportunidades e concretização de direitos em plenitude, sobretudo, os de matriz social, que permitam uma vida independente para amplos segmentos da sociedade contemporânea.

> Em nossa sociedade, por outro lado, com sua estrutura muito mais complexa e seu abandono formal da concepção de que a sujeição e a exploração cruel sejam, em si, aceitáveis, faz-se necessária uma justificativa. Se é "claro que todos os homens são criados iguais", é também claro que todos os homens estão longe de ser iguais no que diz respeito à independência, ao poder, a direitos. Alguma explicação é necessária, e aqueles que não estão satisfeitos com as explicações vigentes não são, decerto, unicamente os marxistas.[12]

Há dificuldades para se construir uma perspectiva de uma igualdade para além da formal, concretizando o bom senso de um tipo de liberdade pactuada pela construção de um acordo em torno de um modelo de justiça social apto a fazer com que cada cidadão sinta que a sua vontade é expressa em normas jurídicas e em políticas públicas conduzidas por um Estado que produza ou favoreça a

---

10 DAHL, Robert. *A Democracia e seus críticos*. São Paulo: Martins Fontes, 2012, p. 28.

11 FINLEY, Moses. *Democracia antiga e moderna*. Rio de Janeiro: Graal, 1985, pp. 117/118.

12 FINLEY, Moses. *Democracia antiga e moderna*. Rio de Janeiro: Graal, 1985, p. 118.

concretização dos direitos sociais de segunda geração, sem perder o compromisso com as liberdades e garantias individuais. Eis mais um desafio do Estado Democrático de Direito.

Norberto Bobbio, em período próximo passado, já observava que a saúde da democracia não anda em bom estado, porém, não se encontra em estado terminal. Ou seja, a democracia não é uma forma de governo perfeita; aliás, é da sua própria essência sobreviver do contraditório, da pluralidade e do respeito às diferenças. Em contraste com o despotismo, estático, sempre igual a si mesmo, além de insistente numa homogeneidade das práticas políticas e sociais características próprias dos regimes autoritários conservadores, a democracia tem um fundamento dialético que impulsiona seu dinamismo em conformidade com a vontade majoritária da sociedade.

Na obra *O Futuro da Democracia*, Norberto Bobbio classificou como sendo natural o seu permanente "estar em transformação",[13] constituindo a superação das imperfeições da democracia uma tarefa permanente de todos – sociedade, políticos e agentes públicos em geral – que buscam, na composição das diferenças, o necessário equilíbrio estável.

As disfuncionalidades do regime político democrático se apresentam com frequência. Entendemos que isso é uma decorrência mais da resistência das classes mais favorecidas em renunciar a seus privilégios e menos pelas próprias imperfeições do regime. Sabe-se que, diferentemente das camadas menos favorecidas, camadas privilegiadas da sociedade se organizam com maior facilidade em seus interesses privados e politicamente na esfera pública.

Nas camadas denominadas "aristocráticas" da sociedade, o conservadorismo é inerente à sua condição social. Suas pretensões e interesses são preservados na medida em que se conservam também as qualidades negativas do Estado, a saber: poder invisível, controle

---

13 BOBBIO, Norberto. *O Futuro da Democracia*. 11ª ed. São Paulo: Paz e Terra, 2009, p. 19.

do saber e das informações; controle das polícias e das forças armadas e, de certa forma, a monopolização da hermenêutica jurídica, numa espécie de "manipulação" das normas do Direito a serviço do *status quo* e resistente às legítimas reivindicações de efetividade de direitos sociais pelas classes menos favorecidas materialmente.

Aqueles que têm "muito a perder" e possuem uma vida materialmente confortável, se aplica o mesmo pensamento do conservador Russell Kirk:

> Sabendo que a natureza humana é uma mistura de bem e mal, o conservador não deposita a confiança na mera benevolência. Restrições constitucionais, freios e contrapesos políticos, um cumprimento adequado das leis, a velha e intrincada rede de restrições sobre a vontade e o apetite – são aprovados pelo conservador como instrumentos da liberdade e da ordem. Um governo justo mantém uma tensão saudável entre as pretensões da autoridade e as pretensões da liberdade.
>
> (...) O conservador, em suma, favorece um progresso refletido e moderado; opõe-se ao culto do progresso, cujos devotos acreditam que tudo o que é novo é necessariamente superior ao que é antigo.[14]

Por seu turno, as classes desfavorecidas pouco têm a perder e, uma vez convencidas, fazem de sua ação coletiva um forte instrumento transformador. Talvez por conta da sua expressão numérica e pelo seu inconformismo econômico, quase sempre protagonizam as mudanças em uma sociedade.

Em se tratando de disputa pela igualdade no ponto de partida com consequência no ponto de chegada, percebe-se que o desejo de continuísmo se contrapõe às mudanças. Essa ideia de permanência *versus* o novo, não são meros argumentos retóricos. Expressam um

---

14 KIRK, Russel. *A Política da Prudência*. São Paulo: Realizações Editora, 2014, pp. 111/112.

conteúdo de disputa real de valores, ideias e, principalmente, de luta classes. Quero dizer: aquelas que nada têm a perder buscam acelerar o processo natural de mudanças; já as classes mais privilegiadas fazem dos termos continuidade, estabilidade e permanência, mais do que uma análise morfológica isolada, um conteúdo político de sustentação do *status quo*.

Na organização da vida civil, um grande desafio é como tratar as diferenças intrínsecas aos indivíduos, daquelas advindas do meio e do convívio em sociedade, ou seja, as "não naturais", decorrentes da conformação do homem e sua inserção ao ambiente em que vive. E, para a superação de tal desafio, a democracia se mostra como um "condutor", consistindo em uma espécie de duto das expectativas individuais ou coletivas para a consolidação de uma convivência harmônica.

Considerando as múltiplas diversidades culturais, os diferentes credos, os distintos costumes, as discrepâncias na titularidade de bens materiais, a abundância ou a escassez no acesso à cultura e à educação, o grande desafio é se chegar a um denominador comum que albergue todo esse universo de possibilidades e realidades fáticas e, assim, elaborar uma composição viável, culminando em realizações concretas numa progressiva melhora dos indicadores de qualidade vida. O que confere coesão a uma sociedade organizada politicamente é a capacidade do poder de estabelecer elos entre as políticas públicas com vistas à melhoria da qualidade de vida de todos e as justas expectativas individuais e coletivas na construção de uma sociedade mais justa, cuja equidade não seja uma mera expectativa – uma carta de intenções.

A democracia se consolida como meio e instrumento, um fio condutor, ao articular acordos que unificam a sociedade. Norberto Bobbio alerta que:

> O único modo de se chegar a um acordo quando se fala em democracia, entendida como contraposta a todas as formas de governos autocráticos, é o de considerá-la caracterizada

> por um conjunto de regras (primárias e fundamentais) que estabelecem quem está autorizado a tomar as decisões coletivas e com quais procedimentos...[15]

A partir das lições de Bobbio, é possível afirmar que o que legitima o conjunto de um sistema jurídico, destacadamente a sua norma fundamental, é a sua eficácia social. Em outras palavras, os indivíduos, conscientes de suas limitações e das suas reconhecidas diferenças, buscam formalizar modos de convivência pactuada, pois só assim conseguem lograr a almejada harmonia social e o fazem através do consentimento às normas e ao pactuado politicamente, conforme estabelecido em suas respectivas leis fundamentais.

> A democracia, portanto, é um instrumento de composição social, é uma ferramenta que a política, em seu sentido latu, utiliza para harmonizar a sociedade. Em outras palavras: a democracia é produto das diferenças, mas também é instrumento de composição deste universo plural. É no acordo que se alcança o equilíbrio estável e não há entendimento possível sem que haja tolerância. Isso é democracia.[16]

Em uma democracia, busca-se um equilíbrio estável, que não se confunde com a ausência de mudanças ou estagnação da sociedade. Trata-se de uma fina sintonia entre a sociedade, a multiplicidade de interesses e a composição pactuada de forças vivas que buscam, legitimamente, conforme o direito pactuado, fazer valer interesses que satisfaçam seus desejos.

Tal sintonia se faz por meio de um processo interativo democrático em que as partes envolvidas influenciam e são influenciadas,

---

15 BOBBIO, Norberto. *O Futuro da Democracia*. 11ª ed. São Paulo: Paz e Terra, 2009, p. 30.

16 SILVA FILHO, João Antonio da. *Tribunais de contas no Estado Democrático de Direito e os desafios do controle externo*. São Paulo: Contracorrente, 2019, p. 27.

ou seja, aquilo que no processo dialético classifico como a construção de um "**consenso progressivo**" – formulação de acordos por meio de conjunção e composição de ideias e interesses objetivos. Esta dinâmica própria da democracia é o que propicia transformar acordos em vontades majoritárias que, de forma progressiva, se projetem no tempo e no espaço, construindo, no contraditório, o equilíbrio necessário para fazer prolongar no tempo o Estado Democrático de Direito.

1.2 Os pilares de sustentação do Estado Democrático de Direito

O Estado de Democrático de Direito possui pilares caracterizados como elementos de sustentação fundamentais para a sua perenidade como opção jurídico-política para uma sociedade.

Dentre esses elementos destacam-se: (i) a sua legitimação permanente, por meio, do sufrágio universal e periódico, além do fomento de uma democracia participativa, como a sociedade civil organizada em conselhos, ONGs, entidades corporativas – em suma, todo tipo de organização da sociedade visando influenciar as tomadas de decisões dos agentes públicos. (ii) uma Constituição, que expressa um pacto de todas as forças políticas que atuam no país e de todas as instituições de Estado e com o aceite por parte de toda a sociedade. Nesse pacto constitucional estão contidos os direitos fundamentais que dão à sociedade forma organizacional, padronizam condutas, estabelecem sanções e definem todo um arcabouço de direitos e garantias que atuam como cápsula protetora da sociedade, protegendo-a das investidas autoritárias, sejam elas de pessoas ou de qualquer aparato estatal, (iii) mecanismos de freios e contrapesos, com fortalecimento dos poderes constituídos, aperfeiçoando os mecanismos de fiscalização recíproca, de modo a impedir que medidas autoritárias ou de baixo interesse público contaminem a finalidade do Estado, qual seja: proteger todo o ecossistema e com ele preservar e promover o desenvolvimento integral dos seres humanos. Esse sistema se completa por intermédio de instrumentos de controles eficientes, controles formais feitos pelos entes federativos, mas também por órgãos de controle como os Tribunais de Contas, Ministério Público etc., visando o fortalecimento das instituições. Tais controles, em diálogo com o controle social, trabalham para coibir e impedir o uso da força e de desmandos, por parte do Estado, contra a sociedade e, por fim, (iv) democracia qualificada pressupõe a democratização da educação e do conhecimento, além do combate às *fake news* que envenenam a arena da disputa democrática.

Nos tópicos abaixo passo abordar, ainda que brevemente, os itens mencionados.

1.2.1 Sufrágio Universal e periódico e instrumentos de controle social como forma de legitimação da política e do Estado

Em uma democracia representativa, própria dos tempos contemporâneos, a classe política busca legitimação por intermédio de eleições periódicas. Essa legitimidade só se concretiza por uma espécie de via de mão dupla, em que os legítimos representantes, ou seja, a classe política, oferece aos representados políticas públicas que podem se traduzir em realizações. E estes, analisando os resultados dessas proposições, conferem aos seus representantes, quando bem avaliados, a prerrogativa de seguirem representando-os. Mas nem tudo funciona de acordo com o estabelecido conceitualmente.

Nos países que vivem sob a égide do Estado Democrático de Direito, a democracia representativa com sufrágio universal ("cada cidadão um voto") tem apresentado certas disfuncionalidades para as demandas do desejo participativo da sociedade contemporânea, o que tem levado muitos Estados a, além de instituírem, se valerem de instrumentos e institutos constitucionais como plebiscito e referendo, mecanismos utilizados para legitimar políticas públicas, leis e projetos de lei.

Além destes, novos instrumentos institucionais de participação popular devem ser fortalecidos, como por exemplo: conselhos da mulher, de saúde, de educação, de segurança, da criança e do adolescente, conselhos gestores diversos. Tais instrumentos, por exigência da sociedade organizada, têm sido positivados nos modernos ordenamentos jurídicos como a forma mais eficaz de incentivo à participação da sociedade organizada para potencializar uma desejada cidadania ativa. Trata-se, pois, de um 'querer participar', expressão não somente de uma eventual insatisfação dos cidadãos com os governantes de ocasião. Democracia participativa pressupõe a democratização do saber, que melhor qualifica os cidadãos para participação na vida política.

O sistema democrático contemporâneo de sufrágio universal "cada cidadão um voto" exige aperfeiçoamento. Bobbio explica as limitações do cidadão-eleitor de efetivamente influenciar os rumos da política:

> (...) Em uma democracia representativa, em geral, quem decide não é o indivíduo, quase sempre apenas um eleitor. Nessa condição, ele realiza sua tarefa sozinho, *uti sigulus*, em uma cabine, separado dos demais sujeitos. No dia da eleição, ou seja, do evento constitutivo da forma de governo representativo, não existe nenhum povo, na condição de ente coletivo: só há muitos indivíduos cujas determinações são contadas uma a uma, para então serem somadas. Uma democracia de eleitores, tal como ocorre na democracia representativa, não recebe sua legitimidade do povo - que, como entidade coletiva, não existe fora de uma praça ou assembleia -, mas sim da soma de indivíduos a quem se atribui a capacidade eletiva. De fato, na base da democracia representativa, ao contrário do que ocorre na democracia direta, não está a soberania do povo, mas sim a dos cidadãos.[17]

17 BOBBIO, Noberto. *O Filósofo e a Política*. Rio de Janeiro: Contraponto, 2003, p. 237.

Na contemporânea sociedade informacional, com o acelerado processo de popularização de acesso à rede mundial de computadores (internet), novos desafios têm sido postos. O exercício da democracia direta não tem mais a condição determinante, para sua efetivação: a reunião dos cidadãos em praça pública. A internet pode viabilizar amplas consultas em tempo real, com profundas repercussões no mundo dos fatos, sem precisar que os cidadãos saiam de suas casas.

O poder mobilizador da internet é de tal ordem que, graças à popularização dos *tablets* e *smartphones*, fomentou o surgimento do que podemos conceituar como "cidadania em trânsito", ou seja, o cidadão pode, com um deslizar dos dedos, mesmo à distância, interferir no processo político e nos rumos da administração pública.

Tal dinâmica participativa digital pode acontecer em momentos diferenciados e decisivos para a vida política de uma sociedade: no pleito eleitoral, como instrumento de aproximação de candidatos e eleitores. No caso do Poder Legislativo, o representante pode fazer do instrumento informacional um elemento de aproximação dos cidadãos no processo de elaboração das leis, por meio de consultas públicas, sugestões para o aperfeiçoamento de projetos e de parceria do Controle Externo. E no que tange ao Poder Executivo, a promoção de consultas aos administrados no momento que antecede a expedição de atos administrativos de repercussão geral e no controle público de seus atos.

A internet passa a ser percebida como uma poderosa ferramenta e um ambiente de comunicação capaz de potencializar a mudança do padrão atual de baixa participação política por setores da sociedade nas democracias contemporâneas. Num contexto de consolidação de uma democracia digital, graças ao emprego de dispositivos, aplicativos, ferramentas e plataformas digitais, poderia se vislumbrar a suplementação, o reforço ou a correção de disfunções da democracia, tais como: baixa participação popular; influência do poder econômico, disseminação de fake news; baixa socialização do conhecimento etc. Tais iniciativas objetivariam garantir e incrementar a participação nas esferas decisórias, a pluralidade da discussão política, o direito fundamental de liberdade de expressão e opinião, participação recorrente, as oportunidades de controle civil dos tomadores de decisão, a transparência pública, além das experiências de democracia direta.[18]

A realidade empírica leva a humanidade para uma iminente mudança paradigmática, sendo razoável um repensar sobre o modelo participativo, que usufrua das novas tecnologias. A democratização da informação é um fato e este terá como consequência direta um novo formato de participação popular com reflexos diretos no Estado Democrático de Direito. Novos tempos virão – com repercussão na Ciência Política e no Direito.

Tal mudança de paradigma é que deve animar aqueles que lutam pelo fortalecimento da democracia como forma de governo. Nas sociedades contemporâneas, há uma perspectiva positiva de se fazer jus à etimologia do termo "democracia" com seu real significado: poder do povo. Quanto maior a perfeição dos mecanismos participativos, inclusive os da Era Digital, mais fortalecida estará a democracia a justificar-se no questionamento ao Estado despótico.

É óbvio que, se bem utilizados, os modernos instrumentos tecnológicos disponíveis podem ser um fator decisivo no aperfeiçoamento da democracia. Mas em nada alteram as observações do jus filósofo Norberto Bobbio, que, neste trabalho, adoto como uma crítica construtiva à democracia representativa – expressa não na forma de participação coletiva e sim de forma individual – cada cidadão um voto, *uti sigulus* (sozinho em um gabinete), separados dos demais sujeitos políticos. Esta individualização de conduta política se associa ao individualismo competitivo próprio do modelo liberal da igualdade formal, introjetando e tornando natural o individualismo nas escolhas políticas, mas também no formato da representação

---

18 ITUASSU, Arthur. "Participação, cidadania e ciberdemocracia no Brasil". *E-Compós*, [S. l.], vol. 14, nº 2, 2012, p. 5. Disponível em: https://www.e-compos.org.br/e-compos/article/view/718. Acessado em: 09.04.2023.

política. Assim, o voto é do eleitor, o mandato é do eleito e a prestação de contas do mandatário é difusa, limitando, assim, a força da ação coletiva nos rumos da política e, por consequência, do poder.

Superar a distância que separa o conceito de democracia como equivalente a "poder do povo" da *realpolitik*, caracterizada pelo pragmatismo sem ponderação, é o caminho mais curto para fortalecer a democracia, onde, de fato, a composição das partes, como forma de superação das diferenças, contribua para a formação do todo. Eis o caminho mais curto para impedir qualquer tipo de governo autocrático.

1.2.2 Constituição como pacto

A realidade do Estado Democrático de Direito traz uma dinâmica que impõe um processo democrático de elaboração do seu ordenamento jurídico por meio de uma relação dialética entre povo, agentes e órgãos do Estado, nos seguintes termos: o pactuado limita a ação do Estado, condiciona sua relação com a sociedade (e vice-versa) e pactua os comportamentos dos indivíduos. Em suma, o pacto constitucional é uma consciente condicionante do exercício da liberdade em todas as suas dimensões, onde os limites das individualidades são resultantes de uma composição sadia com os interesses da coletividade.

A concepção do Estado de Direito, além da exigência do primado de uma Constituição como lei fundamental, norteadora da organização e limitadora do Estado, consagra como um dos seus pilares: a ideia de separação das funções estatais e do controle do poder político. Na moldura conferida ao Estado brasileiro pela Constituição de 1988, o princípio da separação dos poderes encontra-se fundamentado, como não poderia ser diferente, como um de seus princípios basilares e elevado à condição de cláusula pétrea.

Os modernos Estados nacionais estão organizados em torno de Constituições como expressão hierárquica máxima da ordem jurídica. O que diferencia as Constituições democráticas daquelas que sustentam o poder nos Estados autocráticos, para além da sua origem – aquelas resultantes de um processo participativo, estas impostas pela ditadura de plantão – é a sua finalidade. Nos Estados Democráticos de Direito, a finalidade do Direto é a composição das diferenças na busca de uma maior harmonia social; isso implica valorizar a igualdade formal, viabilizar as condições de universalizar a igualdade de oportunidades – igualdade do ponto de partida mirando sempre a igualdade no ponto de chegada como mecanismo de combate às acentuadas desigualdades sociais. No campo do Direito o que diferencia a democracia dos regimes autoritários é que nos modelos políticos autocráticos a ordem jurídica existe para satisfazer os ditadores de plantão – o ordenamento jurídico é apenas um instrumento de justificativa da imposição das vontades da classe dirigente. Já nos regimes democráticos, a ordem jurídica, desde o seu nascedouro, serve aos interesses da coletividade. Ou seja, o formalismo é um instrumento a serviço da concretização das finalidade do Estado que nesse trabalho conceituamos como sendo "o propósito de viabilizar todos os meios necessários para promover o desenvolvimento integral da personalidade humana em toda sua dimensão, incluindo sua integração com a natureza em defesa do planeta Terra.

1.2.3 Freios e contrapesos e fortalecimento das instituições

A noção primaz a tal princípio é que o exercício do Poder seja limitado, de forma que o Poder controle o próprio Poder, como forma de evitar o seu exercício abusivo e a degeneração das instituições, garantindo a salvaguarda das liberdades individuais. Essa dimensão de controle de um poder sobre o outro, alicerçado no equilíbrio entre os poderes, por meio do exercício de funções típicas e atípicas e do recíproco controle entre eles, é identificada como teoria de freios e contrapesos, ou *checks and balances*.

Na história da Filosofia Política, tais princípios dialogam com a tradição do governo misto, iniciada ainda na Antiguidade em autores como Platão, Aristóteles, Políbio[19] e Cícero e, por seu turno, na Idade Moderna encontra expoentes como John Locke, Montesquieu e em "O Federalista".

John Locke, um importante filósofo para a teoria da separação de poderes e nas origens do liberalismo, ainda que não tenha conferido contornos mais precisos, salienta a sua importância para a proteção da liberdade constitucional. Locke distinguia a existência dos Poderes Legislativo e Executivo, além de identificar um terceiro Poder, que designava "Federativo. "Este último, apesar de distinto, estaria atrelado ao Executivo. O autor tende a considerar o Poder Judiciário como parte do Poder Executivo, mesclando os dois".[20]

No tratado "O Espírito das Leis", Montesquieu arrola uma série de críticas ao poder absoluto ou despótico e as decorrências de tais abusos para a humanidade. O pensador iluminista afirmava, ao tratar da separação dos poderes, que no governo dos reis, em tempos heroicos, havia uma má distribuição dos três poderes, de tal maneira, que para o filósofo, "os gregos desconheciam a distribuição de três poderes no governo de um, somente a imaginavam no governo de vários".[21]

---

19 BOBBIO, Noberto. *A Teoria das Formas de Governo*. 1ª ed. Brasília: Universidade de Brasília, 1980, p. 103. Importa a ressalva, que segundo Bobbio a questão do equilíbrio de poderes no governo misto de Políbio não se confunde com a teoria da separação e harmonia entre os poderes de Montesquieu, apesar de as teorias possuírem uma conectividade.

20 AGUIAR, Thaís Rodrigues Brito; MELO, Álisson José Maia. "Os tribunais de conta à luz da separação de poderes no Direito brasileiro: um estudo sobre a natureza jurídica de suas decisões". *Revista de Direito da Faculdade Guanambi*, Guanambi, vol. 5, nº 2, jul./dez. 2018, p. 123. Disponível em: http://revistas.faculdadeguanambi.edu.br/index.php/Revistadedireito/article/view/229. Acessado em: 07.02.2023.

21 AGUIAR, Thaís Rodrigues Brito; MELO, Álisson José Maia. "Os tribunais de conta à luz da separação de poderes no Direito brasileiro: um estudo sobre a natureza jurídica de suas decisões". *Revista de Direito da Faculdade Guanambi*, Guanambi, vol. 5, nº 2, jul./dez. 2018, p.

Montesquieu, no Capítulo VI da obra *O Espírito das Leis*, sobre a Constituição da Inglaterra, distingue três espécies de poder: o legislativo, o executivo dos assuntos acerca do direito das gentes e o executivo "das coisas que dependem do direito civil".[22] O filósofo assim descreve tal separação das funções:

> Com o primeiro, o príncipe ou o magistrado cria leis por um tempo ou para sempre e corrige ou anula aquelas que foram feitas. Com o segundo, ele faz a paz ou a guerra, envia ou recebe embaixadas, instaura a segurança, previne invasões. Com o terceiro, ele castiga os crimes, ou julga as querelas entre os particulares. Chamaremos a este último poder de julgar e ao outro simplesmente poder executivo do Estado.[23]

No processo de construção das instituições da República dos Estados Unidos que emergia, no período posterior à revolução, mais especificamente no contexto da controvérsia sobre a ratificação da Constituição pelos Estados, em Nova Iorque, uma série de artigos foi publicada nos jornais, entre 27 de outubro de 1787 e 04 de abril de 1788, assinados por *Publius*, em verdade, o pseudônimo coletivo de Alexander Hamilton, John Jay e James Madison. Em 22 de março de 1788, os artigos até então divulgados pela imprensa foram reunidos em um volume e, posteriormente, em 28 de março de 1788,

---

123. Disponível em: http://revistas.faculdadeguanambi.edu.br/index.php/Revistadedireito/article/view/229. Acessado em: 07.02.2023.

22 AGUIAR, Thaís Rodrigues Brito; MELO, Álisson José Maia. "Os tribunais de conta à luz da separação de poderes no Direito brasileiro: um estudo sobre a natureza jurídica de suas decisões". *Revista de Direito da Faculdade Guanambi*, Guanambi, vol. 5, nº 2, jul./dez. 2018, p. 124. Disponível em: http://revistas.faculdadeguanambi.edu.br/index.php/Revistadedireito/article/view/229. Acessado em: 07.02.2023.

23 MONTESQUIEU. *O espírito das leis*. Trad. Cristina Murachco. 2ª ed. São Paulo: Martins Fontes, 2000, pp. 167/168.

um segundo volume agregou os artigos 78 a 85 que não figuraram na primeira edição de março.[24]

A arquitetura das instituições republicanas estadunidenses apresentadas em O Federalista visava à realocação de competências e garantias para o pleno exercício de cada um dos poderes constituídos de modo a evitar, por meio de um sistema de freios e contrapesos, que a apropriação indevida das competências de cada poder resultasse em ação tirânica. De tal modo que,

> (...) o defeito deve ser corrigido alterando-se a estrutura interna do governo, de modo que as diferentes partes constituintes possam, através de suas mútuas relações, ser meios de conservar cada uma em seu devido lugar.[25]

Madison, no artigo 51, Freios e Contrapesos, um dos textos mais importantes da série, que examina o dever de se partilhar o exercício do poder e como os poderes podem se controlar mutuamente sem prejuízo de sua independência, além de ser uma necessidade devido à natureza humana:

> Todavia, a grande segurança contra uma gradual concentração de vários poderes no mesmo ramo do governo consiste em dar aos que administram a cada um deles os necessários meios constitucionais e motivações pessoais para que resistam às intromissões dos outros. As medidas para a defesa devem, neste como em todos os demais, ser compatíveis com as ameaças de ataque. A ambição será incentivada para enfrentar a ambição. Os interesses pessoais serão associados aos direitos

24 WRIGHT, Benjamin Fletcher. "Introdução". *In*: Publius (HAMILTON, Alexander; MADISON, James; JAY, John). *O Federalista*. Brasília: UNB, 1984, p. 13.

25 MADISON, Alexander. "Artigo 51. Artigo 78". *In*: Publius (HAMILTON, Alexander; MADISON, James; JAY, John). *O Federalista*. Brasília: UNB, 1984, p. 417.

> constitucionais. Talvez seja um reflexo da natureza humana que tais expedientes tenham validade para o controle dos abusos do governo. Mas afinal, o que é o próprio governo senão o maior de todos os reflexos da natureza humana? Se os homens fossem anjos, não seria necessário haver governos. Se os homens fossem governados por anjos, dispensar-se-iam os controles internos e externos. Ao constituir-se um governo – integrado por homens que terão autoridade sobre outros homens – a grande dificuldade está em que se deve, primeiro, habilitar o governante a controlar o governado e, depois, obrigá-lo a controlar-se a si mesmo. A dependência em relação ao povo é, sem dúvida, o principal controle sobre o governo, mas a experiência nos ensinou que há necessidade de precauções suplementares.[26]

Segundo Ingo W. Sarlet:

> Assim, em caráter de síntese, o princípio da separação dos poderes tem como objetivo o controle do poder pelo poder num esquema de fiscalização recíproca, que se materializa por um conjunto diferenciado de técnicas e instrumentos, como é o caso do direito de veto do chefe do Poder Executivo, a própria possibilidade de edição de atos normativos pelo Executivo, a aprovação pelo Legislativo do orçamento dos demais órgãos estatais, o controle judicial dos atos dos demais poderes, entre outros.[27]

Bobbio, ao discorrer sobre a necessidade de se controlar o poder, salienta que "a sabedoria institucional da democracia, que

---

26 MADISON. Alexander. "Artigo 51". *In*: Publius (HAMILTON, Alexander; MADISON, James; JAY, John). *O Federalista*. Brasília: UNB, 1984, p. 418.

27 SARLET, Ingo Wolfgang. "Direitos fundamentais em espécie". *In*: MARINONI, Luiz Guilherme; MITIDIERO, Daniel; SARLET, Ingo Wolfgang. *Curso de Direito Constitucional*. 6ª ed. São Paulo: Saraiva, 2017.

enseja um controle dos governantes através da ação dos governados, com isto institucionalizando um dos poucos remédios válidos contra o abuso de poder",[28] ressaltando que os regimes republicanos são intrinsecamente caracterizados pelo controle público do poder. Segundo o notório jus filósofo italiano "a única garantia de respeito aos direitos de liberdade está no direito de controlar o poder".[29]

Tal controle, de natureza eminentemente política, tem por escopo preservar o equilíbrio das instituições fundamentais ao regime democrático no país. Nesse prisma, o Controle pode ser conceitualmente compreendido como a faculdade de vigilância, orientação e correção que um poder, órgão ou autoridade exerce sobre os atos praticados por outro, de forma a verificar aspectos relacionados à legalidade e ao mérito, assim como assegurar a consecução dos interesses coletivos.[30]

Um dos pilares da democracia é a legitimidade do poder político advindo do sufrágio universal, o voto; estabelecendo, no contexto de um Estado Democrático, a rotatividade do poder. Em outras palavras, o Poder Político na democracia tem tempo de durabilidade e almeja realizar, no menor lapso temporal possível, o programa de governo apresentado aos eleitores. Nesse caso, tempo e controle não combinam. Entretanto, na democracia, para impedir a natural tendência autoritária do Estado, o controle tem papel crucial.

Na seara da Administração Pública, existe um controle de natureza administrativa, cuja finalidade é a fiscalização das atividades dos organismos incumbidos de exercer a função administrativa do Estado. A amplitude desse controle alberga um conjunto de

---

28 BOBBIO, Norberto. *A teoria das formas de governo*. São Paulo: Edipro, 2017, pp. 24/25.

29 BOBBIO, Norberto. *O Futuro da Democracia*. 11ª ed. São Paulo: Paz e Terra, 2009, p. 28.

30 BUGARIN, Bento José. "Controle das finanças públicas – uma visão geral". *Revista do Tribunal de Contas da União*, Brasília, nº 59, 1994, p. 12.

mecanismos jurídicos e administrativos pelos quais são exercidos os poderes de fiscalização e o de revisão da atividade administrativa de qualquer esfera de Poder.[31]

O controle da Administração Pública deve ser compreendido não somente como um princípio jurídico, mas também como uma necessidade sociológica, para garantir que o Estado não pratique intervenções desprovidas de razoabilidade na esfera de liberdade dos indivíduos. Tal dimensão implica atender como premissa do Estado a supremacia do interesse público. A proteção do interesse público, nesse caso, implica que o controle seja pautado em sua ação no equilíbrio entre função do Estado *versus* vontade social.

Nas democracias contemporâneas, o aperfeiçoamento da ação do Estado deve ser concebido em perfeita consonância com os direitos fundamentais que tem como objetivo o desenvolvimento integral do ser humano. Nesse sentido, o sistema de controle da Administração Pública deve se pautar em perfeita consonância com a finalidade do Estado, ou seja, o bem comum.

As escolhas válidas feitas pelos administradores públicos envolvem a necessidade de verificação dos ajustes legais e sua relação com o interesse público, uma vez que devido à máxima da titularidade pela coletividade dos bens públicos, sua decorrência é uma composição entre os interesses coletivos e as vontades dos indivíduos, de forma que, em nome da liberdade, um não se sobreponha ao outro e ocorra a composição adequada para uma efetiva harmonia social.

Em tal contexto, não se pode negligenciar o fato de que a vontade do administrador é vinculada à ordem jurídica, e que no Estado Democrático de Direito expressa, ou deveria, em regra expressar a vontade geral. Contrariamente à relação Estado *versus*

---

31 CARVALHO FILHO, José dos Santos. *Manual de Direito Administrativo*. 24ª ed. Rio de Janeiro: Lumen Juris, 2011, pp. 863/864.

coletividade, a vontade do administrador sempre será condicionada aos interesses coletivos.

Dessa forma, a fiscalização e revisão dos atos do administrador público e sua adequação ao interesse coletivo são aspectos essenciais do controle.

Tal fiscalização consiste no poder de se verificar o que é feito nas atividades de órgãos da Administração Pública e dos agentes públicos, avaliando aspectos relacionados aos princípios inerentes à Administração Pública, implícitos e os explicitados no artigo 37 da Constituição Federal de 1988 e os resultados atingidos pela atividade administrativa, que devem preservar o interesse geral da sociedade.

Os constituintes brasileiros, sabiamente, instituíram no texto constitucional sistemas de controle fundamentais para bloquear a natural tendência autoritária do Estado e, assim, salvaguardar a supremacia do interesse público. Nos termos da Constituição de 1988, o controle deve abarcar todos os poderes e órgãos da Administração Pública direta e indireta de todos os entes da federação brasileira, de modo que todas as vezes que se manifeste a função administrativa, o exercício do controle estará implícito.

No caso específico do Controle Externo exercido pelos Tribunais de Contas, o constituinte promoveu a inserção institucional das Cortes de Contas na nova realidade democrática do país, pós-ditadura, tendo pautado diversos temas:

> A análise da história legislativa da Constituição Federal de 1988 em relação aos tribunais de contas foi profícua, viabilizando a identificação de grandes temas do controle da administração pública sob sua responsabilidade. Dentre eles, destacam-se os seguintes: "posição institucional dos tribunais de contas"; "relacionamento entre Poder Legislativo e tribunais de contas": "critérios para a escolha de membros dos tribunais de contas"; "grau de abrangência do controle pelos tribunais de contas"; "tipo de controle exercido pelos tribunais de contas: formal

ou de resultados?": "momento do controle pelos tribunais de contas"; "controle da execução de contratos pelos tribunais de contas"; e "poder normativo dos tribunais de contas".[32]

Nos termos do artigo 70 da Constituição Federal de 1988, o controle pode ser realizado por plexos modos. Em nosso sistema constitucional convivem: o autocontrole, denominado como controle interno da administração pública; o controle exercido de forma externa (Tribunais de Contas, Ministério Público e o Poder Judiciário) e o controle social.

O controle interno ocorre quando a própria Administração Pública, que tem o poder/dever de controlar os seus próprios atos, valendo-se da autotutela para corrigir suas ações, revoga seu próprio ato, conforme o seu juízo de conveniência e oportunidade ou anula-o quando presente alguma ilegalidade. Nesse sentido, observemos o teor da Súmula 473 do Supremo Tribunal Federal (STF):

> A administração pode anular seus próprios atos, quando eivados de vícios que os tornam ilegais, porque deles não se originam direitos; ou revogá-los, por motivo de conveniência ou oportunidade, respeitados os direitos adquiridos, e ressalvada, em todos os casos, a apreciação judicial.[33]

No campo do Controle Externo, merece destaque a atuação dos Tribunais de Contas, estrutura que capitaneia a fiscalização

---

32 ROSILHO, Andre Janjacomo. *Controle da administração pública pelo Tribunal de Contas da União*. São Paulo: Universidade de São Paulo, 2016, p. 42. DOI:10.11606/T.2.2017.tde-08022017-165131. Acessado em: 10.09.2022. (Tese de Doutorado).

33 BRASIL. Supremo Tribunal Federal. *Súmula 473*. Disponível em: http://www.stf.jus.br/portal/jurisprudencia/listarJurisprudencia.asp?s1=473.NUME.% 20NAO%20S.FLSV.&base=baseSumulas. Acessado em: 17.11.2014.

dos atos praticados pela Administração Pública, conforme aponta o jurista Régis de Oliveira:

> (...) decorrência lógica e necessária do Estado de Direito é a existência de um órgão controlador de toda a atividade estatal, ou seja, que nada escape ao controle de mecanismos destinados a evitar a ilegalidade.
>
> (...) Todas as despesas devem estar sujeitas ao controle de um órgão. É ele, no BRASIL. o Tribunal de Contas.[34]

No que tange ao Controle Social, este tem adquirido relevo, aumentando a participação dos cidadãos no exercício do controle da Administração Pública. O acesso às novas tecnologias e as facilidades decorrentes da utilização em larga escala da rede mundial de computadores, sistemas de órgãos públicos que disponibilizam as informações para a sociedade e a progressiva inserção da Administração Pública no mundo digital, assim como a evolução natural da sociedade, demandam cada vez mais da Administração Pública transparência e meios de acesso às informações sobre os gastos públicos e um maior respeito aos princípios que regem a Administração Pública.

Maria Sylvia Zanella Di Pietro[35] arrola como meios de Controle Social da Administração Pública direta e indireta: (i) as reclamações relativas à prestação dos serviços públicos em geral, asseguradas a manutenção de serviços de atendimento ao usuário e a avalição periódica, externa e interna, da qualidade dos serviços; (ii) o acesso dos usuários a registros administrativos e a informações sobre os atos de governo, observando o disposto no artigo 5º, X e XXXIII; (iii) a disciplina da representação contra o exercício negligente ou

---

34 OLIVEIRA, Regis Fernandes. *Curso de direito financeiro*. 7ª ed. São Paulo: Revista dos Tribunais, 2015.

35 DI PIETRO, Maria Sylvia Zanella. *Curso de Direito Administrativo*. 27ª ed. São Paulo: Atlas, 2014, pp. 808/809.

abusivo de cargo, emprego ou função na Administração Pública, destacando-se que o dispositivo foi parcialmente regulamentado pela Lei de Acesso a Informações (Lei n. 12.527, de 18/11/2011).

Sobre o controle social ou popular, Irene Nohara observa a importância, em nosso sistema constitucional, do § 2° do artigo 74 da Constituição Federal, arrola como legitimados: cidadão, associação, sindicato ou partido político para, nos termos da legislação, denunciar ilegalidades ou irregularidades perante o Tribunal de Contas da União, salientando que "quando o cidadão denunciar essas irregularidades, ele estará, a partir do controle da Administração, provocando um controle que será feito pelo Tribunal de Contas".[36]

Por simetria federativa, as irregularidades acerca dos recursos estaduais, municipais ou distritais, devem ser formuladas aos tribunais de contas estaduais, municipais e do Distrito Federal, respectivamente.

Nohara ainda menciona como mecanismos de controle social:

> Art. 2°, II, do Estatuto da Cidade que prevê a obrigatoriedade da gestão democrática nos planos de desenvolvimento urbano;
>
> o art. 37, § 3°, da Constituição, que determina a edição de lei que discipline formas de participação do usuário na Administração;
>
> o art. 198, III, da Constituição, que prevê a participação da comunidade nos serviços de saúde;
>
> o art. 194, VII, da seguridade social, no qual é mencionado o caráter democrático e de cogestão; e
>
> o art. 3°, IV, da Lei n. 11.445/2007, com modificação da Lei n. 14.026/2020, que prevê o controle social dos serviços públicos de saneamento básico, sendo este considerado: "conjunto de mecanismos e procedimentos que garantem à sociedade informações, representações técnicas e participação nos processos

---

36 NOHARA, Irene Patrícia Diom. *Direito Administrativo*. Barueri: Atlas, 2023, p. 781.

> de formulação de políticas, de planejamento e de avaliação relacionados com os serviços públicos de saneamento básico".[37]

Outros mecanismos de concretização do Controle Social da Administração Pública são os diversos conselhos participativos existentes em vários entes federativos. São instâncias que visam garantir a participação social permanente para estimular, corrigir e garantir a efetividade e o aperfeiçoamento constante das políticas públicas.

Além destes exemplos, diversos governantes e órgãos do poder legislativo têm estimulado a participação social na elaboração e na implementação dos orçamentos públicos – os chamados Orçamentos Participativos. Este instituto tem se tornado, principalmente nos municípios onde a sua complexidade é menor, instrumentos de definição de prioridades dos gastos públicos.

Ainda cabe registrar que as próprias leis orçamentárias nasceram da necessidade de controle sobre a função administrativa, ou seja, quando os próprios legisladores não conferem ao poder executivo poderes discricionários, autorizando-o margens de remanejamentos orçamentários superlativos, o administrador fica vinculado ao orçamento aprovado nas casas legislativas e estes ganham maior consistência quando legitimados por mecanismos da democracia participativa, trazendo maiores benefícios para a população que foi chamada a participar dessas leis.

1.2.4 Democratização da informação e da educação

Para um efetivo fortalecimento da democracia contemporânea, se faz necessária uma democratização da informação e do direito à educação, no sentido de formar cidadãos aptos ao debate público e combater as *fake news*, que vulnerabilizam o *fair play* do jogo democrático.

---

37 NOHARA, Irene Patrícia Diom. *Direito Administrativo*. Barueri: Atlas, 2023, p. 781.

Enquanto sistema de governo, a democracia não se estrutura apenas para a maioria, mas também visa proteger o dissenso da minoria, por meio de um debate plural, "tanto no espaço público quanto no espaço privado, assegurando a pluralidade de ideias, das formas de ser, de informar e ser informado pelo meio que convier".[38] Dessa forma, são instrumentos fundamentais para o exercício da cidadania e a efetivação de um sistema democrático: o acesso à informação e a liberdade de expressão.[39]

No contexto de sociedade da informação, que caracteriza a atualidade, as pessoas podem ter uma imensa pluralidade de meios para efetivar o direito à liberdade de expressão e acessos à informação, sobretudo, pela via eletrônica, de tal forma que "as novas tecnologias permitem que pessoas e grupos sociais se conectem, ampliando as formas de obter e compartilhar informações, de se relacionar entre si, de se manifestar e entender a realidade".[40]

Devido à velocidade de transmissão dos ambientes eletrônicos, a parcela de população que pode ser atingida ou influenciada pelo fenômeno das *fake news* vai muito além da capacidade de regulação do Estado ou de coerção de qualquer organização da sociedade.

Outro ponto a ser destacado: tanto a forma quanto o conteúdo agravam ainda mais o risco de as *fake news* influenciarem a opinião pública, uma vez que,

---

38 AGLANTZAKIS, Vick Mature. "Fake news como ameaça à democracia e os meios de controle de sua disseminação". *Revista de Teorias da Democracia e Direitos Políticos*, Florianópolis, vol. 6, nº 1, jan./jun. 2020, p. 24. DOI: https://encurtador.com.br/QPXqa.

39 AGLANTZAKIS, Vick Mature. "Fake news como ameaça à democracia e os meios de controle de sua disseminação". *Revista de Teorias da Democracia e Direitos Políticos*, Florianópolis, vol. 6, nº 1, jan./jun. 2020, p. 28. DOI: https://encurtador.com.br/QPXqa.

40 AGLANTZAKIS, Vick Mature. "Fake news como ameaça à democracia e os meios de controle de sua disseminação". *Revista de Teorias da Democracia e Direitos Políticos*, Florianópolis, vol. 6, nº 1, jan./jun. 2020, p. 29. DOI: https://encurtador.com.br/QPXqa.

> no lugar de se utilizar de tecnologias que transmitiam a informação de um sujeito para muitos, temos o sistema das redes sociais que possibilitam que "átomos" de propaganda sejam diretamente direcionados a usuários com maior probabilidade de aceitar e compartilhar um conteúdo. Assim, esses "átomos" são disparados por meio do ecossistema de informações em alta velocidade, alimentados por redes confiáveis ponto a ponto.[41]

A partir de tal ecossistema, do mal uso dos algoritmos, as *fake news* podem ser definidas como informações incorretas ou falsas, em especial nas redes sociais, para uma disseminação em larga escala, objetivando consensos sociais e influenciar pessoas no processo de tomada de decisões, acarretando prejuízo ou benefício a determinados grupos sociais ou pessoas.

Diante desse dilema da democracia contemporânea, é necessário o resgate do direito fundamental de, segunda dimensão, à educação como uma forma efetiva de formação para a cidadania, formando cidadãos críticos e aptos a barrarem a cadeia de transmissão de notícias falsas, e munidos de outras diversas habilitações para o pleno exercício da cidadania, num aprimoramento contínuo da democracia, uma vez que a formalização constitucional de tal direito expressa o interesse público pela educação e o de conservação do Estado brasileiro em níveis salutares de sua democracia:

> Consideradas as condições de positivação do direito à educação na Constituição Federal de 1988, a conclusão é a de que a compreensão geral do seu sentido não pode ser desvinculada da meta de ampliação do grau de conhecimento político da população, haja vista a finalidade do preparo para o exercício da cidadania. Tal finalidade implica a conservação de

---

41 AGLANTZAKIS, Vick Mature. "Fake news como ameaça à democracia e os meios de controle de sua disseminação". *Revista de Teorias da Democracia e Direitos Políticos*, Florianópolis, vol. 6, nº 1, jan./jun. 2020, p. 28. DOI: https://encurtador.com.br/QPXqa.

> determinados valores, quais sejam a democracia, a justiça social, a liberdade e a paz, sendo esta a razão determinante da sistemática constitucional de promoção, proteção e garantia do direito à educação. O preparo para a cidadania não é uma vantagem, uma habilitação ou uma conquista individual, mas medida de interesse público e condição de funcionamento da sociedade estatal. Aliás, a positivação constitucional do direito à educação por si só já expressa o reconhecimento formal de que a educação é interesse público.
>
> É nesse quadro que o sentido da exigência de preparo educacional para a cidadania se configura como a exigência de conservação do Estado, em bases democráticas.
>
> A constatação do uso da educação para a preservação do Estado não é inédita nem inovadora. Já vimos que os modernos Estados nacionais sempre se preocuparam com a educação, na medida do necessário para a preservação do status quo ou do progresso econômico e social. Não obstante a trivialidade da constatação, nunca será dispensável retomá-la continuamente, principalmente porque na Constituição Federal de 1988 o problema é muito mais amplo: não se trata de treinar para o exercício estreito da cidadania ou da mera preservação de lealdades, em nome da força e da materialidade do Estado e muito menos para a ascensão social, exclusivamente. Trata-se, sobretudo, de conscientizar cada um e a todos da mudança antropológica do conceito de cidadania, segundo os parâmetros do Estado Democrático de Direito, como condição de saúde e vitalidade da democracia.[42]

A Constituição da República Federativa do Brasil, de 1988, estabeleceu o conceito de educação pública brasileira como direito

---

42 RANIERI, Nina Beatriz Stocco. *O Estado Democrático de Direito e o sentido da exigência de preparo da pessoa para o exercício da cidadania, pela via da educação*. São Paulo: Universidade de São Paulo, 2009, p. 24. DOI: 10.11606/T.2.2019.tde-10092019-171515. Acessado em: 04.06.2023. (Tese de Livre Docência).

de todos e dever do Estado e da família, como sedimentado em seu artigo 205:

> A educação é direito de todos e dever do Estado e da Família, será promovida e incentivada com a colaboração da sociedade, visando ao pleno desenvolvimento da pessoa, seu preparo para o exercício da cidadania e sua qualificação para o trabalho.[43]

A partir da concepção de um Estado presente para os desafios nacionais, após a Constituição de 1988, em conjunto com a ideia de uma educação de qualidade em território nacional e o acesso a todos os cidadãos e cidadãs brasileiros à educação, decorre o dever da exigência mínima orçamentária entre os entes federativos – União, Estados, Municípios e Distrito Federal – para investimentos na Educação.

O conceito de educação constitucionalmente consagrado foi resultado do envolvimento e construção de um Estado Democrático de Direito pela sociedade brasileira. Tal contexto implicou questionamentos sobre o acesso à educação, a estrutura seriada com altos índices de reprovação nas séries iniciais e evasão nas séries finais, a avaliação fragmentada, o currículo formal, até chegar à lida cotidiana, maltrapilha e em condições muitas vezes degradantes, a que se submete a comunidade escolar.

A Lei de Diretrizes e Bases da Educação Nacional, promulgada em 20 de dezembro de 1996, tem objetivado materializar os princípios contidos na Constituição Cidadã. Em seu artigo 2º, estabelece os princípios e a finalidade da educação brasileira: A educação, dever da família e do Estado, inspirada nos princípios de liberdade e nos ideais de solidariedade humana, tem por finalidade o pleno

---

43 BRASIL. *Constituição da República Federativa do Brasil de 1988*. Disponível em: http://www.planalto.gov.br/ccivil_03/constituicao/constituicao.htm. Acessado em: 21.02.2023.

desenvolvimento do educando, seu preparo para o exercício da cidadania e sua qualificação para o trabalho.

O artigo 3º da Lei de Diretrizes e Bases define os princípios fundamentais para o ensino no Brasil:

> I – igualdade de condições para o acesso e permanência na escola;
>
> II – liberdade de aprender, ensinar, pesquisar e divulgar a cultura, o pensamento, a arte e o saber;
>
> III – pluralismo de ideias e de concepções pedagógicas;
>
> IV – respeito à liberdade e apreço à tolerância;
>
> V – coexistência de instituições públicas e privadas de ensino;
>
> VI – gratuidade do ensino público em estabelecimentos oficiais;
>
> VII – valorização do profissional da educação escolar;
>
> VIII – gestão democrática do ensino público, na forma desta Lei e da legislação dos sistemas de ensino;
>
> IX – garantia de padrão de qualidade;
>
> X – valorização da experiência extraescolar;
>
> XI – vinculação entre a educação escolar, o trabalho e as práticas sociais.[44]

A construção de uma "consciência verdadeira" pressupõe que a educação deve abdicar da ideia de modelar pessoas e/ou apenas transmitir conhecimento e exercer sua função política de formar pessoas emancipadas para que tenhamos, de fato, uma sociedade democrática. Para Adorno:

---

44 BRASIL. *Lei n. 9.394*, de 20 de dezembro de 1996. Estabelece as Diretrizes e Bases da Educação Nacional. 23 dez. 1996. Disponível em: http://www.planalto.gov.br/ccivil_03/Leis/L9394.htm. Acessado em: 25.03.2023.

> Uma democracia efetiva só pode ser imaginada enquanto uma sociedade de quem é emancipado. Numa democracia, quem defende ideais contrários à emancipação, e, portanto, contrários à decisão consciente independente de cada pessoa em particular, é um antidemocrata, até mesmo se as idéias que correspondem a seus desígnios são difundidas no plano formal da democracia. As tendências de apresentação de ideais exteriores que não se originam a partir da própria consciência emancipada, ou melhor, que se legitimam frente a essa consciência, permanecem sendo coletivistas reacionárias. Elas apontam para uma esfera a que deveríamos nos opor não só exteriormente pela política, mas também em outros planos muito mais profundos.[45]

Em tempos de ecossistemas disseminadores de desinformação, que inclusive contestam os verdadeiros valores democráticos consagrados na Constituição Cidadã de 1988, relativizando a barbárie de ditaduras e instituições, a exemplo da Justiça Eleitoral como garantidora de uma disputa eleitoral, somente uma educação de qualidade e com acesso universal poderá ampliar e qualificar a participação popular nas decisões da Administração Pública e nos assuntos de Estado em geral e, assim, fortalecer concretamente a democracia como um instrumento capaz de, pelo despertar de ações solidárias, tornar mais sadio o tecido social.

1.3 Direitos Fundamentais na Constituição Federal e o papel da livre iniciativa segundo a Constituição

Em seu conteúdo axiológico, os direitos fundamentais, resultantes da personalização e da positivação constitucional de determinados

---

45 ADORNO, Theodor Ludwig Wiesengrund. *Educação e emancipação*. São Paulo: Paz e Terra, 1995, p. 141.

conteúdos e valores essenciais, fazem uma integração com princípios estruturais e organizacionais.

Ingo Wolfgang Sarlet enfatiza a imbricação dos direitos fundamentais com a ideia de democracia, ressaltando que os direitos fundamentais podem ser tratados como "pressuposto, garantia e instrumento do princípio democrático", pelo reconhecimento, perante a lei e por concretas oportunidades, do direito de igualdade, pela formação de um espaço de liberdade real, com garantias de participação na comunidade e na vida política, de tal maneira que a positivação e o efetivo exercício dos direitos políticos podem ser tratados como "o fundamento funcional da ordem democrática".

> Nessa perspectiva, a doutrina tem reconhecido que entre os direitos fundamentais e a democracia se verifica uma relação de interdependência e reciprocidade, o que não afasta, como também de há muito já corresponde a uma assertiva corrente, a existência de tensões entre os direitos fundamentais e algumas das dimensões da democracia. Apenas para que tal aspecto não fique sem referência, visto que não será objeto de desenvolvimento, aos direitos fundamentais é atribuído um caráter contra majoritário (daí a noção corrente de que os direitos fundamentais operam como verdadeiros "trunfos" contra a maioria), que, embora inerente às democracias constitucionais (já que sem a garantia de direitos fundamentais não há verdadeiramente democracia) não deixa de estar, em certo sentido, permanentemente em conflito com o processo decisório político, já que os direitos fundamentais são fundamentais precisamente por estarem subtraídos à plena disponibilidade por parte dos poderes constituídos, ainda que democraticamente legitimados para o exercício do poder.[46]

46 SARLET, Ingo Wolfgang. *A eficácia dos direitos fundamentais*: uma teoria geral dos direitos fundamentais na perspectiva constitucional. Porto Alegre: Livraria do Advogado Editora, 2015, pp. 62/63.

Na lógica de um Estado Social de Direito, consagrado pela evolução constitucional brasileira, os direitos fundamentais de matriz social apresentam como exigência inarredável para o efetivo exercício de liberdades e garantia da igualdade de oportunidades, intrínsecas à ideia de democracia e de um Estado de Direito de conteúdo não apenas formal, mas orientado pelo valor da justiça material, frisando-se ainda que como exigência do princípio da dignidade humana, o dever de reconhecimento de determinadas posições jurídicas fundamentais, albergando os direitos fundamentais de caráter social.

> Também a estreita ligação dos direitos fundamentais com o princípio do Estado social consagrado pela nossa Constituição, na esteira da maior parte das Leis Fundamentais contemporâneas, merece destaque. Apesar da ausência de norma expressa no direito constitucional pátrio qualificando a nossa República como um Estado Social e Democrático de Direito (o art. 1°, *caput*, refere apenas os termos democrático e Direito), não restam dúvidas – e nisto parece existir um amplo consenso na doutrina – de que nem por isso o princípio fundamental do Estado social deixou de encontrar guarida em nossa Constituição. Além de outros princípios expressamente positivados no Título I de nossa Carta (como, por exemplo, os da dignidade da pessoa humana, dos valores sociais do trabalho, a construção de uma sociedade livre, justa e solidária etc.), tal circunstância se manifesta particularmente pela previsão de uma grande quantidade de direitos fundamentais sociais, que, além do rol dos direitos dos trabalhadores (arts. 7° a 11 da CF), inclui diversos direitos a prestações sociais por parte do Estado (arts. 6° e outros dispersos no texto constitucional).[47]

O constituinte determinou, no primeiro artigo da Constituição de 1988, a necessidade de compatibilizar os diversos interesses

---

47 SARLET, Ingo Wolfgang. *A eficácia dos direitos fundamentais*: uma teoria geral dos direitos fundamentais na perspectiva constitucional. Porto Alegre: Livraria do Advogado Editora, 2015.

envolvidos pelas pretensões da classe trabalhadora e dos donos do capital, salvaguardando a dignidade humana do trabalhador de não ser considerado um mero insumo no sistema de produção, além do compromisso do Estado brasileiro de não atingir um grau de interferência na ordem econômica que comprometa a livre iniciativa.

> Art. 1º A República Federativa do BRASIL. formada pela união indissolúvel dos Estados e Municípios e do Distrito Federal, constitui-se em Estado Democrático de Direito e tem como fundamentos:
>
> I – a soberania;
>
> II – a cidadania;
>
> III – a dignidade da pessoa humana;
>
> IV – os valores sociais do trabalho e da livre iniciativa;(Vide Lei n. 13.874, de 2019)
>
> V – o pluralismo político.[48]

O valor social do trabalho trata-se de cláusula principiológica, que determina, por seu conteúdo, "a necessidade de conformação de uma realidade de exploração capitalista, a partir de seu potencial transformador".[49]

A face protetiva de tal valor consiste em sólido fundamento constitucional para a efetivação da dignidade da humana, uma decorrência lógica do núcleo da proteção constitucional conferida aos cidadãos brasileiros, em nossa contemporaneidade, imersos em um contexto social de progressiva precarização do trabalho.

---

48 BRASIL. *Constituição da República Federativa do Brasil de 1988*. Disponível em: http://www.planalto.gov.br/ccivil_03/constituicao/constituicao.htm. Acessado em: 21.02.2023.

49 ARAÚJO, Jailton Macena. "Valor social do trabalho na Constituição Federal de 1988: instrumento de promoção de cidadania e de resistência à precarização". *Revista de Direito Brasileira*, São Paulo, vol. 16, nº 7, jan./abr. 2017, p. 131.

> Como se percebe, a materialidade principiológica da Constituição de 1988 é pautada na cidadania, na sua perspectiva social. Dessa forma, a globalização no seu modelo neoliberal revela-se como antítese aos valores sociais nela afirmados, especialmente o trabalho. Os mencionados avanços da globalização acabam sendo direcionados para políticas neoliberais, desregulamentação e flexibilização, as quais – em sendo considerado o valor trabalho e o fim social orientado para o bem-estar – devem ser suprimidas em nome dos direitos fundamentais e do princípio da proibição de retrocesso social. É nesse contexto, que o valor social do trabalho é erigido pelo constituinte de 1988 como fundamento da República.
>
> Assim, é evidente que os ataques neoliberais diretos ao valor trabalho devem ser superados. Em sentido oposto, devem ser implementadas ações e políticas públicas com o fundamento de promover a dignidade e a cidadania social, alicerçadas no núcleo constitucional dos direitos sociais e voltadas para a consecução e realização do projeto constitucional de desenvolvimento.[50]

Por seu turno, em linhas gerais, a livre iniciativa se associa à liberdade econômica, que por seu turno, alberga a liberdade de empresa e de empreender individualmente, assim como todos os tipos de associativismo, as liberdades de estabelecer relações negociais e de contratar e a instrumentalização do empreender, ou seja, a "a liberdade de escolher a forma pela qual cada um se dedicará a uma atividade econômica".[51]

---

50 ARAÚJO, Jailton Macena. "Valor social do trabalho na Constituição Federal de 1988: instrumento de promoção de cidadania e de resistência à precarização". *Revista de Direito Brasileira*, São Paulo, vol. 16, nº 7, jan./abr. 2017, p. 131.

51 TAVARES, André Ramos. "Livre iniciativa empresarial. Enciclopédia jurídica da PUC-SP". *In*: CAMPILONGO, Celso Fernandes; GONZAGA, Alvaro de Azevedo; FREIRE, André Luiz (Coord.). *Tomo*: Direito Comercial. Coordenadores de tomo: Fábio Ulhoa Coelho e Marcus Elidius Michelli de Almeida. 1ª ed. São Paulo: Pontifícia Universidade

Avançando-se em tal ideia, a liberdade, ou a livre iniciativa de empresa, inclui o comércio, a indústria e os serviços, englobando a liberdade empresarial "tanto a liberdade de trabalho como a liberdade de associação (em caráter não-eventual e não-episódico)".[52]

Como integrante da livre iniciativa, a liberdade de contratar, de natureza instrumental, faculta ao agente econômico produzir, comprar e vender, além do estabelecimento de preços e quantidades, respeitando-se a bilateralidade contratual acerca do conteúdo e da quantidade avençada.

A livre iniciativa empresarial resta maculada se o ambiente normativo estatal se apresenta como barreira à sua livre constituição, assim como se faltarem condições estruturais da economia para a criação de empresas nacionais e sua permanência no mercado, sendo uma responsabilidade do Estado brasileiro manter tais condições:

> A nacionalidade, pois, pode ingressar como importante elemento econômico, não no sentido de um nativismo arcaico, mas sim de respeito às potencialidades individuais em território nacional. Isso significa que na falta de um mercado diversificado e bem estruturado será pouco significativo estar o Direito proclamando uma ampla e irrestrita liberdade de iniciativa empresarial. Condições materiais reais podem incidir como bloqueadores automáticos dessa cláusula constitucional.

Católica de São Paulo, 2017. Disponível em: https://enciclopediajuridica.pucsp.br/verbete/237/edicao-1/livre-iniciativa-empresarial. Acessado em: 06.11.2024.

52 TAVARES, André Ramos. "Livre iniciativa empresarial. Enciclopédia jurídica da PUC-SP". In: CAMPILONGO, Celso Fernandes; GONZAGA, Alvaro de Azevedo; FREIRE, André Luiz (Coord.). Tomo: Direito Comercial. COELHO; Fábio Ulhoa, ALMEIDA, Marcus Elidius Michelli de (Coord. de tomo). 1ª ed. São Paulo: Pontifícia Universidade Católica de São Paulo, 2017. Disponível em: https://enciclopediajuridica.pucsp.br/verbete/237/edicao-1/livre-iniciativa-empresarial. Acessado em: 06.11.2024.

> É da responsabilidade do Estado zelar pela presença dessas condições de realidade da referida garantia individual.[53]

Os objetivos fundamentais da República contidos no artigo 3º da Constituição Federal são os fins escolhidos pela sociedade política brasileira, no processo constituinte, para a gênese constitucional, como um núcleo de consensos que condicionam de forma estrutural e dinâmica o Estado brasileiro, em suas peculiaridades, diversidades e vicissitudes e devem ser seguidos pelas diferentes ideologias que disputam eleitoralmente os cargos eletivos,[54] pelos poderes da República e pelos entes federativos.

> Art. 3º Constituem objetivos fundamentais da República Federativa do Brasil:
>
> I – construir uma sociedade livre, justa e solidária;
>
> II – garantir o desenvolvimento nacional;
>
> III – erradicar a pobreza e a marginalização e reduzir as desigualdades sociais e regionais;
>
> IV – promover o bem de todos, sem preconceitos de origem, raça, sexo, cor, idade e quaisquer outras formas de discriminação.

O constituinte no artigo 3º da Constituição Federal fez um duplo movimento de reconhecimento das vulnerabilidades atuais

---

53 TAVARES, André Ramos. "Livre iniciativa empresarial. Enciclopédia jurídica da PUC-SP". *In*: CAMPILONGO, Celso Fernandes, GONZAGA, Alvaro de Azevedo; FREIRE, André Luiz (Coord.). Tomo: Direito Comercial. COELHO; Fábio Ulhoa, ALMEIDA, Marcus Elidius Michelli de (Coord. de tomo). 1ª ed. São Paulo: Pontifícia Universidade Católica de São Paulo, 2017. Disponível em: https://enciclopediajuridica.pucsp.br/verbete/237/edicao-1/livre-iniciativa-empresarial. Acessado em: 06.11.2024.

54 FERRAZ FILHO, José Francisco. "Arts. 2º e 3º". *In*: FERRAZ, Anna Cândida da Cunha; MACHADO, Antônio Cláudio da Costa. *Constituição Federal interpretada*. Barueri: Manole, 2013, p. 7.

historicamente construídas na sociedade brasileira e insere verdadeiras bússolas para o poder público e para a sociedade atingirem progressivamente, com o fim da exclusão social, uma melhor partilha das riquezas produzidas e um desenvolvimento nacional que atinja todas as regiões brasileiras.

O artigo 5º da Constituição da República de 1988, em *caput*, traz cinco verdadeiros valores constitucionais fundamentais: vida, liberdade, igualdade, segurança e propriedade, que são erigidos à condição de cláusulas pétreas, ou seja, dispositivo constitucional imutável, que não pode ser alterado nem mesmo pela via de Emenda à Constituição, vedando alterações em pontos nevrálgicos para a cidadania ou o próprio Estado, nos termos do art. 60, § 4º, da Constituição Federal de 1988.

> Art. 5º Todos são iguais perante a lei, sem distinção de qualquer natureza, garantindo-se aos brasileiros e aos estrangeiros residentes no País a inviolabilidade do direito à vida, à liberdade, à igualdade, à segurança e à propriedade, nos termos seguintes: (...)
>
> XXIII – a propriedade atenderá a sua função social; (...).[55]

No que tange à propriedade, o constituinte não permitiu um abuso no exercício de tal direito, não se tratando de um direito absoluto, a propriedade deve atender a sua função social, em consonância com outros valores constitucionais, atendendo os fundamentos e os objetivos eleitos pelo constituinte.

Nos termos da diretriz capitalista seguida pelo constituinte, podemos afirmar que o princípio do respeito à propriedade privada, sobretudo dos bens de produção, espécie de propriedade privada, que confere os fundamentos do capitalismo. Contudo, pela dicção

---

55 BRASIL. *Constituição da República Federativa do Brasil de 1988*. Disponível em: http://www.planalto.gov.br/ccivil_03/constituicao/constituicao.htm. Acessado em: 21.02.2023.

do inciso IV do artigo 5º, tal princípio é "temperado" pela obrigatória observância da função social a que se destina a propriedade.[56]

A palavra "propriedade" provém do vocabulário latino *proprietas*, de *proprius*, ou seja, a qualidade do que é próprio. Em termos históricos, partiu-se de uma noção coletiva da propriedade, tratada como um bem comum de todos para uma ideia de um direito individual e absoluto, com o advento e a consolidação do capitalismo e do Estado liberal clássico até o entendimento atual, em que a propriedade é salvaguardada como direito individual e que deve atender a sua função social.

Houve, assim, uma relativização desse direito mais recentemente, que não é mais um direito absoluto. Em paralelo, afere-se um movimento de deslocamento do instituto tipicamente de Direito Privado para o Direito Público, num processo de constitucionalização do Direito Privado, acompanhado da explicitação constitucional de tal direito.

> Ademais, como assinalam alguns autores, o direito de propriedade deixa de ser apenas um direito individual, para figurar igualmente no capítulo constitucional relativo à "ordem econômica", como princípio constitucional-econômico, capaz de identificar um determinado sistema econômico vigente.[57]

Em um sentido amplo, a ordem econômica se refere ao conjunto de leis, normas e políticas e fatores econômicos concretos que regulam as relações econômicas entre os agentes econômicos em uma sociedade. No Brasil, a Constituição Federal de 1988 estabelece as bases da ordem econômica do país, definindo princípios como a valorização do trabalho humano, a livre iniciativa, a defesa do meio

---

56 TAVARES, André Ramos. *Direito Constitucional Econômico*. São Paulo: Método, 2003, p. 156.

57 TAVARES, André Ramos. *Direito Constitucional Econômico*. São Paulo: Método, 2003.

ambiente, a busca do pleno emprego e a redução das desigualdades sociais. Além disso, a Constituição estabelece a função social da propriedade e a necessidade de regulação estatal para assegurar o bem-estar da sociedade como um todo e o desenvolvimento integral do ser humano.

> TÍTULO VII
>
> DA ORDEM ECONÔMICA E FINANCEIRA
>
> CAPÍTULO I
>
> DOS PRINCÍPIOS GERAIS DA ATIVIDADE ECONÔMICA
>
> Art. 170. A ordem econômica, fundada na valorização do trabalho humano e na livre iniciativa, tem por fim assegurar a todos existência digna, conforme os ditames da justiça social, observados os seguintes princípios:
>
> I – soberania nacional;
>
> II – propriedade privada;
>
> III – função social da propriedade;
>
> IV – livre concorrência;
>
> V – defesa do consumidor;
>
> VI – defesa do meio ambiente, inclusive mediante tratamento diferenciado conforme o impacto ambiental dos produtos e serviços e de seus processos de elaboração e prestação; (Redação dada pela Emenda Constitucional n. 42, de 19.12.2003)
>
> VII – redução das desigualdades regionais e sociais;
>
> VIII – busca do pleno emprego;
>
> IX – tratamento favorecido para as empresas de pequeno porte constituídas sob as leis brasileiras e que tenham sua sede e administração no País.
>
> (Redação dada pela Emenda Constitucional n. 6, de 1995)
>
> Parágrafo único. É assegurado a todos o livre exercício de qualquer atividade econômica, independentemente de autorização

de órgãos públicos, salvo nos casos previstos em lei. (Vide Lei n. 13.874, de 2019).[58]

Acerca dos princípios arrolados no artigo 170 da Constituição Federal, Luís Roberto Barroso afirma que "é fácil perceber que não há uma homogeneidade funcional entre eles". O papel da livre concorrência, por exemplo, é diverso da lógica motriz do princípio que objetiva o pleno emprego e a redução das desigualdades nos planos regional e social, de tal sorte que, segundo o constitucionalista, podem se classificar em dois grandes grupos: princípios de funcionamento e princípios-fins. Os "de funcionamento", em linhas gerais, "estabelecem os parâmetros de convivência básicos que os agentes econômicos deverão observar"; os "fins", enunciam realidades materiais a serem alcançadas consoante o desejo do constituinte.[59]

Os princípios de funcionamento tratam da dinâmica das relações produtivas às quais os agentes da Ordem Econômica estão vinculados, como os que se referem à soberania nacional, propriedade privada, função social da propriedade, livre iniciativa, defesa do consumidor e do meio ambiente (artigo 170, incisos I ao VI).

Por seu turno, os denominados princípios-fins por Barroso orientam os objetivos que a Ordem Econômica deve atingir e estão inseridos no caput do artigo 170 e em seus incisos VII, VIII e IX: existência digna, redução das desigualdades regionais e sociais, busca do pleno emprego e a "expansão das empresas de pequeno porte constituídas sob as leis brasileiras e que tenham a sua sede e administração no país".[60]

---

58 BRASIL. *Constituição da República Federativa do Brasil de 1988*. Disponível em: http://www.planalto.gov.br/ccivil_03/constituicao/constituicao.htm . Acessado em: 21.02.2023.

59 BARROSO, Luís Roberto. "A Ordem Econômica Constitucional e os Limites à Atuação Estatal no Controle de Preços". *Revista de Direito Administrativo*, Rio de Janeiro, nº 226, out./dez. 2001, p. 193.

60 BARROSO, Luís Roberto. "A Ordem Econômica Constitucional e os Limites à Atuação Estatal no Controle de Preços". *Revista de Direito*

Salienta-se que o constituinte, em diversos dispositivos constitucionais, teve a preocupação de salvaguardar a dignidade humana, por meio da garantia da livre iniciativa, e sobretudo dos direitos sociais para um país mais justo socialmente e em suas diversas regiões, além de reconhecer uma dívida social da sociedade com amplos setores da população que foram sistemática e historicamente apartados das riquezas nacionais que tanto colaboraram para construir.

> Art. 182. A política de desenvolvimento urbano, executada pelo Poder Público municipal, conforme diretrizes gerais fixadas em lei, tem por objetivo ordenar o pleno desenvolvimento das funções sociais da cidade e garantir o bem- estar de seus habitantes (...).
>
> § 2º A propriedade urbana cumpre sua função social quando atende às exigências fundamentais de ordenação da cidade expressas no plano diretor (...).

Segundo Arlete Moysés Rodrigues, apesar da função social da propriedade urbana já constar na Constituição de 1934 e em várias Constituições brasileiras subsequentes, a concretude do seu significado só se atingiu, em 2001, com a promulgação do Estatuto da Cidade,[61] uma legislação construída com a participação de setores da sociedade civil que lutam pela reforma urbana, de tal forma que a perseverança dos movimentos sociais do Brasil e internacionais em questionar a supremacia ou o mesmo o abuso do direito de apropriação, da propriedade do solo e das edificações urbanas, ponderando tais aspectos do direito de propriedade com outros direitos fundamentais, como o direito à vida digna.

Administrativo, Rio de Janeiro, nº 226, out./dez. 2001.

61 BRASIL. *Lei n. 10.257*, de 10 de julho de 2001. Regulamenta os arts. 182 e 183 da Constituição Federal, estabelece diretrizes gerais da política urbana e dá outras providências. Disponível em: https://www.planalto.gov.br/ccivil_03/Leis/LEIS_2001/L10257.htm. Acessado em: 22.03.2023.

O Estatuto da Cidade estabelece a necessidade de relativizar a propriedade urbana individual para que a própria cidade cumpra a sua função social, na perspectiva de garantir a todos os moradores acesso à cidade, seus serviços e moradia. Tal relativização se manifesta, sobretudo, em seus artigos que disciplinam a usucapião urbana, indicando assim marcos de limitações à especulação imobiliária.

Em seus princípios e normas, o referido estatuto faz emergir as tensões sociais da complexa realidade social da vida urbana e apresenta alternativas para a solução de conflitos e a composição de interesses antagônicos, abrindo a perspectiva da participação da sociedade civil na construção do Plano Diretor Municipal.

> Os princípios do Estatuto propiciam desvendar conflitos relacionados ao planejamento, à apropriação, à propriedade, à gestão e ao uso do solo nas áreas urbanas. O Estatuto não resolve nem elimina os conflitos, mas os retira da sombra, mostrando que a sociedade é desigualmente constituída. Reconhece, também, o predomínio da população urbana e a falta de acesso da maioria aos padrões de urbanidade vigentes.
>
> A cidade é compreendida como produto coletivo e não apenas decorrente dos agentes tipicamente capitalistas. Torna explícito que a população urbana não é a causa dos problemas e que estes devem ser analisados na complexidade da produção das e nas cidades.
>
> O Estatuto inova ao reconhecer a cidade real, a necessidade de legitimar, legalizar as áreas ocupadas por moradias. Estabelece novos critérios para parcelamento do solo, inclui a obrigatoriedade de participação da sociedade civil na elaboração do Plano Diretor Municipal, tido como propulsor de gestão coletiva. Considera o Município como unidade de planejamento do seu espaço territorial.[62]

---

62 RODRIGUES, Arlete Moysés. "Estatuto da cidade: função social da cidade e da propriedade. Alguns aspectos sobre população urbana e espaço". *Cadernos Metrópole*, nº 12, 2º sem. 2004, p. 12.

Em última análise, os princípios trazidos pelo Estatuto da Cidade expressam possibilidades e virtualidades para a construção utópica do Direito à Cidade, ou seja, a exploração de novas possibilidades e vontades humanas, que virtualmente, podem ser realizadas, de tal forma que reais e aparentes paradoxos, controvérsias, conflitos e contradições que sempre existiram e apontam os entraves da complexidade da vida nas cidades, necessitam ser superados, como um processo democrático, para o planejamento do uso do solo urbano.[63]

Além das diretrizes constitucionais sobre a propriedade urbana e sua função social, a Constituição também determinou que a propriedade rural deve ser utilizada de forma produtiva, de modo a gerar empregos e renda para a região em que se insere. Além disso, o proprietário deve cumprir normas ambientais e trabalhistas, preservar o meio ambiente e respeitar os direitos dos trabalhadores rurais. Caso a propriedade não cumpra sua função social, o Estado pode intervir e expropriar o imóvel para destinar à reforma agrária ou para outro fim de interesse público. Além disso, o proprietário pode ser punido com sanções administrativas e judiciais.

> Art. 184. Compete à União desapropriar por interesse social, para fins de reforma agrária, o imóvel rural que não esteja cumprindo sua função social, mediante prévia e justa indenização em títulos da dívida agrária, com cláusula de preservação do valor real, resgatáveis no prazo de até vinte anos, a partir do segundo ano de sua emissão, e cuja utilização será definida em lei. (...)
>
> Art. 186. A função social é cumprida quando a propriedade rural atende, simultaneamente, segundo critérios e graus de exigência estabelecidos em lei, aos seguintes requisitos:
>
> I – aproveitamento racional e adequado;

---

63 RODRIGUES, Arlete Moysés. "Estatuto da cidade: função social da cidade e da propriedade. Alguns aspectos sobre população urbana e espaço". *Cadernos Metrópole*, nº 12, 2º sem. 2004, p. 23.

> II – utilização adequada dos recursos naturais disponíveis e preservação do meio ambiente;
>
> III – observância das disposições que regulam as relações de trabalho;
>
> IV – exploração que favoreça o bem-estar dos proprietários e dos trabalhadores.[64]

Virgílio Afonso da Silva destaca o silêncio constitucional sobre outras propriedades e a ênfase da Constituição sobre as propriedades urbana e rural e o cumprimento de sua função social, nos seguintes termos:

> Do ponto de vista do direito constitucional, é suficiente ter em mente que, ao menos para as propriedades imóveis urbanas e rurais, a Constituição definiu critérios para que se avalie se determinada propriedade cumpre ou não sua função social (art. 182, § 2º, e art. 186, I a IV). Ainda assim, é também verdade que a Constituição não contém nenhum dispositivo sobre o cumprimento da função social de outros tipos de propriedade, como a propriedade artística, intelectual e industrial, por exemplo.[65]

No que se refere à abordagem de Virgílio Afonso da Silva, pode-se interpretar que não houve omissão dos constituintes de 1988. Numa interpretação lógica, a propriedade artística – aquela resultante da capacidade criativa dos indivíduos –, parte dela já possui em si uma dimensão social valorativa, uma espécie de contemplação pública do belo. No que tange à propriedade intelectual, mesmo reconhecendo o seu valor monetário, há sempre uma dimensão social

64 BRASIL. *Constituição da República Federativa do Brasil de 1988*. Disponível em: http://www.planalto.gov.br/ccivil_03/constituicao/constituicao.htm. Acessado em: 21.02.2023.

65 SILVA, Virgílio Afonso da. *Direito Constitucional brasileiro*. São Paulo: Edusp, 2021, p. 220.

a ser reconhecida, uma vez que, pelo conhecimento e interpretação, há sempre um valor cultural e até mesmo, em alguns casos, uma dimensão econômica em perspectiva para todos, não apenas para o autor. Quanto à propriedade industrial, talvez o que foi desejado pelos Constituintes foi concretizar a competitividade como um elemento essencial do mercado, ou seja, a plenitude da livre iniciativa como sinônimo de livre concorrência.

Em suma, a Constituição brasileira busca, pela regulação estatal, o equilíbrio entre a competitividade, elemento essencial do capitalismo, com elementos fundamentais de políticas públicas sociais que resultem em desenvolvimento econômico inclusivo, que facilitem o desenvolvimento integral das pessoas em toda sua dimensão.

1.4 Papel do Estado no desenvolvimento do ser humano e a função do Estado no equilíbrio entre riquezas produzidas pelos particulares e riquezas distribuídas como forma de alavancagem no desenvolvimento social

A proteção social do Estado sempre foi determinante para a configuração da distribuição social da riqueza. Ao longo do tempo, o Estado reproduziu diferentes entendimentos sobre a forma como a riqueza produzida seria repartida entre os diversos grupos da sociedade. A atenção com a pobreza e outras formas de exclusão social é algo relacionado à formação do Estado moderno. No período da Idade Média são registradas poucas ações que beneficiavam pessoas menos favorecidas economicamente. Em tal período histórico, a estratificação social tinha dois grupos de destaque: os senhores feudais, que eram os proprietários de terra, e os servos, que vendiam sua força de trabalho nas terras dos senhores feudais.[66]

---

66 SANTOS, Maria Paula Gomes. *O Estado e os problemas contemporâneos*. 2ª ed. reimp. Florianópolis: Departamento de Ciências da Administração, UFSC, 2012, p. 94.

Apesar de no Medievo não existir o conceito de Estado como o atribuído na modernidade, os senhores feudais caracterizavam-se pela autoridade política da época. Não tinham qualquer tipo de preocupação humanitária em relação à situação de pobreza dos servos. Diante de qualquer tipo de manifestação de insatisfação pelos servos, os senhores feudais agiam de forma violenta com o propósito de reprimi-los, a exemplo das revoltas camponesas contra a fome e as condições de vida, brutalmente reprimidas no período medieval. Somente com o início do período que ficou conhecido como de acumulação primitiva do capital, entre os séculos XVI e XVII, é que o fenômeno da pauperização ganha maior visibilidade. O fluxo de pessoas do campo para a cidade à procura de trabalho aumentou a circulação de pessoas em cidades europeias. Os cercamentos foram um processo determinante de expulsão de pessoas do campo para a cidade e constituem uma das principais bases para a formação do sistema econômico capitalista.[67]

Em 1601, na Inglaterra, sob o reinado de Elizabeth I, foi publicada a Lei dos Pobres, que estabelecia a distribuição de alimentos, concessão de renda mínima e complementações salariais. Em contrapartida, a Lei dos Pobres também entendia que a situação da miséria dos moradores das cidades estava associada a ociosidades e previa a obrigatoriedade do trabalho. Caso a pessoa se negasse a trabalhar, teria que cumprir uma espécie de pena em casas de trabalho forçado. A Lei dos Pobres deu-se no contexto de formação do Estado moderno e do sistema econômico capitalista e por isso é considerada a primeira iniciativa governamental que buscou uma melhor distribuição da riqueza socialmente produzida, ainda que de forma limitada e com características arbitrárias.[68]

---

67 SANTOS, Maria Paula Gomes. *O Estado e os problemas contemporâneos*. 2ª ed. reimp. Florianópolis: Departamento de Ciências da Administração, UFSC, 2012, p. 86.

68 VISCARDI, Cláudia Maria Ribeiro. "Pobreza e assistência no Rio de Janeiro na Primeira República". *História, Ciências, Saúde-manguinhos*, vol. 18, supl. 1, dez. 2011, pp. 179-197.

O desenvolvimento político e econômico entre os séculos XVII e XVIII fez florescer uma corrente política e moral que atribuía ao indivíduo a responsabilidade pela sua própria condição material e considerava o mérito individual como determinante para o sucesso ou o fracasso social. A vertente econômica do Liberalismo vai marcar a transição do capitalismo comercial para o capitalismo industrial nos séculos XVIII e XIX, em que as fábricas passaram a fazer parte do cenário das cidades que, à época, abrigavam ainda mais pessoas em situação de pobreza, vendendo a sua força de trabalho.[69]

Com o desenvolvimento da Revolução Industrial, foi se inserindo a tese de que o bem-estar coletivo só é alcançado pelo indivíduo que corra atrás de seus próprios interesses em um mercado livre e competitivo. Nas palavras de Polanyi:[70] Em 1834, o Parlamento inglês suprimiu a Lei dos Pobres partindo do entendimento de que o assistencialismo seria um estímulo à miséria e que a pobreza seria resultado da acomodação e do conformismo. Conforme Montaño, a pobreza:

> (...) passa a ser reprimida e castigada (como sendo uma questão delitiva ou criminal dos pobres). A beneficência e os abrigos passam a ser substituídos pela repressão e reclusão dos pobres. A ideológica expressão de "marginal" começa adquirir uma conotação de "criminalidade". O pobre, aqui identificado com "marginal", passa a ser visto como ameaça à ordem.[71]

A interpretação da relação entre indivíduo, sociedade e Estado está atrelada ao conceito de justiça. O conceito de justiça constitui-se como uma noção ética fundamental e não determinada e pode

---

69 MONTAÑO, Carlos. "Pobreza, 'questão social' e seu enfrentamento". *Serviço Social & Sociedade*, São Paulo, nº 110, abr./jun. 2012, p. 112.

70 POLANYI, Karl. *A grande transformação*. São Paulo: Campus, 1980, p. 38.

71 MONTAÑO, Carlos. "Pobreza, 'questão social' e seu enfrentamento". *Serviço Social & Sociedade*, São Paulo, nº 110, abr./jun. 2012, p. 273.

ser atribuída à forma de distribuição de benefícios e custos entre os membros de uma sociedade. O Estado moderno tem no Direito o conjunto de normas para o convívio social e a ideia de justiça está atrelada às leis, mas o conceito de justiça estaria fundamentado em princípios éticos e morais. O conceito de justiça implícito no pensamento liberal entende que o direito de possuir algo está associado ao mérito do indivíduo, o que se opõe à premissa da necessidade de cada um.[72]

O aprofundamento das desigualdades sociais e o aumento das lutas operárias levaram ao surgimento de um sistema de proteção social na Alemanha do final do século XIX. O então chanceler alemão Otto von Bismarck colocou em prática um sistema baseado em seguros sociais financiados pelo Estado, pelos trabalhadores e pelas empresas. Os benefícios na forma de dinheiro ou serviços assistenciais eram proporcionais às contribuições. Este sistema não incorporou o princípio da necessidade por completo, mantendo elementos relacionados ao mérito individual.[73]

Após o final da Segunda Guerra Mundial, em 1946, o governo britânico propôs um sistema que estendia a proteção social a todos os cidadãos conforme o princípio da necessidade. A partir de então, os benefícios abrangem todas as pessoas, independentemente de contribuições ou qualquer questão relacionada ao mérito individual. O sistema de proteção social inglês, também conhecido como Plano Beveridge, marca o início do que ficou conhecido como Estado de Bem-Estar Social, ou seja, um modelo de Estado que

---

72 OPPENHEIM, Felix. "Verbete sobre 'Justiça'". *In*: BOBBIO, Norberto; MATTEUCCI, Nicola; PASQUINO, Gianfranco (Coord.). *Dicionário de Política*. 2ª ed. Brasília: UNB, 1986, pp. 58-67.

73 BEHRING, Elaine Rossetti; BOSCHETTI, Ivanete. *Política social*: fundamentos e história. São Paulo: Cortez, 2016, p. 15.

supera a premissa do mérito individual e que assume a proteção social a todos os cidadãos.[74]

O Estado de Bem-Estar Social partiu da premissa de regulação das relações trabalhistas e oferta dos serviços sociais básicos, de modo que as pessoas tivessem condições de dignidade para trabalhar e uma renda suficiente para destinar ao consumo.

Com base em uma economia política keynesiana, a ampliação dos serviços públicos criou ainda mais estímulos à produção e ao consumo, gerando um ciclo de abundância e crescimento econômico. A aplicação de políticas keynesianas somado ao predomínio de um sistema de produção e consumo em massa fordista, fez com que o período entre a década de 1940 e 1970 ficasse conhecida como era de ouro.[75] Em alguns países, o Estado de Bem-Estar Social forneceu às pessoas um excelente nível de segurança social atrelado a um elevado desenvolvimento econômico. Esse foi o caso dos países nórdicos e da Europa Central.[76]

Em 1973 aconteceu o primeiro choque do petróleo, o marco de um conjunto de transformações. O sistema de produção fordista é substituído pelo sistema de produção toyotista, baseado na automação industrial e na flexibilização das relações de trabalho. O aumento de desempregados fez com que as arrecadações diminuíssem e aumentasse a demanda por serviços públicos. Todo esse cenário fez crescer o contexto de crise e, como consequência, tornou-se cada vez mais popular um modelo econômico baseado na redução do Estado e no corte de políticas sociais, que é conhecido como neoliberalismo. Países como Chile, Estados Unidos e Reino Unido foram pioneiros

---

74 DURIGUETTO, Maria L.; MONTAÑO, Carlos. *Estado, classe e movimento social*. 1ª ed. São Paulo: Cortez, 2010, p. 29.

75 HOBSBAWN, Eric. *A era dos extremos*: o breve século XX (1914-1991). São Paulo: Companhia das Letras, 1995, p. 76.

76 ESPING-ANDERSEN, Gosta. *The Three Worlds of Welfare Capitalism*. Princeton: Princeton University Press, 1999, p. 54.

a colocar em prática um modelo de economia política no qual o Estado se abstém de promover políticas sociais, reduzindo também seus investimentos em infraestrutura. Desde a década de 1970 até atualidade, diversos países do mundo têm tido como opção aquilo que é conhecido como Estado mínimo.[77]

O modelo de Estado mínimo ou neoliberal popularizou-se por diversos países do mundo entre as décadas de 1980 e 1990. O fim do bloco socialista foi um marco para a ascensão do neoliberalismo, já que se popularizou a ideia de que o sistema econômico capitalista tinha sido superior ao sistema comunista e, portanto, esta era agora a única forma de organização econômica e social que restava ao mundo. Uma das principais obras a defenderem esta ideia foi *O fim da história e o último homem*, de Francis Fukuyama.[78]

Serviços que antes eram públicos e universais, passaram cada vez mais a serem ofertados pela inciativa privada. A desregulamentação dos mercados e das leis trabalhistas passou a ser um tipo de política econômica em voga, ao lado de privatizações de companhias estatais. A ideia de que o Estado tinha sido o grande responsável pela crise e que o mercado iniciaria um novo tempo de riqueza e prosperidade foi contraditado pela intensa pauperização da população e pelo aumento das desigualdades. A hegemonia do neoliberalismo foi marcada por uma sucessão de crises econômicas internacionais, todas elas relacionadas à redução do papel do Estado e à desregulação de mercados: Japão (1990), México (1994), Tigres Asiáticos (1997), Rússia (1998), Argentina (2001), Europa (2001) e Estados Unidos (2008).[79]

---

77 MONTAÑO, Carlos. “Pobreza, ‘questão social’ e seu enfrentamento”. *Serviço Social & Sociedade*, São Paulo, nº 110, abr./jun. 2012.

78 FUKUYAMA, Francis. *O fim da história e o último homem*. Rio de Janeiro: Rocco, 1992, p. 88.

79 KLEIN, Naomi. *A doutrina do choque*: a ascensão do capitalismo de desastre. Rio de Janeiro: Nova Fronteira, 2008, p. 152.

Entre os anos de 2020 e 2022, a parcela da população de 1% mais ricos do mundo concentrou aproximadamente 30% de toda a riqueza produzida no período: US$ 42 trilhões. O valor citado equivale a aproximadamente seis vezes mais que toda a riqueza de 90% da população do mundo, 7 bilhões de pessoas, na época. Cada bilionário faturou US$ 1,7 milhão para cada dólar obtido por uma pessoa que se encontra entre os 90% mais pobres do mundo.[80]

Nos últimos 300 anos, o Estado teve um papel fundamental como promotor do progresso social e do desenvolvimento humano. Todos os países desenvolvidos utilizaram o Estado com três grandes objetivos: garantir a liberdade individual, buscar o bem-estar econômico e promover a justiça social. Atualmente, discute-se o papel do Estado na proteção do meio ambiente. Para poder constituir um verdadeiro Estado social, cabe uma configuração que possa alcançar um melhor equilíbrio entre as riquezas produzidas pelos particulares e a riqueza distribuída como forma de busca do desenvolvimento social. Um Estado capaz de concretizar um melhor equilíbrio da distribuição social da riqueza adota uma postura coletiva de exercício da política, tendo o sistema legal um papel crucial nesta empreitada.[81]

As riquezas são produzidas coletivamente como soma dc csforços entre força de trabalho e meios de produção. A finalidade geral do Estado consiste na obtenção do bem comum do povo que habita seu território. Com isso, cabe ao Estado, no momento de pensar sua finalidade, procurar uma distribuição das riquezas de forma

---

80 OXFAM. *O vírus da desigualdade: unindo um mundo dilacerado pelo coronavírus por meio de uma economia justa, igualitária e sustentável*. Relatório de pesquisa. Oxfam International, Oxford-UK, jan. 2021. Disponível em: https://www.oxfam.org.br/justica-social-e-economica/forum-economico-de-davos/ o-virus-da-desigualdade/. Acessado em: 04.04.2022.

81 BRESSER-PEREIRA, Luiz Carlos. *Desenvolvimento, progresso e crescimento econômico*. Notas para uso em curso de desenvolvimento econômico na Escola de Economia de São Paulo da Fundação Getúlio Vargas, 2008.

a diminuir as desigualdades sociais, uma vez que a finalidade do Estado é desenvolvimento integral do ser humano. Dalmo de Abreu Dallari nos recorda sempre que, ao finalizar a exposição de todas as classificações das finalidades do Estado, conclui que este possui um fim geral, que é o instrumento de realização do ser humano em sua integralidade.

> Assim, pois, pode-se concluir que o fim do Estado é o bem comum, entendido este como o conceituou o Papa João XXII, ou seja, o conjunto de todas as condições de vida social que consistam e favoreçam o desenvolvimento integral da personalidade humana.[82]

No estudo "Empresas e responsabilidade social: os enredamentos da cidadania", Maria Celia Paoli traz uma importante análise do uso das palavras "cidadania" e "solidariedade" no contexto de fortalecimento da agenda neoliberal dos anos de 1990, uma vez que a palavra "cidadania" surge como "uma alternativa de segurança e ordem incapaz de ser fornecida pelos tradicionais modos autoritários e policiais de agir e de pensar sobre estes problemas, [o que] gerou na opinião pública uma demanda por responsabilidade apenas secundariamente dirigida ao governo".[83]

Em termos mais concretos, houve a captura de uma demanda pelo ativismo social voluntário da palavra, tornando a palavra "solidariedade", um senso comum, a disposição altruísta e voluntária de um indivíduo, uma organização ou uma empresa, como quase

---

82 DALLARI, Dalmo de Abreu. *Elementos de Teoria Geral do Estado*. São Paulo: Saraiva, 2013, p. 112.

83 PAOLI, Maria Célia Pinheiro Machado. "Empresas e responsabilidade social: os enredamentos da cidadania no Brasil". *In*: SOUSA SANTOS, Boaventura de. *Democratizar a democracia*: os caminhos da democracia participativa. Rio de Janeiro: Civilização Brasileira, 2002. Disponível em: biblio.fflch.usp.br/Paoli_MCPM_28_1248800_EmpresasEResponsabilidadeSocial.pdf. Acessado em: 06.11.2024.

sinônimo de cidadania. Precisamos ainda registrar uma coincidência temporal dessa lógica de captura da cidadania e da ideia de solidariedade como o modelo econômico neoliberal consagrado na década de 1990:

> Cidadania e solidariedade são demandadas, então, exatamente no momento em que os governos dos anos 90 eram impelidos, pelo modelo econômico neoliberal adotado, a livrar-se do investimento em obrigações públicas de proteção e garantia eficazes dos direitos sociais. Também as elites se convenciam, nas palavras de Francisco de Oliveira, da "desnecessidade do público" diante um Estado em crise financeira e obrigado a endividar-se junto ao setor privado, criando nestas elites a ilusão de que são politicamente autossuficientes. As classes médias, por sua vez, seduziam-se pelas ideias de estabilidade monetária e individualismo meritocrático. Além de tudo, a referência estatal em relação às políticas distributivas, apesar de solidamente estabelecida na cultura política do país, aparecia apenas pelo seu histórico lado autoritário, burocrático e ineficaz.[84]

No ativismo empresarial de ordem política e social, na certa, existe uma ambiguidade, pois de um lado, teríamos a ação social e empresarial e os *welfares* privados nas empresas que podem ser, no contexto de grandes necessidades e carências da população mais vulnerável socialmente no Brasil, uma experiência social e humanitária oportuna e de relevância e nada poderíamos dizer contra elas, se tal dinâmica funcionasse, na realidade de uma sociedade amparada em

---

84 PAOLI, Maria Célia Pinheiro Machado. "Empresas e responsabilidade social: os enredamentos da cidadania no Brasil". *In*: SOUSA SANTOS, Boaventura de. *Democratizar a democracia*: os caminhos da democracia participativa. Rio de Janeiro: Civilização Brasileira, 2002. Disponível em: biblio.fflch.usp.br/Paoli_MCPM_28_1248800_EmpresasEResponsabilidadeSocial.pdf. Acessado em: 06.11.2024.

garantias reais de direitos universalizados e de efetiva concretização, algo ainda longe de ser constatado no plano fático.

O movimento de filantropia empresarial, para que seja politicamente relevante como ator investido de responsabilidade social, para fugir de um mero acerto de consciência intranquila ou, por outro lado, de mecanismo de disputa do poder político, é necessário que haja associação e integração de suas ações filantrópicas às políticas públicas estatais. Do contrário, seus gestos aparentemente humanitários, contribuirão para a lógica da desregulação estatal, jogando contra a plena cidadania, culminando, assim, na precarização de direitos sociais.

Ainda sobre a precarização das relações de trabalho para os trabalhadores, com um refluxo dos direitos sociais, em especial aqueles que disciplinam juridicamente tais relações, são oportunas as reflexões de Luiz Gonzaga Belluzzo e Gabriel Galípolo em "A Escassez na Abundância Capitalista", ao explicarem que os trabalhadores autônomos, chamados de "empreendedores de si mesmos", acabam assumindo os riscos da atividade, como investimento e clientela, porém são engessados na fixação de preços e na repartição de resultados.[85]

Os autores ainda aprofundam a reflexão, desmascarando uma narrativa de suposta novidade dessa lógica de trabalho, ao mostrarem que, em verdade, tal organização do trabalho já era predominante nas origens do capitalismo com as manufaturas da Era Mercantilista. Em tal contexto histórico, os comerciantes forneciam a matéria prima para artesãos autônomos que, por seu turno, eram obrigados a devolvê-la como produto manufaturado, transcorrido um determinado intervalo temporal. Os autores ainda afirmam sem meias palavras:

---

85 BELLUZZO, Luiz Gonzaga; GALÍPOLO, Gabriel. *A escassez na abundância capitalista*. São Paulo: Contracorrente, 2019, p. 90.

> A economia compartilhada é uma fraude, recentemente escancarada pelas greves dos motoristas do Uber ou pela recente formação do Sindicato Internacional de Entregadores de fast-food, massacrados em seus direitos e seus rendimentos pelas manobras do "aplicativo".
>
> Agora em escombros, as classes médias, sobretudo nos Estados Unidos, mas também na Europa, ziguezagueiam entre fetiches do individualismo e as realidades cruéis do declínio social e econômico. A individualização do fracasso já não consegue ocultar o destino comum reservado aos derrotados pela desordem do sistema social.[86]

No capítulo 6, Globalização Desigual e Combinada, da obra em tela, Belluzzo e Galípolo nos recordam que o regime econômico implementado pelo fascismo nos anos de 1920 e 1930 mostrou-se como "um monstruoso movimento contra a pseudo-objetividade das leis econômicas e suas consequências funestas para as condições de vida dos indivíduos".[87]

Tal experiência sombria legou o seguinte ensinamento: "Para evitar a repetição do desastre era necessário, antes de tudo, construir uma ordem econômica internacional capaz de alentar o desenvolvimento",[88] ou seja, criar um ambiente econômico internacional orientado para favorecer um amplo espectro de manobra para as políticas nacionais no que tange à industrialização e progresso social.

No estudo "Desafios e perspectivas para a construção de um instrumento jurídico vinculante em direitos humanos e empresas", Manoela Carneiro Roland e demais autores elucidam que o processo

---

86 BELLUZZO, Luiz Gonzaga; GALÍPOLO, Gabriel. *A escassez na abundância capitalista*. São Paulo: Contracorrente, 2019.

87 BELLUZZO, Luiz Gonzaga; GALÍPOLO, Gabriel. *A escassez na abundância capitalista*. São Paulo: Contracorrente, 2019, p. 155.

88 BELLUZZO, Luiz Gonzaga; GALÍPOLO, Gabriel. *A escassez na abundância capitalista*. São Paulo: Contracorrente, 2019, pp. 155/156.

de globalização trouxe grandes desafios e quebras de paradigmas nos modelos empresariais e nas políticas econômicas dos governos nacionais, podendo precarizar direitos humanos, em especial os de natureza social.[89]

No contexto dessa nova dinâmica internacional, os Estados emergentes sofrem ingerências políticas tanto dos Estados centrais como de grupos econômicos hegemônicos, a exemplo dos grupos empresariais transnacionais. Tal cenário sofre a reação de um ativismo global organizado para fazer frente à assimetria de poder, corriqueiramente a favor das corporações transnacionais, ainda que exista sempre o medo de se perder investimentos internacionais neste jogo de forças, o que repercute na dificuldade de fiscalização das transnacionais dos poderes emergentes.[90]

Para um equilíbrio no jogo de forças e a concretização dos direitos humanos, em especial, os direitos de segunda geração ou dimensão, os chamados direitos sociais, é necessária a diligente responsabilização por violações aos direitos humanos, desenvolvendo uma cooperação consistente entre empresas e Estados para a efetiva proteção dos direitos humanos, incluindo-se uma necessária perspectiva teórica do Direito Internacional sobre o caráter transfronteiriço da atuação empresarial, não raras vezes, negligenciada pela doutrina.[91]

---

89 ROLAND, Manoela Carneiro *et al.* "Desafios e perspectivas para a construção de um instrumento jurídico vinculante em direitos humanos e empresas". *Revista Direito GV*, vol. 14, nº 2, ago. 2018. Disponível em: https://doi.org/10.1590/2317-6172201817. Acessado em: 30.09.2024.

90 ROLAND, Manoela Carneiro *et al.* "Desafios e perspectivas para a construção de um instrumento jurídico vinculante em direitos humanos e empresas". *Revista Direito GV*, vol. 14, nº 2, ago. 2018, p. 396. Disponível em: https://doi.org/10.1590/2317-6172201817. Acessado em: 30.09.2024.

91 ROLAND, Manoela Carneiro *et al.* "Desafios e perspectivas para a construção de um instrumento jurídico vinculante em direitos humanos e empresas". *Revista Direito GV*, vol. 14, nº 2, ago. 2018, pp. 396/397.

Em manifesto contraste daquilo que ocorre no Direito Internacional Público tradicional, caracterizado pela elaboração exclusiva e hermética dos representantes políticos, afastados das populações afetadas, é necessário a valorização do papel da sociedade civil, com atenção às demandas populares na elaboração de instrumentos normativos.

Nas últimas quatro décadas, as grandes corporações têm influenciado nas mais diversas esferas (econômica, política, cultural etc.), contribuindo para a arquitetura de um cenário internacional em que as transnacionais detenham mais poder ainda de negociação que muitos Estados. A articulação política das transnacionais é manifesta nos países em que estão sediadas, assim como nos receptores da sua cadeia de produção. A erosão dos direitos sociais e o *lobby* que praticam junto às instituições financeiras são algumas práticas que aproximam o público e o privado, tendendo a favorecer os interesses empresariais.

Constata-se um desequilíbrio entre a garantia dos Direitos Humanos das populações atingidas pelas ações das transnacionais e a garantia dos direitos de tais empresas, uma vez que seus direitos são protegidos "por um sistema global de investimentos de caráter mandatório", ao passo que os deveres dessas corporações não têm uma regulação normativa capaz de amenizar os impactos de suas atividades. Se por um lado, a chamada *lex mercatoria*, "o novo regime normativo global que garante certeza jurídica aos negócios realizados por grandes corporações, mas que relega suas obrigações sociais, trabalhistas e ambientais a uma lógica voluntarista, baseada no conceito de 'ética corporativa'" e consolidada por tribunais internacionais de arbitragem, do outro, no que se refere aos Direitos

---

Disponível em: https://doi.org/10.1590/2317-6172201817. Acessado em: 30.09.2024.

Humanos, o Direito Internacional enfrenta grandes dificuldades para sua efetividade.[92]

Um outro aspecto importante para uma dinâmica de impunidade das corporações está ligado ao fato de que a legislação internacional de Direitos Humanos aplicável às empresas transnacionais se dá pela atuação dos Estados, ou seja, a responsabilização das corporações violadoras de tais direitos depende das legislações nacionais, sujeitando-as apenas à legislação nacional onde possui sede estabelecida.

> A análise da arquitetura da impunidade permite a identificação das lacunas no sistema legal internacional que servem de escudo para as ETNs [empresas transnacionais], impedindo sua responsabilização. Alguns dos exemplos de mecanismos comumente usados por corporações transnacionais para escapar da responsabilização e inviabilizar o provimento de remédios efetivos às vítimas dessas violações são: acordos bilaterais e multilaterais de investimento; subcapitalização; facilidade na movimentação de ativos e, em alguns casos, operações inteiras para outro território; bem como o princípio da responsabilidade limitada (que considera subsidiárias como pessoas jurídicas distintas de suas empresas controladoras, impedindo acesso aos ativos dessa última).
>
> Essas lacunas regulatórias não podem ser resolvidas por normativas impostas por um único Estado. Um instrumento internacional vinculante forte é necessário para o preenchimento desses gaps regulatórios e para a restauração da primazia dos Direitos Humanos em detrimento dos direitos de investimento e comércio internacional.[93]

---

92 ROLAND, Manoela Carneiro *et al.* "Desafios e perspectivas para a construção de um instrumento jurídico vinculante em direitos humanos e empresas". *Revista Direito GV*, vol. 14, nº 2, ago. 2018, pp. 397/398. Disponível em: https://doi.org/10.1590/2317-6172201817. Acessado em: 30.09.2024.

93 ROLAND, Manoela Carneiro *et al.* "Desafios e perspectivas para a construção de um instrumento jurídico vinculante em direitos humanos

Só com uma reinterpretação do Direito Internacional Clássico, sinalizando uma mudança de paradigma e o comprometimento dos agentes econômicos, da Comunidade Internacional e dos Estados nacionais, por meio de um instrumento internacional vinculante, é que teremos a superação da "arquitetura da impunidade", que leva à consolidação dos aspectos sombrios da globalização como o aumento das desigualdades sociais, beneficiando uma minoria e vulnerabilizando em sua dignidade uma grande maioria de pessoas sem acesso a um mínimo material que viabilize uma existência digna.

Além disso, em nosso sistema, além da função social da propriedade, também há a concepção da função social da empresa na medida que

> (i) por repercutir nas atividades públicas, visto ser coadjuvante na execução de programas sociais, pois no livre exercício de sua atividade econômica e na produção e circulação de bens e serviços para obter lucro, vem a gerar, como fonte de tributos arrecadados pelo governo, recursos financeiros imprescindíveis para que o poder público tenha condições de implementação de benefícios à assistência da saúde, ao meio ambiente, à educação pública, ao salário digno etc., melhorando avida dos cidadãos.
>
> (ii) seguindo a diretriz da boa-fé objetiva, restringe a ação de acionistas, administradores e quotistas, uma vez que tal diretriz norteia as sociedades empresariais e os contratos sociais; (iii) viabiliza programas de inclusão social concretos, franqueando cursos e atendimentos de profissionais da saúde, em seu espaço físico, para os trabalhadores, ante a precarização dos serviços públicos em saúde e em educação do seu entorno; (iv) prestando serviços à sociedade, viabilizando bens e trabalho a profissionais e mantendo creches, treinamento técnico etc.;

---

e empresas". *Revista Direito GV*, vol. 14, nº 2, ago. 2018, p. 398. Disponível em: https://doi.org/10.1590/2317-6172201817. Acessado em: 30.09.2024.

> (v) buscar os valores da solidariedade, nos termos da Constituição, colaborando com a construção de uma sociedade mais humana e justa, ao reduzir impacto das questões sociais e ambientais que a sua atividade possa acarretar, assim como (vi) respeitar o meio ambiente.[94]

Em outras palavras, empresas estrangeiras e nacionais devem se comprometer com os ditames constitucionais dos objetivos da República Federativa do Brasil e da sua ordem econômica na construção de uma sólida perspectiva de consolidação dos direitos humanos e o desenvolvimento integral do ser humano, uma finalidade e um compromisso do Estado e da sociedade brasileiros, pactuados na Constituição Federal de 1988.

Neste contexto, nota-se uma profunda relação entre o Estado e a iniciativa privada. É nessa disputa natural entre função social da propriedade e individualismo competitivo do mercado que se coloca a necessidade de um sistema de controle fortalecido e preparado para a construção de um equilíbrio estável na relação enriquecimento individual – elemento fundante do conceito de livre iniciativa e o interesse da sociedade na distribuição de riquezas. No mundo dos negócios, quem mais contrata é o Estado. Por isso mesmo é que para se alcançar um razoável equilíbrio entre o público e o privado é necessário um sistema de controle efetivo e eficiente. Em qualquer ação do controle, todos, contratante (o Estado) e contratados são atingidos pelas decisões dos órgãos de controle, até porque sem controle não haverá equilíbrio nas relações público-privadas.

---

94 DINIZ, Maria Helena. "Importância da função social da empresa". *Revista Jurídica* – UniCuritiba, Curitiba, vol. 2, nº 51, 2018, p. 410.

CAPÍTULO II

A OPÇÃO DO ORDENAMENTO JURÍDICO BRASILEIRO PELO SISTEMA DE CONTROLE EXTERNO EXERCIDO PELOS TRIBUNAIS DE CONTAS

2.1 Breve histórico das Cortes de Contas no Brasil

Após intensos debates no Brasil Império, verifica-se um processo de consolidação do Controle Externo no Brasil com a Proclamação da República, o governo provisório republicano, por meio do Decreto n. 966-A, de 07 de novembro de 1890, instituiu o Tribunal de Contas "para o exame, revisão e julgamento dos atos concernentes à receita e despesas da República". Tal documento de autoria e justificativa de Rui Barbosa "constitui entre nós o marco inicial dessa instituição".[95]

95 BUZAID, A. "O Tribunal de Contas do Brasil". *Revista da Faculdade de Direito*, Universidade de São Paulo, vol. 62, nº 2, dez. 1966, pp. 40/41.

O surgimento formal de um órgão de controle externo no Brasil foi profundamente influenciado pelas teses liberais iluministas, culminando, enfim, na redação do artigo 89 da **primeira Constituição republicana, de 1891:**

> Art. 89 – É instituído um Tribunal de Contas para liquidar as contas da receita e despesa e verificar a sua legalidade, antes de serem prestadas ao Congresso. Os membros deste Tribunal serão nomeados pelo Presidente da República com aprovação do Senado, e somente perderão os seus lugares por sentença.[96]

Ainda que de efêmera vigência, a **Constituição de 1934,**[97] além de ampliar as garantias individuais e coletivas, com a positivação de direitos sociais, dedicou uma Seção ao Tribunal de Contas, conforme os artigos 99 a 102 que, por seu turno, estava no Capítulo dirigido aos órgãos de cooperação nas atividades estatais, estando-lhe atribuída a competência, nos termos do artigo 99, de acompanhar a execução orçamentária, além de julgar as contas dos responsáveis por dinheiros ou bens públicos.

Um ponto importante a ser destacado nesta Constituição é o perfil constitucional dos tribunais de contas. Simone Coêlho Aguiar salienta que apesar de sua curta duração e sem negligenciar as modificações pelas demais Constituições republicanas subsequentes um importante avanço existiu com o advento da Constituição de 1934, a saber, nos termos do seu artigo 101, "a possibilidade de suspensão

---

96 BALEEIRO, Aliomar. *Constituições brasileiras*: 1891. Brasília: Senado Federal, 1999, p. 24.

97 BRASIL. *Constituição da República dos Estados Unidos do Brasil de 1934*. Disponível em: https://www.planalto.gov.br/ccivil_03/constituicao/constituicao34.htm. Acessado em: 21.02.2023.

do contrato por parte dos tribunais de contas e, naquela ordem constitucional, antes mesmo do pronunciamento do Legislativo".[98]

Sobre o Tribunal de Contas, a **Constituição de 1937** o inseriu no tópico destinado ao Poder Judiciário, sendo-lhe atribuído apenas um artigo, que mantinha as competências para acompanhar a execução orçamentária, bem como o julgamento dos responsáveis por dinheiros e bens públicos, além de formalmente serem asseguradas as mesmas garantias dos Ministros do Supremo Tribunal Federal aos membros da Corte de Contas da União, permanecendo a competência do Presidente da República com aprovação do Conselho Federal, para a nomeação de seus integrantes.[99]

Ressalta-se que a Constituição outorgada de 1937 traz um silêncio eloquente sobre qualquer referência à emissão de parecer prévio sobre as contas prestadas pelo Chefe do Executivo Federal por parte do Tribunal de Contas da União, uma vez que em tal momento de exceção da história política brasileira, as contas de governo de Getúlio Vargas passaram a ser objeto de um mero parecer-relatório, com aprovação via decreto-lei do próprio Presidente da República,[100] numa lógica típica ditatorial de não sujeição a controles.

Acerca do Tribunal de Contas da União, a **Constituição de 1946** acolheu alterações no núcleo elementar da estrutura da corte, que perduram até os dias atuais.[101]

---

98 AGUIAR, Simone Coêlho. *Origem e evolução dos tribunais de contas*. Disponível em: http://www.publicadireito.com.br/artigos/?cod=d90d801833a681b1. Acessado em: 30.09.2024.

99 BRASIL. *Constituição da República dos Estados Unidos do Brasil de 1937*. Disponível em: https://www.planalto.gov.br/ccivil_03/constituicao/constituicao37.htm. Acessado em: 21.02.2023.

100 AGUIAR, Simone Coêlho. *Origem e evolução dos tribunais de contas*. Disponível em: http://www.publicadireito.com.br/artigos/?cod=d90d801833a681b1. Acessado em: 30.09.2024.

101 BRASIL. *Constituição da República dos Estados Unidos do Brasil de 1946*. Disponível em: https://www.planalto.gov.br/ccivil_03/constituicao/constituicao46.htm. Acessado em: 21.02.2023.

Pela primeira vez ocorreu a vinculação dos Tribunais de Contas ao Poder Legislativo, alocando-o no Capítulo acerca do Poder Legislativo. Segundo o artigo 22, a fiscalização financeira da União foi atribuída ao Congresso Nacional, com o auxílio do Tribunal de Contas da União.

No que tange à escolha e aprovação dos seus membros foram atribuídas ao Senado Federal para posterior nomeação pelo Presidente da República e aos seus Ministros do Tribunal de Contas eram-lhes conferidos os mesmos direitos, garantias, prerrogativas e vencimentos dos juízes do Tribunal Federal de Recursos,[102] nos termos do artigo 76, § 1º.

É possível ainda elencarmos como inovações da Constituição de 1946,[103] sobre o Tribunal de Contas da União, a ampliação do seu rol de competências, cumulativamente à tradicional competência constitucional de acompanhamento e fiscalização da execução do orçamento e do julgamento das contas de responsáveis por dinheiros e outros bens públicos, incluindo os administradores de entidades autárquicas. Além do julgamento da legalidade dos contratos e da faculdade de sua suspensão pelo tribunal, foi estabelecido no seu acervo de competências o julgamento da legalidade dos contratos e a possibilidade de suspensão dos mesmos pela Corte de Contas, assim como a inclusão do exame de legalidade de atos de aposentadorias, reformas e pensões, restaurando-se também a competência de emitir parecer prévio às contas de governo do Presidente da República, segundo o seu artigo 77.

---

102 AGUIAR, Simone Coêlho. *Origem e evolução dos tribunais de contas*. Disponível em: http://www.publicadireito.com.br/artigos/?cod=d90d801833a681b1. Acessado em: 30.09.2024.

103 BRASIL. *Constituição da República dos Estados Unidos do Brasil de 1946*. Disponível em: https://www.planalto.gov.br/ccivil_03/constituicao/constituicao46.htm. Acessado em: 21.02.2023.

No que tange ao momento em que o controle externo pelo Tribunal de Contas da União é exercido, a Constituição de 1946 estabelece as possibilidades dos controles *a posteriori*, prévio e concomitante, segundo Jair Lima Santos:

> O controle, preponderantemente exercido a posteriori, passou a ser concomitante com relação aos contratos e prévio em relação aos atos que implicassem encargos para o Tesouro, na forma da lei infraconstitucional.[104]

Após o golpe civil-militar de 1964, a sexta **Constituição do Brasil** passar a ter vigência em 15 de março de **1967**. Em tal documento constitucional, a arquitetura institucional do Tribunal de Contas da União foi inserida no capítulo pertinente ao Poder Legislativo, mais precisamente na seção da fiscalização financeira e orçamentária, conforme os artigos 71 a 73, trazendo uma inovação na utilização das expressões “controle interno” e “controle externo”, colocando em evidência tais sistemas e suas particularidades no controle da Administração Pública.[105]

Segundo o artigo 71, § 3º, o texto constitucional de 1967 prevê a realização de auditoria financeira e orçamentária nas contas das unidades administrativas dos três Poderes da União. Conforme o artigo 71, § 4º, institui-se que o julgamento da regularidade das contas dos administradores e demais responsáveis restaria fundamentado em levantamentos contábeis, certificados de auditoria e pronunciamento das autoridades administrativas. Outro aspecto a

---

104 SANTOS, Jair Lima. *Tribunal de Contas da União & controles estatal e social da Administração Pública*. Curitiba: Juruá, 2005, p. 59 *apud* AGUIAR, Simone Coêlho. *Origem e Evolução dos Tribunais de Contas*. Disponível em: http://www.publicadireito.com.br/artigos/?cod=d90d801833a681b1. Acessado em: 30.09.2024.

105 AGUIAR, Simone Coêlho. *Origem e evolução dos tribunais de contas*. Disponível em: http://www.publicadireito.com.br/artigos/?cod=d90d801833a681b1. Acessado em: 30.09.2024.

ser ressaltado, no que tange à ação fiscalizadora, restou a previsão de atuação de ofício ou mediante provocação do Ministério Público, das auditorias financeiras e orçamentárias, assim como dos demais órgãos auxiliares.

No tocante à composição dos membros da Corte de Contas, na Carta Política outorgada de 1967 o Chefe do Executivo da União nomeava os Ministros do Tribunal de Contas da União, após a escolha e aprovação pelo Senado Federal. Porém, em contraste com as Constituições Republicanas anteriores, foram inseridos requisitos mínimos para o cargo, como idade mínima de 35 anos, idoneidade moral e "notórios conhecimentos jurídicos, econômicos, financeiros ou de administração pública", segundo o seu artigo 73, § 3º.[106]

Acerca da possibilidade de sustação de ato ou contrato ilegal, houve a instrução da seguinte disciplina relativa ao ato: o Tribunal de Contas da União, num primeiro momento, fixaria um prazo razoável para a Administração Pública tomar medidas cabíveis para a correção da ilegalidade; não sendo atendido, haveria a possibilidade de sustação do ato e, acerca dos contratos, o Tribunal de Contas da União teria que solicitar ao Congresso Nacional para que se determinasse a suspensão.

Acerca dos retrocessos trazidos pela Constituição de 1967 para o Controle Externo exercido pela Corte de Contas da União,

> A Constituição de 1967 promoveu um enfraquecimento do Tribunal de Contas, que retirou dele a atribuição de examinar e julgar previamente os atos e contratos geradores de despesas. Não obstante, foi preservada a competência de apontar falhas e irregularidades que, caso mantidas, ensejariam representação ao Congresso Nacional. Também foi excluída a

---

106 AGUIAR, Simone Coêlho. *Origem e evolução dos tribunais de contas*. Disponível em: http://www.publicadireito.com.br/artigos/?cod=d90d801833a681b1. Acessado em: 30.09.2024.

> sua competência para julgar a legalidade das concessões de aposentadorias, reformas e pensões, restando-lhe apenas a incumbência de registrá-las.[107]

Em 17 de dezembro de **1969** foi editada a **Emenda Constitucional n. 01**, promovendo profundas alterações no texto constitucional de 1967, o que para muitos juristas seria não propriamente uma emenda, mas uma nova Constituição, com o escopo de franquear ao regime que recrudescia desde o Ato Institucional n. 05, a adoção de mais medidas de exceção.[108]

O texto constitucional da **Emenda n. 01 de 1969**, além de franquear a criação de Tribunais de Contas em Municípios com população superior a dois milhões de habitantes e tendo mais de quinhentos milhões de cruzeiros novos por renda tributária, segundo o seu artigo 16, § 3º, ficou estabelecida uma restrição à atuação dos Tribunais de Contas:

> Além disso, a citada Emenda n. 1/69 reduziu a competência jurisdicional dos Tribunais, sendo que o exame das contas deveria ser formal e global. Essa Emenda foi responsável, ainda, pela supressão de atribuições da Corte de Contas, especificamente no tocante à análise dos atos de concessão de aposentadorias, reformas e pensões, que ficariam restritos ao seu registro, não havendo mais espaço para verificar a respectiva ilegalidade e adotar providências para regularização e sustação, conforme antes autorizava o § 5º do art. 73, da Constituição Federal de 1967.[109]

---

107 LEWANDOWSKI, Enrique de Abreu. *Abrangência e limites da tutela cautelar dos tribunais de contas*. São Paulo: Universidade de São Paulo, 2022, p. 62. DOI:10.11606/T.2.2022.tde-06022023-183014. Acessado em: 06.11.2024. (Tese de Doutorado).

108 PALMA, Rodrigo Freitas. *História do Direito*. São Paulo: Saraiva, 2017, p. 453.

109 SIMÕES, Edson. *Tribunais de Contas*: controle externo das contas públicas. São Paulo: Saraiva, 2014, p. 77.

A **Constituição de 05 de outubro de 1988,**[110] chamada de "A Cidadã", por seus fundacionais compromissos com a defesa e proteção da dignidade humana, ponto culminante do processo de redemocratização do país, instaurando o Estado Democrático e Social de Direito, aperfeiçoando as instituições com o objetivo de prestar serviços eficientes à sociedade, o que elevou a um novo patamar a autonomia dos Tribunais de Contas e o seu perfil constitucional: estes foram alçados inequivocamente como órgãos que possuem competências constitucionais próprias e autônomas, não estando sujeitos a qualquer vinculação hierárquica ou funcional, seja com o Legislativo, do Executivo ou do Judiciário, à exceção da fiscalização exercida em face das contas do chefe do Executivo, cujo exame tem natureza de parecer prévio não vinculativo, dependente de aprovação posterior do Legislativo.

> As Cortes de Contas brasileiras, em todas as suas tipificações, passaram por uma grande evolução no decorrer do tempo, mas sempre se portaram como instituições indispensáveis do Estado Democrático de Direito do Brasil. Conforme visto, o auxílio ao Poder Legislativo no desenvolvimento do controle externo não modifica sua caracterização como órgão estatal independente dentro do ordenamento jurídico pátrio. Ademais, a sua atribuição de julgamento ou o uso das expressões "Tribunal" e "Ministro" também não fazem com que esta instituição esteja vinculada ao Poder Judiciário. Esses órgãos são abrangidos por peculiaridades, competências próprias, exclusivas e indelegáveis, e possuem autonomia e independência no exercício de suas atividades de maneira excêntrica, apesar de não serem tidos como um Poder. Portanto, possuem natureza *sui generis*, sendo únicos no seu gênero.[111]

---

110 BRASIL. *Constituição da República Federativa do Brasil de 1988*. Disponível em: http://www.planalto.gov.br/ccivil_03/constituicao/constituicao.htm. Acessado em: 21.02.2023.

111 MELO, Álisson José Maia; AGUIAR, Thaís Rodrigues Brito. "Os tribunais de conta à luz da separação de poderes no Direito brasileiro: um

Em um breve balanço histórico da evolução histórico-constitucional do perfil institucional dos Tribunais de Contas, no decorrer de nossa história republicana e suas Constituições, as Cortes de Contas brasileiras sempre sofreram revezes de competências de sua atuação em períodos ditatoriais, em inequívoco desfavor da cidadania e se fortaleceram em períodos democráticos, sobretudo com o advento da Constituição de 1988, que inequivocamente conferiu diretamente aos tribunais de contas do Brasil a peculiar condição de entes autônomos na estrutura do Estado brasileiro.

2.2 Os vários tipos de controle: preventivo e repressivo

Para melhor compreensão do Controle Externo exercido pelos Tribunais de Contas, é importante analisarmos também o momento em que o controle é exercido, se previamente ao ato controlado, se concomitante à formação do ato ou se posterior à sua concretização.

Tradicionalmente, os Tribunais de Contas no Brasil ficaram marcados por uma atuação quase que exclusivamente pela análise de contas, ou seja, restrita à análise da conformidade dos atos administrativos já postos no mundo jurídico.

Tal forma de controle exercida após os efeitos produzidos pelo ato tem natureza repressiva, ocorrendo em geral por meio de exame de prestações de contas e da fiscalização da regularidade de atos realizados em procedimentos licitatórios e nos contratos administrativos, buscando aferir se o procedimento fiscalizado foi praticado de acordo com a legislação e em consonância com o interesse público.

---

estudo sobre a natureza jurídica de suas decisões". *Revista de Direito da Faculdade Guanambi*, Guanambi, vol. 5, nº 2, jul./dez. 2018, p. 138. Disponível em: http://revistas.faculdadeguanambi.edu.br/index.php/Revistadedireito/article/view/229. Acessado em: 07.02.2023.

Porém, com as novas complexidades e os novos desafios decorrentes das mudanças da sociedade e da natural evolução da administração pública – que no Brasil ainda objetiva ser mais gerencial e menos burocrática – fruto dos avanços tecnológicos e da complexidade da vida nas sociedades contemporâneas, demandando dos Tribunais de Contas desenvolver linhas de atuação que procurem ir além do tradicional exame da conformidade normativa dos atos administrativos já praticados, cujos efeitos já se exauriram, enfocando aspectos de maior densidade analítica, a exemplo da verificação do cumprimento de metas (resultados) e questões relacionadas à eficiência da atuação da Administração e da efetividade das políticas públicas.

Nesse sentido, adquire relevância o controle preventivo, gênero, que, sob o aspecto temporal, se subdivide em duas espécies: o controle prévio e controle concomitante.

Sem renunciar, obviamente, à sua competência de controle repressivo, o futuro do Controle Externo no Brasil é chegar antes que o recurso público seja desperdiçado. A competência dos Tribunais de Contas, em seu sentido contemporâneo, segue tendência de afirmação em todo o mundo com um enfoque proativo, que resulte na busca permanente pela execução dos gastos públicos com qualidade e que apresente resultados efetivos.

Assim, é cada vez mais importante que as Cortes de Contas desenvolvam e consolidem mecanismos para tornar mais eficiente os controles prévio e concomitante dos atos da Administração Pública, que deve ter como foco a garantia de que os investimentos dos recursos públicos resultem na qualidade dos serviços prestados.

Destaca-se que o papel exercido pelos Tribunais de Contas tem relação direta com a teoria constitucional dos freios e contrapesos. As tensões resultantes dessa relação – órgão controlador e controlados – vêm da própria natureza do exercício das atividades de controle.

Em uma perspectiva, para que o fim do Estado seja alcançado, faz-se necessário a ação colaborativa entre a Administração e o

Controle Externo. Todavia, em se tratando de Controle Externo, não é possível se eximir da ação repressiva quando constatadas inconstitucionalidades, ilegalidades e irregularidades. Em tal contexto de relação dialética, diversas vezes tensa, noutras vezes harmônica, é que se constrói, pelo instrumento do consenso progressivo, o equilíbrio estável para o bem do interesse público.

O controle concomitante, como o nome sugere, em regra se realiza após expedido o ato praticado pela Administração Pública, mas antes da concretização integral dos seus efeitos. Por exemplo, no decorrer de uma execução contratual, buscando-se identificar eventuais irregularidades e desconformidades, determinando-se medidas corretivas, de modo que eventuais prejuízos provocados por falha intencional ou não do gestor público ou dos particulares contratados, sejam cessados e o interesse publico preservado.

A sua concretude se dá essencialmente nas execuções contratuais e na análise dos editais de licitação até a assinatura do contrato decorrente do processo licitatório.

Nessa espécie de controle se avalia a legalidade e economicidade do procedimento licitatório, analisando-se questões não apenas restritas à conformidade, mas também aspectos mais amplos, relacionados à aderência do objeto pretendido na licitação com o interesse público em geral.

No controle concomitante se analisa também a execução dos contratos administrativos, examinando-se aspectos relacionados à qualidade da prestação do serviço e/ou produto contratado; se as medições atestadas, no caso de obras públicas, por exemplo, correspondem ao que de fato foi executado; se os profissionais responsáveis técnicos, no caso de obras e outros serviços, são aqueles indicados pela contratada na fase de licitação para fins de comprovação da capacitação técnico-profissional ou, em caso de substituição, se apresentam qualificação técnica equivalente ou superior ao exigido. Verificam-se também os controles utilizados pela Administração para gestão e fiscalização da execução contratual, efetuando-se testes para verificar a efetividade desses controles, em especial no que toca à aferição da qualidade e quantidade daquilo que foi contratado e a correção dos valores atestados para pagamento ao contratado.

A incidência do controle concomitante na execução contratual não se limita à simples verificação de documentos, mas se baseia principalmente na realização de vistorias *in loco*, mostrando-se extremamente relevante, pois permite a observação das condições em que estão sendo prestadas a execução do contrato.

Por seu turno, o controle prévio ocorre antes que o procedimento administrativo seja concretizado, avaliando-se, antes da formação do ato administrativo, aspectos relacionados à legalidade, legitimidade e economicidade da opção a ser praticada pela Administração. Nesse tipo de controle, a finalidade é evitar que ocorra qualquer procedimento lesivo aos cofres públicos antes da exteriorização do ato administrativo.

Importante registrar que para efeitos conceituais não se confunde controle preventivo com controle prévio. Conforme já dito o controle preventivo é gênero que, em relação ao tempo, se divide em prévio e concomitante.

Em contraste com o previsto na Carta Constitucional de 1946, a Constituição de 1988 não instituiu hipóteses que condicionem a edição, validade ou eficácia de ato administrativo ao controle prévio ou concomitante dos Tribunais de Contas.

Porém, existe sólida doutrina reconhecedora da existência de situações em que a atuação das Cortes de Contas poderá ocorrer antes da tramitação de um procedimento administrativo, a exemplo das lições de Pedro Roberto Decomain:

> Situações existem, contudo, inclusive no BRASIL. em que o controle dos atos da administração pública pode ocorrer antes da sua realização ou, quando menos, no decorrer de

> procedimento administrativo específico, destinado a culminar com a prática de determinado ato administrativo.[112]

Sobre tal questão, o Supremo Tribunal Federal, amparado na Teoria dos Poderes Implícitos, originária do constitucionalismo americano, reconhece aos Tribunais de Contas o Poder Geral de Cautela, em decorrência das atribuições e competências fiscalizadoras conferidas a tais órgãos pela Constituição Federal de 1988, conforme ficou sedimentado no julgamento do MS n. 24.510/DF.

Segundo o voto de lavra do Ministro Celso de Mello neste julgamento, o poder cautelar, ainda que de forma implícita, também compõe a esfera de atribuições institucionais das Cortes de Contas, tendo em vista tratar-se de atributo apto a instrumentalizar e tornar efetivo o exercício das competências que lhes foram expressamente outorgadas pelo próprio texto da Constituição da República:

> (...) a atribuição de poderes explícitos, ao Tribunal de Contas, tais como enunciados no art. 71 da Lei Fundamental da República, supõe que se lhe reconheça, ainda que por implicitude, a titularidade de meios destinados a viabilizar a adoção de medidas cautelares vocacionadas a conferir real efetividade às suas deliberações finais, permitindo, assim, que se neutralizem situações de lesividade, atual ou iminente, ao erário público.
>
> (...)
>
> Na realidade, o exercício do poder de cautela, pelo Tribunal de Contas, destina-se a garantir a própria utilidade da deliberação final a ser por ele tomada, em ordem a impedir que o eventual retardamento na apreciação do mérito da questão suscitada culmine por afetar, comprometer e frustrar o resultado definitivo do exame da controvérsia.
>
> Assentada tal premissa, que confere especial ênfase ao binômio utilidade/necessidade, torna-se essencial reconhecer

---

112 DECOMAIN, Pedro Roberto. *Tribunais de Contas no Brasil*. São Paulo: Dialética, 2006, pp. 179/180.

> – especialmente em função do próprio modelo brasileiro de fiscalização financeira e orçamentária, e considerada, ainda, a doutrina dos poderes implícitos – que a tutela cautelar apresenta-se como instrumento processual necessário e compatível com o sistema de controle externo, em cuja concretização o Tribunal de Contas desempenha, como protagonista autônomo, um dos mais relevantes papéis constitucionais deferidos aos órgãos e às instituições estatais.[113]

Esse entendimento da Suprema Corte Brasileira, definido em 2003, vem sendo consolidado em diversas decisões, dentre as quais, destaca Enrique de Abreu Lewandowski as seguintes: MS 23.983, rel. Min. Eros Grau; MS 25.481 AgR/DF, rel. Min. Dias Toffoli; e MS 26.263 MC/DF, proferida pela Min. Ellen Gracie no exercício da Presidência.[114]

E mais recentemente tanto o plenário, quanto a Primeira Turma do Supremo Tribunal Federal tem consolidado tal entendimento, conforme o inventário de decisões feito por Enrique de Abreu Lewandowski:

> Em 2019, o STF, desta feita pela voz de seu Colegiado maior, voltou a reafirmar que, "no exercício do poder geral de cautela, os tribunais de contas podem determinar medidas em caráter precário que visem assegurar o resultado dos processos administrativos".[115]

---

113 BRASII. Supremo Tribunal Federal. *MS 24510*, Rel. Ellen Gracie, Tribunal Pleno, julgado Cm 19/11/2003, DJ19-03-2004 PP-00024 EMENT VOL-02144-02 PP-00491 RTJ VOL-00191-03 PP-00956.

114 LEWANDOWSKI, Enrique de Abreu. *Abrangência e limites da tutela cautelar dos tribunais de contas.* São Paulo: Universidade de São Paulo, 2022, p. 159. DOI:10.11606/T.2.2022.tde-06022023-183014. Acessado em: 06.11.2024. (Tese de Doutorado).

115 BRASIL. Supremo Tribunal Federal. *SS 5179 AgR*, Rel. DIAS TOFFOLI (Presidente), Tribunal Pleno, j. 10/10/2019, PROCESSO ELETRÔNICO DJe-259 DIVULG 26-11-2019 PUBLIC 27-11-2019.

> Na sequência, a Primeira Turma do STF, citando especificamente o precedente acima, manteve a cautelar deferida pelo Presidente do Tribunal de Contas do Distrito Federal, que determinou a suspensão de contrato administrativo, nos seguintes termos:
>
> 1. Os Tribunais de Contas estão autorizados a aplicar medidas cautelares, com o propósito de garantir o cumprimento de suas decisões. 2. Precedente: SS5179 AgR, Rel. Min. DIAS TOFFOLI (Presidente), Tribunal Pleno, DJe 27-11-2019 3. Agravo Interno a que se nega provimento.[116]
>
> Reconhecendo a existência desse poder cautelar genérico, a Suprema Corte placitou uma suspensão de pregão eletrônico determinada pelo TCU, no julgamento do MS 36.392-AgRID,[117] medida essa que, como é sabido, não se encontra expressamente prevista em nenhum diploma legal.[118]

No plano de atuação dos Tribunais de Contas, o gênero controle preventivo materializa-se, sobretudo, pela utilização do Poder Geral de Cautela, que atribui à autoridade incumbida de julgar a causa a possibilidade de aplicar medidas consubstanciadas na garantia de preservação de direitos, principalmente quando a consumação do lapso temporal possa ocasionar o perecimento ou prejuízo demasiado à demanda e, no caso, a preservação do interesse público.

Sobre a questão de medida cautelar no âmbito das Cortes de Contas, ela visa à eficácia na proteção ao erário, mas não somente,

---

116 BRASIL. Supremo Tribunal Federal. *RE 1236731 AgR*, Rel. Alexandre de Moraes, Primeira Turma, j. 20/12/2019, PROCESSO ELETRÔNICO DJe-029 DIVULG 12-02-2020 PUBLIC 13-02-2020.

117 BRASIL. Supremo Tribunal Federal. *MS 36392 AgR*, Rel. Gilmar Mendes, Segunda Turma, j. 13/09/2019, PROCESSO ELETRÔNICO DJe-210 DIVULG 25-09-2019 PUBLIC 26-09-2019.

118 LEWANDOWSKI, Enrique de Abreu. *Abrangência e limites da tutela cautelar dos tribunais de contas*. São Paulo: Universidade de São Paulo, 2022, p. 159. DOI:10.11606/T.2.2022.tde-06022023-183014. Acessado em: 06.11.2024. (Tese de Doutorado).

procura resguardar o interesse público de forma ampla que, no caso específico, importa em instrumento que permite o exercício do controle preventivo das contratações e gastos públicos em geral, bem como para garantir o cumprimento contratual com fundamento na garantia da finalidade pública.

Os requisitos aplicáveis aos procedimentos cautelares pressupõem – para sua concessão – são: (a) plausibilidade dos argumentos jurídicos que apontem a existência de indícios de irregularidades (***fumus boni juris***) e (b) receio iminente de grave lesão ao erário ou de risco de ineficácia da decisão final de mérito (***periculum in mora***).

No que tange aos procedimentos licitatórios, ainda que se reconheça que os atos relacionados à fase interna da licitação, em relação ao controle exercido pelos Tribunais de Contas, tenham natureza diferenciada, certo é que uma vez constatada a plausibilidade, ainda que em tese, da existência de iminente situação apta a conduzir a um prejuízo aos cofres públicos, o Controle Externo, ancorado no Poder Geral de Cautela, tem o dever de atuar para, de forma preventiva, evitar a ocorrência de lesão ao erário, salvaguardando a preservação do interesse público, levando em conta para tanto aspectos relacionados aos princípios da legalidade, legitimidade e economicidade.

O exercício do Controle Externo, por parte dos Tribunais de Contas, ainda na fase interna de processos licitatórios, mesmo que não constitua regra, busca o prévio exame da legalidade e legitimidade durante a formação do ato administrativo, evitando que prejuízos venham a ocorrer em razão de sua tardia atuação.

Porém, parcela da doutrina levanta questionamentos acerca da extensão e da forma como o controle prévio vem sendo utilizado pelas Cortes de Contas, problematizando essa atuação a partir do desenho normativo das atribuições conferidas a essas Cortes e, principalmente, a aproximação excessiva entre o papel de controlador inerente às Cortes de Contas e as funções inerentes e exclusivas do gestor público, o que atribuiria um papel aos Tribunais de Contas de "quase gestor", competência que não foi prevista na Constituição Federal.[119]

No que tange a tal questionamento, segue a indagação: o que deve fazer o Controle Externo quando se depara com situações de iminente prejuízo ao interesse público antes mesmo da conclusão final de um procedimento administrativo?

O controle prévio seria incompatível com a natureza do Controle Externo da Administração Pública, desbordando das funções constitucionais e incidindo em aspectos ligados ao mérito da função administrativa, de atribuição exclusiva do gestor público?

É o poder geral de cautela que autoriza as Cortes de Contas a atuar preventivamente. Um controle externo eficiente e efetivo é aquele que, sem confundir suas competências com a do gestor público, consegue a tempo evitar o desperdício do dinheiro público e, em sintonia com o princípio da eficiência, contribuir com o gestor para que a boa aplicação dos recursos se concretize em políticas públicas que atendam ao interesse de todos, em especial, daqueles que mais precisam dos serviços do Estado.

Outro ponto a se observar na atuação preventiva do Controle Externo é a noção de consensualidade, que poderá ser compreendida também sob uma ótica colaborativa, porém com independência, no sentido de buscar concretizar os fins do Estado. A aplicação da consensualidade na atividade do Controle Externo encontra amparo na doutrina, como bem ressalta Luciano Ferraz:

> Com efeito, a concepção da atividade de controle exclusivamente como controlesanção pertence ao tempo em que tanto a atividade de administração pública quanto o ordenamento

---

119 JORDÃO, Eduardo. "A intervenção do TCU sobre editais de concessão não publicados – controlador ou administrador?" *Revista Brasileira de Direito Público da Economia* – RDPE, Belo Horizonte, ano 12, nº 47, 2014, pp. 209-230.

> jurídico buscavam sua essência no Positivismo: a administração seria eficiente e otimizada se cumprisse fidedignamente os procedimentos traçados pelos regulamentos organizacionais (Escola da Administração Científica), e o Direito restaria respeitado à medida que o administrador cumprisse à risca os artigos de lei – abstrata e genérica – predispostos pelo legislador (princípio da legalidade estrita).
>
> Na lógica do controlesanção não há meiotermo: ou a conduta do controlado é conforme as regras e procedimentos ou não é. Neste último caso, devese penalizar o sujeito, independentemente das circunstâncias práticas por ele vivenciadas na ocasião e das consequências futuras, às vezes negativas para o próprio funcionamento da máquina administrativa e quiçá à perspectiva de justiça inerente ao Direito na modernidade.
>
> Necessário perceberem dias atuais a aproximação, cada vez mais premente, entre fatos (condições de atuação) e normas prima facie (no âmbito do Direito) e entre procedimentos e demandas sociais (no âmbito da administração pública). É nesse cenário que restou concebida a ideia de produção de instrumentos consensuais de controle, com o objetivo deliberado de substituir parcialmente o controle-sanção pelo controle-consenso; o controle-repressão pelo controle impulso.[120]

A tutela do interesse público muitas vezes exige a ponderação das diversas variáveis subjacentes ao exame da regularidade de ato administrativo, sobretudo em realidades complexas, a exemplo daquelas com as quais se deparam os órgãos de controle ao analisar contratações públicas de vulto, que afetam significativamente os cofres públicos e a população.

---

120 FERRAZ, Luciano. "Termos de Ajustamento de Gestão (TAG): do sonho à realidade". *Revista Brasileira de Direito Público* – RBDP, Belo Horizonte, ano 8, nº 31, out./dez. 2010. Disponível em: https://hdl.handle.net/20.500.12178/166049. Acessado em: 17.09.2022.

Tal questão está, inclusive, albergada expressamente no ordenamento jurídico, a partir da recente edição da Lei n. 13.655/2018,[121] que alterou a Lei de Introdução às Normas do Direito Brasileiro – LINDB,[122] ao dispor que na interpretação de normas sobre gestão pública, devem ser considerados os obstáculos e as dificuldades reais do gestor e as exigências das políticas públicas a seu cargo, sem prejuízo dos direitos dos administrados (art. 22 da LINDB).

Além disso, a Lei n. 13.655/2018 estabeleceu também que as decisões que avaliam a regularidade de conduta ou a validade de ato, contrato, ajuste, processo ou norma administrativa, devem considerar as circunstâncias práticas que impuseram, limitaram ou condicionaram a ação do agente.

> Art. 22. Na interpretação de normas sobre gestão pública, serão considerados os obstáculos e as dificuldades reais do gestor e as exigências das políticas públicas a seu cargo, sem prejuízo dos direitos dos administrados. (Regulamento)
>
> § 1º Em decisão sobre regularidade de conduta ou validade de ato, contrato, ajuste, processo ou norma administrativa, serão consideradas as circunstâncias práticas que houverem imposto, limitado ou condicionado a ação do agentc. (Incluído pela Lei n. 13.655, de 2018)
>
> § 2º Na aplicação de sanções, serão consideradas a natureza e a gravidade da infração cometida, os danos que dela provierem para a administração pública, as circunstâncias agravantes

---

121 BRASIL. *Lei n. 13.655*, de 25 de abril de 2018. Inclui no Decreto-Lei n. 4.657, de 4 de setembro de 1942 (Lei de Introdução às Normas do Direito Brasileiro), disposições sobre segurança jurídica e eficiência na criação e na aplicação do Direito Público. Disponível em: http://www.planalto.gov.br/ccivil_03/_ato2015-2018/2018/lei/l13655.htm. Acessado em: 06.02.2023.

122 BRASIL. *Decreto-Lei n. 4.657*, de 4 de setembro de 1942 – Lei de Introdução às Normas do Direito Brasileiro. Disponível em:: http://www.planalto.gov.br/ccivil_03/decreto- lei/Del4657compilado.htm. Acessado em: 06.02.2023.

> ou atenuantes e os antecedentes do agente. (Incluído pela Lei n. 13.655, de 2018)
>
> § 3º As sanções aplicadas ao agente serão levadas em conta na dosimetria das demais sanções de mesma natureza e relativas ao mesmo fato. (Incluído pela Lei n. 13.655, de 2018).[123]

O Controle Externo exercido pelos tribunais de contas deve chegar antes do desperdício do dinheiro público, o que implica no fortalecimento dos controles prévio e concomitante. A função principal dos Tribunais de Contas é contribuir com a concretização da finalidade do Estado, no sentido de que, mantendo sua independência e sem, obviamente, renunciar à sua competência sancionatória, sejam uma espécie de avalistas de políticas públicas eficientes, impedindo que a legítima rotatividade do Poder, próprio da Democracia Liberal, provoque, naquilo que é de interesse público, a descontinuidade administrativa.

2.3 Natureza jurídica dos julgados: força dos julgados dos Tribunais de Contas

Como já dito anteriormente, os Tribunal de Contas têm sua origem no Decreto 966-A, de 7 de novembro de 1890, por influência de Ruy Barbosa, constando expressamente no art. 89 da Constituição de 1891, estando desde então presente em todas as Constituições brasileiras do Brasil República, conhecendo em tal percurso retrocessos e avanços institucionais, em especial, nos períodos democráticos e sobretudo com o advento da Constituição de 1988.

Enfatizamos ser da essência da democracia a valorização de controles eficientes. É neste contexto que se inserem os Tribunais de

---

123 BRASIL. *Decreto-Lei n. 4.657*, de 4 de setembro de 1942 – Lei de Introdução às Normas do Direito Brasileiro. Disponível em: http://www.planalto.gov.br/ccivil_03/decreto- lei/Del4657compilado.htm. Acessado em: 06.02.2023.

Contas no Brasil em nossos dias. Sua atuação tem o condão de fazer do princípio da eficiência um instrumento de verificação jurídica, mas também da qualidade dos serviços públicos, ou seja, atuam como verdadeiros avalistas de políticas públicas – aquelas que, em sintonia com as finalidades do Estado e com os princípios republicanos, contribuam para o desenvolvimento integral da personalidade humana e com a integração social e, por consequência, com uma maior harmonia social.

Tal natureza foi amplamente reconhecida pela Constituição da República Federativa do Brasil de 1988, que alargou de modo significativo a esfera de atribuições e de competências das Cortes de Contas, conferindo-lhes poderes jurídicos mais amplos.

No caso do Brasil, os Tribunais de Contas receberam do constituinte grande parte das competências atribuídas ao Controle Externo da Administração Pública, em um tópico próprio da Constituição Federal.

Os Tribunais de Contas têm expressa previsão constitucional nos termos dos artigos 70 a 75 da Constituição Federal de 1988, incumbidos da fiscalização contábil, financeira, orçamentária, operacional e patrimonial das contas públicas.

Tamanha ampliação de competências, advinda de uma consciente escolha política feita pelo legislador Constituinte na arquitetura constitucional das instituições do Estado brasileiro, além de demonstrar a essencialidade dos Tribunais de Contas na estrutura do Controle Externo brasileiro, implica a necessidade de uma reformulação de sua atuação, que não deve ficar restrita apenas ao exame da legalidade dos atos praticados pela Administração.

A significância e o status conferidos aos Tribunais de Contas exigem que sua atuação seja pautada, também, pela avaliação de aspectos mais densos dos atos da Administração e dos gestores públicos, considerando, para tanto, se estes observaram princípios previstos de forma explícita ou implícita na Constituição Federal, e também se os resultados alcançados lograram a sua finalidade, sobretudo quanto ao atendimento ao interesse público, levando em consideração a realidade e as circunstâncias fáticas enfrentadas pelo gestor público. Essa nova realidade da atuação do Controle Externo inaugurada pela Constituição de 1988 demanda que as Cortes de Contas foquem as suas ações não apenas após a ocorrência dos efeitos de um ato administrativo, mas especialmente de forma concomitante, ou, a depender das circunstâncias fáticas, na forma prévia. Essa nova realidade do controle externo, inaugurada pela Constituição de 1988, demanda que as Cortes de Contas foquem suas ações não apenas após a ocorrência dos fatos, mas especialmente de forma preventiva, de modo a preservar o erário e, por consequência, a boa aplicação do dinheiro público.

A federação brasileira tem 33 Tribunais de Contas, sendo diversos órgãos de natureza federal, estadual, distrital e municipal:

I) Tribunal de Contas da União (TCU): órgão de natureza federal, de auxílio ao Congresso Nacional, com jurisdição em todo o território nacional, composto por nove Ministros. Possui competência constitucional para atuar no controle externo da União e de todos os entes da administração pública federal direta ou indireta ou entidades particulares que recebam recursos públicos dela originados.

II) Tribunal de Contas dos Estados e do Distrito Federal (TCE/TCDF): órgão de natureza estadual (ou distrital) de auxílio às Assembleias Legislativas dos Estados (ou a Câmara Legislativa do Distrito Federal), podendo atuar também como auxiliares das Câmaras Municipais quando não houver no Estado Tribunal de Contas dos Municípios em paralelo ao Tribunal de Contas do Estado. Possuem competência circunscrita a campo geográfico do Estado-membro ou do Distrito Federal, sendo compostos por sete Conselheiros, com as atribuições simétricas à circunscrição local, responsável pela análise e fiscalização do governo estadual e municipal (caso não exista Tribunal de Contas dos Municípios) ou distrital (no caso do TCDF).

III) Tribunal de Contas dos Municípios: órgão de natureza estatual, de auxílio às Câmaras Municipais, com competência para atuar na circunscrição dos municípios que fazem parte do Estado-membro. A sua previsão encontra-se na Constituição Federal no §1º do artigo 31 e 75. É composto por sete Conselheiros, incumbidos do controle e da fiscalização orçamentária-financeira dos municípios e dos Prefeitos. Atualmente existe essa composição nos Estados da Bahia; Goiás e Pará. Em 21 de julho de 2017, a Assembleia Legislativa do Ceará aprovou uma Proposta de Emenda Constitucional que extinguiu o Tribunal de Contas dos Municípios daquele Estado, sendo que suas atribuições foram transferidas para o Tribunal de Contas do Estado do Ceará.

IV) Tribunal de Contas do Município: órgão de natureza municipal existente apenas nos municípios de São Paulo e do Rio de Janeiro, composto por cinco Conselheiros em São Paulo e sete no Rio de Janeiro, ao qual compete a fiscalização contábil-financeira do município respectivo.

A doutrina discute acerca da posição ocupada pelos Tribunais de Contas em relação aos poderes e funções do Estado, identificando-se correntes doutrinárias que entendem que as Cortes de Contas são órgãos pertencentes ao Poder Judiciário; outros o entendem como um órgão vinculado ao Poder Executivo; e há ainda aqueles que o concebem como parte integrante do Parlamento ou do Poder Legislativo.[124]

---

124 "Sobre essa temática, verificam-se três posicionamentos, e assim não poderia deixar de ser, tendo em conta a teoria da separação dos Poderes: os que entendem que o Tribunal de Contas é órgão pertencente ao Poder Judiciário (primeira corrente); aqueles que pretendem ser ele um órgão de Poder Executivo (segunda corrente); e ainda aqueles que o concebem como parte integrante do Parlamento ou do Poder Legislativo (terceira corrente) (...).

Entende-se, juntamente com Pontes de Miranda, Celso Antônio Bandeira de Mello, Odete Medauar, Hely Lopes Meirelles, Ricardo Lobo Torres e Borges de Carvalho que o Tribunal de Contas é órgão autônomo de

Na presente tese, embora reconheça que a Constituição se vale do termo "órgão de auxílio do legislativo", compreende-se que as Cortes de Contas, à exceção das análises de contas do chefe do poder Executivo e das contas do poder Legislativo, o Controle Externo exercido pelo Tribunal de Contas possui ampla autonomia, e suas características são *sui generis*. A exemplo do Ministério Público, os Tribunais de Contas são órgãos de Estado sem qualquer tipo de submissão hierárquica, devendo obediência apenas à Constituição, à ordem jurídica e às sentenças judiciais transitadas em julgado.

Tal entendimento não é novidade no campo constitucional e administrativista. Rui Barbosa, em seus comentários à Constituição de 1891, já destacava a característica *sui generis* do Tribunal de Contas: corpo de magistratura intermediária à administração e à legislatura, que colocado em posição autônoma com atribuições de revisão e julgamento, cercado de garantias contra quaisquer ameaças, exerce funções vitais no organismo constitucional.[125]

Como acertadamente sistematizado por Gabriela Tomaselli Bresser Pereira Dal Pozzo, juristas do quilate de Pontes de Miranda, Celso Antônio Bandeira de Mello, Odete Medauar, Hely Lopes

---

matriz constitucional e que não vincula a nenhum dos poderes instituídos, muito embora tenha função auxiliar de Poder Legislativo em sua tarefa constitucional.

Ressalte-se que "a expressão em auxílio não significa qualquer forma de subordinação ao Poder Legislativo em qualquer esfera: federal, estadual ou municipal. Neste caso a expressão 'em auxílio' tem o sentido de colaboração, nunca de subordinação, até porque a mesma expressão aparece na Constituição para designar a relação entre Tribunal e Câmaras Municipais. Se assim não fosse, ter-se-ia, como afirma Wallace de Oliveira Guirelli, todos os Tribunais de Contas Estaduais subordinados às Câmaras Municipais, às quais eles prestam auxílio e não obediência". (DAL POZZO, Gabriela Tomaselli Bresser Pereira. *As funções do Tribunal de Contas e o Estado de Direito*. Belo Horizonte: Fórum, 2010, pp. 104-106).

125 BARBOSA, Rui. *Comentários à Constituição Federal Brasileira* (1891). vol. 6. São Paulo: Saraiva, 1934, p. 451.

Meirelles, Ricardo Lobo Torres e Borges de Carvalho afirmam, desde há muito, que os Tribunais de Contas são órgãos autônomos de matriz constitucional, os quais não estão vinculados a nenhum dos poderes instituídos.[126]

Cabe ressaltar ainda, nesse sentido, a importante lição do mestre de todos nós, Celso Antônio Bandeira de Mello:

> (...) como o Texto Maior desdenhou designá-lo como Poder, é inútil ou improfícuo perguntarmo-nos se seria ou não um Poder. **Basta-nos uma conclusão ao meu ver irrefutável: o Tribunal de Contas, em nosso sistema, é um conjunto orgânico perfeitamente autônomo.**[127] (grifo nosso)

Aqueles que entendem que os Tribunais de Contas são órgãos vinculados ao Poder Legislativo baseiam a sua conclusão na redação do artigo 71 da Constituição Federal, que estabelece que "O controle externo, a cargo do Congresso Nacional, será exercido com o auxílio do Tribunal de Contas da União (...)".

É realidade que a Constituição, no que se refere à emissão de pareceres sobre contas do Executivo, prescreve às Cortes de Contas uma função de auxílio às respectivas casas do Poder Legislativo. Porém, ao conferir-lhes um amplo feixe de competências, a Constituição dilatou as prerrogativas dos Tribunais de Contas. Foi-lhes atribuído alto grau de autonomia no exercício dessas competências.

Por exemplo, para a execução de medidas no âmbito do controle preventivo, como medidas cautelares, e de outras adotadas no controle posterior, como restituição de valores pagos a particulares

---

126 DAL POZZO, Gabriela Tomaselli Bresser Pereira. *As funções do Tribunal de Contas e o Estado de Direito*. Belo Horizonte: Fórum, 2010, p. 106.

127 MELLO, Celso Antônio Bandeira de. "Funções do Tribunal de Contas". *Revista de Direito Público*, São Paulo, nº 72, out./dez. 1984, p. 136.

em razão de irregularidades, as Cortes de Contas independem de convalidação pelo respectivo Poder Legislativo.

Como se vê, a palavra “auxílio”, alocada no artigo 71 da Constituição, tem um significado de ação harmoniosa com finalidade de colaboração e coparticipação, não devendo ser interpretada como qualquer forma de sujeição ou subordinação ao Poder Legislativo, ao qual os Tribunais de Contas prestam auxílio e não obediência.

Odete Medauar, versando sobre o tema da natureza das Cortes de Contas, salienta que:

> A Constituição Federal, em artigo algum utiliza a expressão “órgão auxiliar”; dispõe que o Controle Externo do Congresso Nacional será exercido com o auxílio do Tribunal de Contas; a sua função, portanto, é de exercer o controle financeiro e orçamentário da Administração em auxílio ao poder responsável, em última instância, por essa fiscalização.
>
> Se a função é de atuar em auxílio ao legislativo, sua natureza, em razão das próprias normas da Constituição é a de órgão independente, desvinculado da estrutura de qualquer dos três poderes. A nosso ver, por conseguinte, o Tribunal de Contas configura instituição estatal independente.[128]

Nesse mesmo sentido, eis as lições doutrinárias do ex-Presidente do Supremo Tribunal Federal, Ministro Carlos Ayres Brito, que ao discorrer sobre o Tribunal de Contas da União assim afirmou:

> (...) o Tribunal de Contas da União não é órgão do Congresso Nacional, não é órgão do Poder Legislativo. Quem assim me autoriza a falar é a Constituição Federal, com todas as letras do seu art. 44, litteris: “O Poder Legislativo é exercido pelo

128 MEDAUAR, Odete. *Controle a Administração Pública*. São Paulo: Revista dos Tribunais, 1993, p. 140.

> Congresso Nacional, que se compõe da Câmara dos Deputados e do Senado Federal".
>
> (...) além de não ser órgão do Poder Legislativo, o Tribunal de Contas da União não é órgão auxiliar do Parlamento Nacional, naquele sentido de inferioridade hierárquica ou subalternidade funcional.
>
> (...) O TCU se posta é como órgão da pessoa jurídica União, diretamente, sem pertencer a nenhum dos três Poderes Federais. Exatamente como sucede com o Ministério Público, na legenda do art. 128 da Constituição, incisos I e II.[129]

Importante ressaltar que por expressa disposição do artigo 75 da Constituição da República de 1988, a autonomia constitucional atribuída ao Tribunal de Contas da União é também aplicável aos Tribunais de Contas dos Estados, do Distrito Federal e dos Municípios, nos seguintes termos:

> Art. 75. As normas estabelecidas nesta seção aplicam-se, no que couber, à organização, composição e fiscalização dos Tribunais de Contas dos Estados e do Distrito Federal, bem como dos Tribunais e Conselhos de Contas dos Municípios.[130]

Segundo as lições de Ives Gandra da Silva Martins, a expressão "no que couber" diz respeito tão somente às peculiaridades dos entes federativos estaduais e municipais, dessa forma,

> deve-se entender que a mesma autonomia que goza o TCU gozam as demais Cortes de Contas, razão pela qual a interpretação dos textos maiores dos demais entes federativos

---

129 BRITO, Carlos Ayres. *Revista Diálogo Jurídico*, vol. I, nº 9, dez. 2001.

130 BRASIL. *Constituição da República Federativa do Brasil de 1988*. Disponível em: http://www.planalto.gov.br/ccivil_03/constituicao/constituicao.htm. Acessado em: 21.02.2023.

não pode ser realizada sem sua integração analógica com o artigo 75.[131]

A Constituição de 1988 não se limitou a fortalecer as competências apenas do Tribunal de Contas da União, antes estendeu sua autonomia e prerrogativas às demais Cortes de Contas, criando verdadeiramente um "regime jurídico único dos Tribunais de Contas".[132]

Nos artigos 70 a 75, combinados com o artigo 31, foram ampliadas as competências das Cortes de Contas, conferindo-lhes prerrogativas que vão além de um mero controle de contas. Enquanto as Constituições anteriores restringiam ao Controle Externo o exame da legalidade das ações da Administração Pública, a Constituição de 1988 foi além, atribuindo poderes de verificação da legitimidade e economicidade dos atos administrativos.

Para além de simples apêndices da legalidade, a utilização desses dois termos pelo constituinte deixa claro que o exame promovido pelas Cortes de Contas deve ir além da mera análise da conformação do ato administrativo às normas jurídicas, englobando a conformidade a princípios e normas implícitas, além da avaliação do uso adequado e eficiente dos recursos públicos, verificando-se a satisfatoriedade dos resultados alcançados.

Assim, como disse antes, ressalto novamente a importância do controle preventivo – em suas modalidades prévia e concomitante – um tipo de controle que se preocupa menos com o já feito, tecnicamente chamado de controle repressivo dos atos administrativos,

---

131 MARTINS, Ives Gandra da Silva. "As Cortes de Contas são instituições permanentes de impossível extinção nos termos da Constituição Federal – sua competência é imodificável por legislação infraconstitucional". *Boletim de Direito Administrativo*, São Paulo, 12 fev. 1992, p. 26.

132 MARTINS, Ives Gandra da Silva. "As Cortes de Contas são instituições permanentes de impossível extinção nos termos da Constituição Federal – sua competência é imodificável por legislação infraconstitucional". *Boletim de Direito Administrativo*, São Paulo, 12 fev. 1992, p. 26.

e mais com a prevenção, o que significa chegar antes do desperdício do dinheiro público.

2.3.1 Funções dos Tribunais de Contas

As funções dos Tribunais de Contas são doutrinariamente sistematizadas a partir das incumbências e atividades com características próprias definidas na Constituição Federal e na legislação ordinária.

Os Tribunais e Contas exercem **função fiscalizatória**, objetivando a apuração da legalidade de atos administrativos, transferências de recursos, cumprimento da Lei de Responsabilidade Fiscal, limite de gastos com pessoal, endividamento público, dentre outros.

No que tange à **função judicante** das Cortes de Contas, esta tem sido foco de controversos debates. Tradicionalmente, os Tribunais de Contas julgam os atos dos administradores públicos e demais responsáveis pela gestão contábil e financeira das políticas públicas, por consequência, como dissemos antes, analisam os seus resultados. No que diz respeito às contas públicas, suas decisões podem conferir total (i) regularidade às contas prestadas, com a devida quitação dos gastos, superando eventuais irregularidades formais e que não geraram prejuízo ao erário; (ii) julgar parcialmente regulares ou regulares com ressalvas, indicando a necessidade de correção e os meios condicionais para tanto. As contas também podem ser (iii) julgadas irregulares, nos casos de omissão na prestação de contas, prestações irregulares, com prejuízo ao erário; nesses casos poderá ocorrer a determinação de devolução de valores ao erário, podendo haver remessa ao Ministério Público para o caso de averiguação de possível crime ou improbidade administrativa.

Porém, as competências dos Tribunais de Contas não se restringem a uma simples análise de conformidade contábil.

Suas atribuições constitucionais estendem-se a muitos outros atos administrativos, a exemplo, no que se refere ao controle preventivo, a atuação desde a formação dos atos que conduzirão a procedimentos licitatórios, nas análises de editais de licitações, na assinatura do contrato e no curso das execuções contratuais.

Em tais casos, os Tribunais de Contas têm a prerrogativa de atuar cautelarmente desde a formação dos atos preliminares que resultam no edital, no instrumento editalício e, constatadas irregularidades, ilegalidades e inconformidades, terão estas competências para paralisar o certame até que sejam adotadas as devidas correções. No caso concreto, existindo desavenças na relação entre o órgão controlador e controlado, as determinações dos Tribunais de Contas terão força cogente. Tal competência se estende até a fase de assinatura do contrato.

Ainda no rol de competências judicantes dos Tribunais de Contas, importa o registro que diz respeito ao controle concomitante das execuções contratuais. Neste exemplo, a ação dos tribunais de contas é exercida cautelarmente e repressivamente. No caso cautelar, as Cortes de Contas podem atuar toda vez que um prejuízo iminente ao erário for constatado. Neste caso, os instrumentos coativos à disposição dos tribunais são: suspensão de reequilíbrio econômico e financeiro do contrato; suspensão de pagamento ao contratado até que sejam superadas as irregularidades; afastamentos preventivos de agentes públicos responsáveis pela fiscalização contratual; determinação de tomadas de contas para apuração de responsabilidade e quantificação de danos ou prejuízos ao erário e até parecer pela sustação do contrato a ser submetido ao respectivo Poder Legislativo.

Em caso de omissão do Poder Legislativo quanto à sustação do contrato, cautelarmente, cabe ao Tribunal de Contas, na forma legal, medidas suspensivas da execução contratual até o julgamento final do mérito.

Nota-se que, em regra, quando se trata de controle preventivo, a atuação dos Tribunais de Contas ocorrerá fundamentada no exercício do poder geral de cautela.

No que tange ao controle posterior (repressivo), a atuação dos Tribunais de Contas ocorrerá após a consumação dos efeitos ato administrativo, sempre em sede de julgamento do mérito. Todas as fases de uma contratação pública – edital licitação, regularidade do certame e dos resultados alcançados quanto à economicidade, competividade e legalidade; bem como o contrato celebrado e a sua respectiva execução –, independentemente da atuação prévia do órgão controlador, poderão estar sujeitas a julgamento definitivo de sua regularidade.

Em tal fase, averiguadas irregularidades e ilegalidades, destacam-se os seguintes instrumentos de coação: reparação ao erário, aplicação de multas aos agentes públicos responsáveis e a contratados, além de declaração de inidoneidade de empresas que, de má-fé, lesam o erário.

Segundo a Lei Complementar n. 64/90, observa-se que no caso de julgamento de contas de ordenadores de despesas, a sua reprovação, por irregularidade de natureza insanável que caracterize ato doloso de improbidade administrativa, poderá redundar na decretação pela Justiça Eleitoral de inelegibilidade por 8 anos.

Observe que a **função sancionatória** dos Tribunais de Contas é decorrente de sua função judicante. Em nossa compreensão não há controvérsia, ainda que as Cortes de Contas não façam parte do Poder Judiciário, suas decisões possuem eficácia plena de título executivo.

É evidente que pelo ordenamento jurídico pátrio, todos os atos de órgãos de Estado são passiveis de revisão pelo Poder Judiciário. No caso das decisões dos Tribunais de Contas, porém, tal poder de revisão limita-se ao exame da sua legalidade e constitucionalidade, nunca em relação ao mérito.[133]

No caso da hipótese acima, ela pode ser classificada também dentro de um outro aspecto denominado por **função corretiva**, uma das mais relevantes atribuídas aos Tribunais de Contas, que tem

133 JACOBY FERNANDES, Jorge Ulisses. *Tribunais de Contas do Brasil*: jurisdição e competência. 4ª ed. Belo Horizonte: Fórum, 2016, p. 132.

por escopo contribuir para o aprimoramento da gestão pública. É no exercício dessa função que os Tribunais emitem determinações e recomendações aos órgãos controlados e fixam prazos para a adoção de providências.

Ressalta-se ainda a existência de um conjunto de outras funções exercidas pelos Tribunais de Contas, a exemplo da **função consultiva** (responder a consultas em tese sobre matéria de sua competência); **função informativa** (prestar informações sobre auditorias realizadas; dados e cálculos consolidados, dentre outras, como por exemplo enviar à Justiça Eleitoral listagem de responsáveis que tiveram contas julgadas irregulares, para fins de decretação de inelegibilidade nos termos da Lei Complementar n. 64/90); **função normativa** (expedir instruções sobre matéria de sua competência e organização interna); **função de ouvidoria** (as Cortes de Contas recebem e processam denúncias feitas por cidadãos, empresas, partidos políticos, associações civis etc.).

2.3.2 Natureza jurídica das decisões dos Tribunais de Contas

Intrínseco ao Estado Democrático de Direito, o controle da coisa pública atua como um anteparo de abusos, objetivando assegurar que os valores político-constitucionais desse tipo de Estado sejam observados, exercendo função indispensável para a implementação de valores humanitários e civilizatórios expressos nos direitos fundamentais, no princípio republicano e numa relação altiva com a democracia.

Conforme observado, o controle interno encontra o seu fundamento na autotutela administrativa, em outras palavras, no poder que detém aquele estabelecido na função de revisão dos próprios atos. Por sua própria natureza, este é um poder dependente de vontades políticas, tendo em vista a sujeição hierárquica ao respectivo poder.

Formas de controle são intrínsecas ao Estado Democrático de Direito. Para ser eficiente, a democracia exige um Controle Externo autônomo, investido de competência e capacidade técnica para atuar com vistas a fazer com que os recursos públicos resultem em políticas públicas que melhor se adequem aos interesses da coletividade.

> As Cortes de Contas brasileiras, em todas as suas tipificações, passaram por uma grande evolução no decorrer do tempo, mas sempre se portaram como instituições indispensáveis do Estado Democrático de Direito do Brasil. Conforme visto, o auxílio ao Poder Legislativo no desenvolvimento do controle externo não modifica sua caracterização como órgão estatal independente dentro do ordenamento jurídico pátrio. Ademais, a sua atribuição de julgamento ou o uso das expressões "Tribunal" e "Ministro" também não fazem com que esta instituição esteja vinculada ao Poder Judiciário. Esses órgãos são abrangidos por peculiaridades, competências próprias, exclusivas e indelegáveis, e possuem autonomia e independência no exercício de suas atividades de maneira excêntrica, apesar de não serem tidos como um Poder. Portanto, possuem natureza sui generis, sendo únicos no seu gênero.
>
> Com a inovação da teoria da separação dos poderes, surgiram modalidades de equilíbrio e de interferência de uns Poderes nos demais, de maneira que o poder uno e indivisível, em que seu titular é o povo, é dividido para o melhor desenvolvimento das funções estatais. E com o pluralismo político e social tornou-se crucial a criação de órgãos capazes de suprir as novas atribuições estatais. Nesse sentido, o Tribunal de Contas, embora não seja Poder em sentido formal, dado que a Constituição Federal de 1988 não o designou assim, pode assim ser considerado em sentido material, pois é um órgão autônomo que não apenas fiscaliza os demais Poderes, como também se submete a eles em alguma medida, seja na composição dos membros do Tribunal (repartida entre os Poderes Legislativo e Executivo), seja na revisão de sua de suas decisões (repartida entre os Poderes Legislativo e Judiciário).[134]

---

134 MELO, Álisson José Maia; AGUIAR, Thaís Rodrigues Brito. "Os tribunais de conta à luz da separação de poderes no Direito brasileiro: um estudo sobre a natureza jurídica de suas decisões". *Revista de Direito da Faculdade Guanambi*, Guanambi, vol. 5, nº 2, jul./dez. 2018, p. 156. Disponível em: http://revistas.faculdadeguanambi.edu.br/index.php/Revistadedireito/article/view/229. Acessado em: 07.02.2023.

Ao conferir aos Tribunais de Contas grande parte das competências e funções atribuídas ao Controle Externo, a Constituição de 1988 instituiu de maneira expressa que suas decisões que resultarem em imputação de débito ou multa terão eficácia de título jurídico (artigo 71, § 3º), não competindo, contudo, aos Tribunais de Contas proceder à execução de seus julgados conforme já decidiu o Supremo Tribunal Federal, ao declarar inconstitucional dispositivo da Constituição do Estado de Sergipe, que atribuía ao Tribunal de Contas local a competência para "executar suas próprias decisões que impliquem em débito ou multa".[135]

Não se pode negar que a Constituição Federal conferiu aos Tribunais de Contas certas competências de cunho jurisdicional (artigo 73, caput). Porém, o conteúdo da jurisdição das Cortes de Contas difere daquela conferida ao Poder Judiciário.

Enquanto a jurisdição conferida aos Tribunais de Contas avalia, com exclusividade, a legalidade, legitimidade e economicidade dos atos praticados pela Administração Pública, ficando a cargo do poder executivo através de suas Procuradorias, a execução das sanções resultantes dos julgados das Cortes de Contas,

> a jurisdição dos órgãos judicantes do Poder Judiciário, também exercida com exclusividade, examina a legalidade e, de certa

---

135 (...) As decisões das Cortes de Contas que impõem condenação patrimonial aos responsáveis por irregularidades no uso de bens públicos têm eficácia de título executivo (CF, art. 71, § 3º). Não podem, contudo, ser executadas por iniciativa do próprio Tribunal de Contas, seja diretamente ou por meio do Ministério Público que atua perante ele. (...) A ação de cobrança somente pode ser proposta pelo ente público beneficiário da condenação imposta pelo Tribunal de Cotas, por intermédio de seus procuradores que atuam junto ao órgão jurisdicional competente (...). (BRASIL. Supremo Tribunal Federal. *RE 223.037-SE*, Rel. Min. Maurício Corrêa, DJ 020/8/2002).

> forma, a moralidade relativas ao comportamento, direito e deveres das duas partes que compõem a relação processual.[136]

Os julgados advindos dos Tribunais de Contas não podem ser enquadrados como de natureza judicial, mas tampouco podem ser caracterizados como uma mera recomendação orientativa, de natureza meramente administrativa. No exercício de suas competências, os Tribunais de Contas detêm prerrogativas e obedecem a diversos requisitos próprios da jurisdição: independência; imparcialidade; igualdade processual; contraditório e ampla defesa e direito a duplo grau de jurisdição (direito a recurso). Entretanto, suas decisões não ostentam o caráter de definitividade, por estarem sujeitas à revisão pelo Poder Judiciário. Todavia, somente o Judiciário possui o condão de impedir que um julgado das Cortes de Contas seja efetivamente executado. Entretanto, como dito, ao Judiciário só é permitido corrigir ilegalidades e nunca reexaminar o mérito das decisões dos Tribunais de Contas.

Como consequência dessas características, é possível afirmar que as Cortes de Contas exercem uma jurisdição administrativa, para além de uma mera análise formal das contas, um juízo de mérito sobre os atos de agentes públicos responsáveis por gastos e contratações públicas.

Dessa maneira, não se trata de uma mera atestação formal da regularidade de um conjunto de documentos e demonstrações contábeis, mas sim da apreciação, em sua totalidade, da legalidade, legitimidade e economicidade dos atos administrativos que importem em gastos públicos sujeitos ao seu controle.

Porém, essa função jurisdicional não é atribuída apenas às Cortes de Contas.

---

136 PARDINI, Frederico. *Tribunais de Contas*: órgão de destaque constitucional. Faculdade de Direito da Universidade Federal de Minas Gerais, 1997, pp. 260/261. (Tese de Doutorado).

A Constituição também atribuiu poderes atípicos a outros órgãos para exercer funções jurisdicionais. Podemos destacar os seguintes exemplos: (i) as contas prestadas pelos Chefes do Poder Executivo, cujo julgamento é de competência exclusiva do Parlamento; (ii) os crimes de responsabilidade do Presidente e do vice-Presidente da República e, no caso de Ministros de Estado, além de, nos crimes de responsabilidade também os demais crimes conexos com aqueles, cuja competência é privativa do Senado Federal; iii) a competência privativa do Senado Federal para processar e julgar os Ministros do Supremo Tribunal Federal, o Procurador-Geral da República e o Advogado-Geral da União nos crimes de responsabilidade.

Além destes, podemos mencionar as Comissões Parlamentares de Inquérito, que, no exercício de suas atribuições, terão poderes de investigação próprios das autoridades judiciais, podendo, de ofício, inclusive determinar a quebra de sigilo bancário e fiscal de investigados.

No que tange à atribuição jurisdicional de entidades de natureza administrativa, é possível arrolar como exemplos: as Agências Reguladoras, como a Agência Nacional do Petróleo, que possui a competência de fixar o valor e a forma de pagamento ao proprietário dos dutos e transportes, caso não tenha acordo entre as partes (artigo 58, §1º, Lei n. 9.478/97), assim como o Conselho Administrativo de Defesa Econômica-CADE, a quem compete decidir sobre a existência de infração à ordem econômica.

> (...) Examinando dispositivo análogo ao atual, e reconhecendo a função jurisdicional dos Tribunais de Contas, o eminente Ministro Victor Nunes Leal assinala que a disposição constitucional de que "a lei não poderá excluir da apreciação judicial do Poder Judiciário qualquer lesão de direito individual" não é obstáculo a este entendimento, porque, no caso, a redução de competência do judiciário resulta da Constituição, e não da lei.[137]

---

137 JACOBY FERNANDES, Jorge Ulisses. *Tribunais de Contas do Brasil*: jurisdição e competência. 4ª ed. Belo Horizonte: Fórum, 2016, p. 132.

Acerca da jurisdição atribuída aos Tribunais de Contas, com a disposição expressa no artigo 73 da Constituição da República, prevalece a interpretação de prerrogativa para análise das contas públicas quanto à sua legalidade, legitimidade e economicidade ou na sua tomada de contas, enquanto a revisão judicial estaria restrita à legalidade e elementos da moralidade administrativa.[138]

Porém, nos termos das lições do Ministro Carlos Ayres Brito, a interpretação constitucional pode levar a uma leitura maior da jurisdição conferida às Cortes de Contas:

> Agora, a Constituição, ao aparelhar o Tribunal de Contas como órgão de controle, o fez por um modo surpreendente; deu aos Tribunais de Contas dignidade de Tribunais Judiciários. (...) Por exemplo, o Tribunal de Contas da União tem as atribuições, no que couber, do Superior Tribunal de Justiça, está na Constituição isso. Os Tribunais de Contas dos Estados têm as atribuições, também no que couber, ou seja, mutatis mutandis, dos Tribunais de Justiça. Os Auditores dos Tribunais de Contas são, pela Constituição, equiparados a Juízes Federais, exercem uma judicatura, está dito na Constituição. Os Tribunais de Contas, os Ministros do TCU têm prerrogativas, direitos, vantagens dos Ministros do STJ. Os Conselheiros dos Tribunais de Contas dos Estados têm um regime jurídico funcional, no plano das prerrogativas dos direitos, igual aos Desembargadores do Estado.[139]

---

138 *Apud* JACOBY FERNANDES, Jorge Ulisses; PARDINI, Frederico. *Tribunal de Contas*: órgão de destaque constitucional. Faculdade de Direito da Universidade Federal de Minas Gerais, Belo Horizonte: Faculdade de Direito da Universidade Federal de Minas Gerais, 1997. (Tese de Doutorado).

139 BRITTO, Carlos Augusto Ayres. "Tribunal de Contas: instituição pública de berço constitucional". *Revista Técnica dos Tribunais de Contas* – RTTC, Belo Horizonte, ano 2, nº 1, set. 2011, p. 1325.

Seabra Fagundes ressalta que o julgamento de regularidade das contas públicas não admite revisão pelo Poder Judiciário (com base no entendimento da Constituição de 1946),[140] quanto ao disposto no inciso XXXV do artigo 5º possível manter o entendimento do saudoso Professor, uma vez que a garantia constitucional refere-se à lesão ou ameaça a direito, de forma que a revisão de um julgamento de contas favorável deverá demonstrar erro grave em sua análise, com nítido prejuízo ao erário e ao interesse público.

O debate sobre natureza jurisdicional conferida às decisões de contas passa também pelo que se entende quanto ao fenômeno da coisa julgada na esfera administrativa.

Há divergências doutrinárias quanto à natureza da coisa julgada decorrente das decisões de contas, porém, em consonância quanto ao controle do ato administrativo pelo Poder Judiciário, destacam que seria cabível a reexame judicial restrito à legalidade, sendo vedada a insurgência quanto à conveniência e oportunidade. Assim como no exame dos atos administrativos, o mérito das decisões das Cortes de Contas estaria preservado em respeito à divisão de funções e competência atribuídas a cada um dos entes estatais.[141]

---

140 FAGUNDES, Seabra. *O controle dos Atos Administrativos*. 4ª ed. Rio de Janeiro: Forense, 1967, p. 139.

141 José Cretella Jr.: Inteiramente livre para examinar a legalidade do ato administrativo, está proibido o Poder Judiciário de entrar na indagação do mérito, que fica totalmente fora do seu policiamento. Seabra Fagundes: O controle se torna um fator de equilíbrio entre recíproco entre os poderes e não prevalência dum sobre o outro. Revogando o ato, modificando-o, o que importaria numa revogação temporária, o Poder Judiciário confundir-se-ia com o Poder Executivo. Celso Ribeiro Bastos: O aspecto da legalidade é susceptível de revisão pelo Poder Judiciário. O de mérito não. Hely Lopes Meirelles: em tais casos a conduta do administrador confunde-se com a do juiz na aplicação da lei, diversamente do que ocorre nos atos nos atos discricionários, em que, além dos elementos sempre vinculados (competência, finalidade e forma), outros existem (motivo e objeto), em relação aos quais a Administração decide livremente, e sem possibilidade de correção judicial, salvo quando

Acerca da questão, é oportuna a lição de Jacoby Fernandes no sentido de que não haveria fundamento para dissonância quanto à natureza da esfera de revisão dos atos administrativos pelo Judiciário e dos julgados das Cortes de Contas:

> Se a doutrina guarda uniformidade, nesse sentido, por que motivos pretendem alguns rever judicialmente as decisões dos julgamentos dos Tribunais de Contas? Julgar é apreciar o mérito e, portanto, mesmo que a Constituição não utilizasse expressamente o termo "julgar", ainda assim, uma decisão dessa Corte seria impenetrável para o Poder Judiciário. Se a macula manifesta ilegalidade, como qualquer sentença, poderia até ser cassada por meio de mandado de segurança, mas nunca, jamais, poderia se permitir ao magistrado substituir-se nesse julgamento de mérito. O juiz também deve contar sua atuação nos limites da lei e, foi a Lei Maior que deu a competência para julgar contas a uma Corte, devidamente instrumentalizada e tecnicamente especializada.
>
> Portanto, mesmo que o julgamento das Cortes de Contas não fosse um ato jurisdicional típico, mas apenas um ato administrativo, seu mérito jamais poderia ser revisto pelo Poder Judiciário.[142]

A jurisprudência do Poder Judiciário parece caminhar no sentido de reconhecer a imutabilidade quanto ao mérito das decisões proferidas pelos Tribunais de Contas. Nesse sentido, transcrevemos trecho de decisão do Tribunal de Justiça de São Paulo:

---

o seu proceder caracterizar excesso ou desvio de poder. Lúcia Valle Figueiredo: Se o Judiciário deve conhecer qualquer lesão a direito "ipso facto", é o Judiciário titulado a dizer quando a conduta administrativa quedou-se dentro da moldura legal, não a desbordando. (*apud* JACOBY FERNANDES, Jorge Ulisses. *Tribunais de Contas do Brasil*: jurisdição e competência. 4ª ed. Belo Horizonte: Fórum, 2016, pp. 127-129).

142 JACOBY FERNANDES, Jorge Ulisses. *Tribunais de Contas do Brasil*: jurisdição e competência. 4ª ed. Belo Horizonte: Fórum, 2016, p. 129.

> ANULATÓRIA. Multa imposta pelo TCE por contratação irregular de professores temporários. Observância dos princípios do contraditório e da ampla defesa durante o procedimento administrativo. Constitucionalidade do art. 104 da LCE n. 709/93. Motivação suficiente para a imposição da multa. Inviabilidade de o Judiciário imiscuir-se no mérito do julgamento. Precedentes. Sentença reformada. Recurso conhecido e provido.
>
> (...)
>
> Trecho do voto:
>
> Nessa esteira de raciocínio, percebe-se que desprovida de fundamentação jurídica a pretensão do apelante, uma vez que não é possível rediscutir a matéria de mérito da decisão proferida pelo Tribunal de Contas. Ora, por se cuidar de decisão administrativa, compete ao Poder Judiciário inquirir sua legalidade e legitimidade, assim como indagar a respeito da nulidade ou não do ato administrativo em pauta, deixando, contudo, de enveredar sobre o mérito administrativo, que foge à sua competência. O controle jurisdicional sobre decisões dos Tribunais de Contas é admissível, mas apenas para coibir ilegalidades, e não para discutir os critérios técnicos adotados.[143]

Em suma, em razão da natureza das competências e da posição constitucional ocupada pelas Cortes de Contas, o mérito de suas decisões goza do atributo da imutabilidade, próprio do instituto da coisa julgada formal, só podendo ser revistas pelo Judiciário quanto a aspectos relacionados à legalidade, sendo o mérito impedido de ser revisto ou desacolhido pelo Judiciário.

---

143 Apelação n. 1325-72.2013.8.26.0319. Confira-se nesse mesmo sentido os seguintes julgados do Tribunal de Justiça de São Paulo: Apelação n. 0380620-14.2009.8.26.0000, rel. Des. Carlos Eduardo Pachi, j. 08/02/2010; Apelação n. 0132853-33.2008.8.26.0053, rel. Des. Oswaldo Luiz Palu, j. 13.08.2014; Apelação n. 0145199-78.2008.8.26.0000, rel. Des. Oscild de Lima Junior, j. 20.06.2011.

2.4 O papel dos Tribunais de Contas como avalista de políticas públicas exitosas

A ideia de políticas públicas ganhou corpo na década de 1930, nos Estados Unidos. O ambiente histórico que fomentou a elaboração desse termo foi marcado por um importante protagonismo estatal junto à economia e à sociedade. O *crash* da Bolsa de Nova York, em 1929, gerou uma das piores crises da história do capitalismo, fazendo com que antigos paradigmas econômicos liberais de não intervenção estatal passassem a ser questionados, o que também suscitou novas ideias inspiradas no economista britânico John Maynard Keynes. Ressalta-se, então, o protagonismo do Estado. Em 1933, nos Estados Unidos, o Presidente Franklin Delano Roosevelt iniciou um grande programa de investimento em infraestrutura e oferta de serviços públicos, denominado *New Deal*.[144]

Em 1945, com o fim da Segunda Guerra Mundial, diversos países da Europa iniciaram programas governamentais de oferta de serviços públicos. Uma das principais figuras nesse processo foi o Ministro de Alimentos do Reino Unido, William Beveridge, que colocou em prática um ambicioso plano composto por uma gama de serviços públicos, tendo como diferencial o princípio da universalidade.[145]

Com tal iniciativa, tem início um conjunto de experiências governamentais baseadas na garantia de direitos sociais que ficaria conhecido como *Welfare State* ou Estado de Bem-Estar Social.[146] Apesar desse modelo se consolidar apenas no século XX, determinadas experiências anteriores foram relevantes para o aperfeiçoamento das

---

144 MONTAÑO, Carlos; DURIGUETTO, Maria Lucia. *Estado, classe e movimento social*. 1ª ed. São Paulo: Cortez, 2010.

145 SANTOS, Maria Paula Gomes dos. *O Estado e os problemas contemporâneos*. 2ª ed. reimp. Florianópolis: Departamento de Ciências da Administração/UFSC, 2012.

146 ESPING-ANDERSEN, Gøsta. "As Três Economias Políticas do *Welfare State*". *Revista Lua Nova*, São Paulo, nº 24, set. 1991, pp. 85-116.

ações governamentais com o intuito de atender aos problemas da sociedade, entre elas: a Lei dos Pobres, outorgada pela rainha britânica, Elizabeth I, em 1601; os serviços de proteção social garantidos pelo Chanceler Otto Von Bismarck no Estado alemão, no século XIX; a inclusão de direitos sociais como garantia constitucional na Carta Magna do México de 1917.[147]

Com todo esse debate, como pano de fundo, consolida-se o ideal de que o Estado é agente responsável em relação aos problemas da sociedade é que nasce o conceito de políticas públicas ou *policy*. Em 1936, o cientista político estadunidense Harold Laswell concebeu fundamentos mais sólidos para esse conceito, retirando-o do campo do subjetivismo e atribuindo-lhe maior racionalidade, ao defender a necessidade de se incluir elementos de análise acadêmica e científica às políticas públicas. Com isso diversos governos passaram a se valer da produção empírica e a estabelecer um diálogo permanente entre pesquisadores e profissionais das várias áreas das ciências sociais e membros do governo.[148]

Celina Souza[149] chega a afirmar que políticas públicas conformam um verdadeiro campo do conhecimento e não se restringem apenas a formas racionais com as quais os governos buscam solucionar problemas, "(...) constitui-se no estágio em que os governos democráticos traduzem seus propósitos e plataformas eleitorais em programas e ações que produzirão resultados ou mudanças no mundo real".

Um dos grandes problemas brasileiros é a descontinuidade de políticas públicas com o advento de uma nova gestão. No Brasil,

---

147 MARSHALL, Thomas Humphrey. "Citizenship and Social Class". *In*: MARSHALL, Thomas Humphrey; BOTTOMORE, Tom. *Citizenship and Social Class*. Chicago: Pluto Classic (reimpr.), 1996.

148 LASWELL, Harold Dwight. *Politics*: Who Gets What, When, How. Cleveland: Meridian Books, 1936.

149 SOUZA, Celina. "Políticas públicas: uma revisão da literatura". *Sociologias*, Porto Alegre, nº 16, 2006, p. 26.

trata-se um problema que tem sido observado há muitas décadas e afeta negativamente a eficácia e a efetividade das ações governamentais.

Nas origens do Direito Administrativo brasileiro, muito antes da própria concepção e conceito de políticas públicas tal qual é concebida atualmente, o Visconde de Uruguai, Paulino José Soares de Sousa, ao debater a troca dos presidentes das províncias no Brasil Império, constata a não continuidade abrupta da administração anterior, penalizando os administrados, pelo fenômeno que ele chamou de A Teia de Penélope, nos seguintes termos:

> cada mudança de Ministério e de administradores, como são as nossos Presidentes, traz uma inversão às vezes completa não só do pessoal administrativo, como no modo de encarar e decidir as questões administrativas. O administrador que começava a tomar pé nos negócios da Província é mudado, leva consigo o que a custo aprendeu, e aí vem outro, o qual, apenas concluídas as primeiras apalpadelas, é também mudado. *Et sic de coeteris*. É assim que somos administrados! A cada mudança tudo fica suspenso, posto em dúvida, para começar a ser examinado de novo, com grande desânimo, desespero e prejuízo das partes. Assim todos os grandes interesses a cargo da administração estão sujeitos a uma constante instabilidade, e a administração torna-se, como tem sido entre nós, uma verdadeira teia de Penélope.[150]

Essa descontinuidade pode ser observada em diversas áreas, como saúde, educação, segurança pública, meio ambiente, entre outras. Ela ocorre quando há mudanças frequentes nas políticas públicas implementadas pelos governos, seja por mudanças de gestão, por mudanças de prioridades políticas ou por falta de planejamento a longo prazo.

---

150 URUGUAI, Visconde do. *Ensaio sobre o Direito Administrativo*. Rio de Janeiro, 1862, Tomo I. p. 22, *apud* MATTOS, Ilmar Rohloff de. *O Tempo Saquarema*. 7ª ed. São Paulo: Hucitec, 2017, pp. 220/221.

Uma das consequências dessa descontinuidade é ausência de efetividade das ações governamentais, que muitas vezes são iniciadas e depois interrompidas antes que possam ter resultados significativos. Além disso, a descontinuidade também pode gerar desperdício de recursos públicos e desestimular a participação da sociedade em programas e projetos governamentais, sendo um lamentável entrave para o avanço de setores que dependem, muitas vezes, de uma ou mais gerações para atingirem um novo patamar de resultados, como na área da educação.

Para evitar a descontinuidade das políticas públicas, é importante que os governos estabeleçam um planejamento estratégico a longo prazo e priorizem a continuidade das ações governamentais, independentemente de mudanças de gestão ou prioridades políticas. Também é importante aprimorar os mecanismos de monitoramento e avaliação das políticas públicas implementadas, para garantir que elas estejam alcançando os resultados esperados e possam ser ajustadas, caso necessário.

Além de uma nova lógica e de novos parâmetros de controle, a Constituição Federal de 1988 previu também a fiscalização operacional da atividade administrativa pelos Tribunais de Contas. Esse tipo de controle consiste no exame da economicidade, eficiência, eficácia e efetividade de programas e atividades governamentais, com a finalidade de promover o aperfeiçoamento da gestão pública e de suas políticas públicas.

A fiscalização operacional objetiva avaliar o desempenho da administração, servindo para determinar se o objeto fiscalizado atinge, excede ou está abaixo do desempenho esperado. Constatando-se que a performance da administração está aquém do que dela se espera ou que há pontos de melhorias, são formuladas recomendações para possibilitar a melhoria da gestão e da execução de políticas públicas.

Dessa forma, trata-se de verdadeira evolução no sistema de controle da atividade financeira do Estado, pois além preservar as finanças e o patrimônio público, procura contribuir para a melhoria das instituições administrativas no cumprimento de suas funções.[151] O escopo aqui não é apenas apontar as falhas e desconformidades, mas sobretudo articular, em conjunto com o administrador público, soluções para os dilemas administrativos estratégicos e que versem sobre temas de relevância econômica e social.

A auditoria operacional tem o objetivo de verificar, acompanhar e avaliar a gestão das unidades da Administração Pública, das políticas públicas, dos programas governamentais, assim como das ações realizadas pela iniciativa privada sob concessão ou delegação, além dos contratos de gestão ou congêneres, no que tange aos aspectos da economicidade, eficiência, eficácia e efetividade, entre outros – sem prejuízo da análise de conformidade.

Conforme as Normas Internacionais das Entidades Fiscalizadoras Superiores (ISSAI), produzidas pela INTOSAI, a auditoria operacional se baseia no exame independente, objetivo e confiável, que analisa se empreendimentos, sistemas, operações, programas, atividades ou organizações do governo estão funcionando de acordo com os princípios de economicidade, eficiência e efetividade e se há espaço para aperfeiçoamento (ISSAI 3000/17).

Como regra geral, as auditorias operacionais não objetivam apurar infrações funcionais ou a penalização de agentes públicos, tendo como foco a melhoria de processos e da qualidade da gestão da Administração Pública.

As auditorias tradicionalmente realizadas pelos Tribunais de Contas restringiam-se à análise da conformidade ou do desempenho financeiro das ações governamentais. Tais espécies de auditoria procuram verificar se o gestor público atuou de acordo com a legislação e outras normas específicas aplicadas ao caso, bem como se as demonstrações contábeis são confiáveis e encontram-se escrituradas corretamente. O foco é identificar eventuais discrepâncias

---

151 MILESKI, Helio Saul. *O controle da gestão pública*. 3ª ed. Belo Horizonte: Fórum, 2018.

(inconformidades) entre a situação auditada e os regramentos legais, bem como identificar a veracidade e a precisão das demonstrações financeiras e dos controles da administração pública.

Por seu turno, a auditoria operacional atua com objetivo distinto. O foco principal não é a fiscalização voltada para identificar falhas ou inconformidades, mas sim a avaliação do desempenho dos programas governamentais e de políticas públicas desenvolvidas, com a finalidade de contribuir para a melhoria da gestão. Além de avaliar o atendimento a normas legais, pauta-se como critério de avaliação as boas práticas administrativas, valores, modelos e experiências profissionais, visando aferir se as atividades estão sendo executadas da melhor maneira possível, enfocando-se como regra quatro dimensões de desempenho: eficiência, eficácia, efetividade e economicidade.

Sobre a noção de economicidade, em breves palavras, pode ser definida como a minimização dos custos dos recursos utilizados na consecução de uma atividade, sem comprometimento dos padrões de qualidade.

A eficiência pode ser definida a partir da análise entre os produtos (bens e serviços) gerados por uma atividade e os custos dos insumos necessários para produzi-los, mantidos os padrões de qualidade. Assim, a eficiência consiste na relação entre a minimização de recursos empregados e a maximização de produtos entregues em termos de quantidade, qualidade e tempestividade. Pode ser examinada sob duas perspectivas: minimização do custo total ou dos meios necessários para se obter a mesma quantidade e qualidade de produto; ou otimização da combinação de insumos para maximizar o produto quando o gasto total está previamente fixado.[152]

---

152 BRASIL. Tribunal de Contas da União. *Manual de Auditoria Operacional TCU*. 3ª ed. Brasília: TCU, Secretaria de Fiscalização e Avaliação de Programas de Governo (Seprog), 2010.

O foco na eficiência em auditorias operacionais avalia os processos, desde os insumos até o resultado alcançado, com a finalidade de identificar deficiências e pontos de melhorias na sua implementação.

Eficácia consiste no grau de alcance das metas programadas em um determinado período, independentemente dos custos implicados. O conceito de eficácia refere-se à capacidade da administração de cumprir objetivos imediatos, traduzidos em metas de produção ou de atendimento, ou seja, a capacidade de prover bens ou serviços de acordo com o estabelecido no planejamento das ações.[153]

No que tange à análise da eficácia nas auditorias operacionais, o que se leva em consideração são os critérios adotados para sua fixação e fatores externos que possam impactar no alcance das metas fixadas, a exemplo de restrições orçamentárias ou outros fatores exógenos que possam interferir nos resultados alcançados.

O que caracteriza a efetividade é a relação entre os impactos observados e os objetivos que motivaram a atuação institucional, que pode ser definida a partir da relação entre os resultados de uma intervenção ou programa governamental quanto aos impactos observados na população e os objetivos pretendidos (impactos esperados). Conforme o Manual de Auditoria Operacional do TCU:

> (...) ao examinar a efetividade de uma intervenção governamental, pretende-se ir além do cumprimento de objetivos imediatos ou específicos, em geral consubstanciados em metas de produção ou de atendimento (exame da eficácia da gestão). Trata-se de verificar se os resultados observados foram realmente causados pelas ações desenvolvidas e não por outros fatores (ISSAI 3100/42, 2016). A avaliação da efetividade pressupõe que bens e/ou serviços foram ofertados de acordo com o previsto. O exame da efetividade ou avaliação de impacto requer

153 BRASIL. Tribunal de Contas da União. *Manual de Auditoria Operacional TCU*. 3ª ed. Brasília: TCU, Secretaria de Fiscalização e Avaliação de Programas de Governo (Seprog), 2010.

> tratamento metodológico específico que busca estabelecer a relação de causalidade entre as variáveis do programa e os efeitos observados, comparando-os com uma estimativa do que aconteceria caso o programa não existisse.[154]

No exame da efetividade de uma ação governamental ou a de uma política pública, deve-se levar em conta também a dimensão da promoção da equidade, ou seja, a capacidade de que a ação administrativa esteja orientada a fornecer condições para que todos tenham acesso ao exercício de seus direitos fundamentais, políticos e sociais.

Sobretudo no caso de políticas públicas das áreas da saúde, educação e moradia, caracterizadas como instrumentos de proteção e de desenvolvimento social, a aferição da efetividade deverá considerar necessariamente a promoção da equidade, avaliando a alocação e distribuição espacial dos recursos, o perfil socioeconômico ou de gênero da população envolvida e se as estratégias adotadas pelo gestor público atendem à promoção da cidadania.

Em suma, observadas as quatro dimensões que a auditoria operacional pretende verificar, sua ação irá se dirigir a apurar sobretudo os resultados alcançados pelas ações governamentais na implementação de políticas públicas, como a qualidade dos serviços prestados, o grau de adequação dos resultados dos programas às necessidades dos cidadãos e a promoção da equidade na distribuição de bens e serviços.

No Tribunal de Contas do Município de São Paulo, a auditoria operacional é disciplinada pela Resolução nº 14/2019, que determina que o planejamento anual das auditorias operacionais será compatibilizado com as diretrizes gerais para elaboração do Plano Anual de Fiscalização e orientado por critérios de seleção que levam em consideração a viabilidade de realização, da relevância social,

---

154 BRASIL. Tribunal de Contas da União. *Manual de Auditoria Operacional TCU*. 3ª ed. Brasília: TCU, Secretaria de Fiscalização e Avaliação de Programas de Governo (Seprog), 2010.

econômica, ambiental e/ou técnica dos assuntos a serem abordados, da oportunidade de execução dos trabalhos, materialidade dos recursos envolvidos, agregação de valor em termos de novos conhecimentos e vulnerabilidade a risco inerente às atividades envolvidas na consecução dos objetivos dos órgãos, entidades e programas governamentais sujeitos ao controle daquela Corte de Contas.

Nos termos dessa instrução, o ciclo de trabalho da auditoria operacional compreende as seguintes etapas:

> I – seleção do objeto de auditoria;
>
> II – análise de viabilidade por estudo preliminar;
>
> III – formalização do processo em forma eletrônica;
>
> IV – planejamento e execução da auditoria;
>
> V – elaboração do Relatório de Auditoria Operacional em versão preliminar;
>
> VI – recebimento e análise dos comentários do gestor responsável pelo órgão, entidade ou programa antes da emissão do Relatório Consolidado;
>
> VII – elaboração do Relatório de Auditoria Operacional Consolidado, incluindo a análise dos comentários do gestor responsável pelo órgão, entidade ou programa;
>
> VIII – deliberação do Colegiado;
>
> IX – elaboração do Plano de Ação, a cargo do gestor responsável pelo órgão, entidade ou programa, quando determinado pelo Tribunal Pleno;
>
> X – avaliação do Plano de ação pela Subsecretaria de Fiscalização e Controle de forma opinativa quanto à adequabilidade das medidas propostas pelo gestor;
>
> XI – elaboração de Relatórios de Execução do Plano de Ação, a cargo do gestor responsável pelo órgão, entidade ou programa;
>
> XII – recebimento e análise dos Relatórios de Execução do Plano de Ação;
>
> XIII – realização de monitoramentos.

Por causa das especificidades ou da abrangência do objeto da auditoria operacional, poderão ser celebrados convênios com entidades públicas especializadas ou contratos com profissionais de áreas específicas para subsidiar os trabalhos de auditoria, os quais devem ser realizados exclusivamente pelo corpo técnico do Tribunal de Contas.

A equipe incumbida pela auditoria deve elaborar um Relatório de Auditoria Operacional, resultante do levantamento de evidências, asseguradas a discricionariedade do corpo técnico de auditores quanto à avaliação dos serviços e programas governamentais auditados, bem como quanto à proposição de alternativas elencadas por meio de recomendações ou orientações aos agentes públicos. Em se deparando com indícios de dano ao erário ou com casos que demandem providências urgentes, a questão deverá ser submetida ao Conselheiro Relator previamente ao término da auditoria.

Nos termos da Resolução n. 14/2019 do Tribunal de Contas do Município de São Paulo, é fixado prazo para que ocorra o julgamento das auditorias operacionais, que não pode ser superior a 30 dias após o encerramento da instrução processual. Trata-se de medida grande relevância a fim de que seja assegurada a efetividade do trabalho desenvolvido e, sobretudo, a implementação de forma tempestiva das proposições de melhorias elaboradas.

O Tribunal, no julgamento, deverá deliberar por meio de determinações, quando houver infração a norma ou a contrato, e por recomendações, nos demais casos.

Uma vez concluído o julgamento, serão enviadas cópias da deliberação e do Relatório de Auditoria Operacional Consolidado aos responsáveis pelos órgãos, pelas entidades ou pelos programas, ao órgão do controle interno, ao Poder Legislativo e aos demais interessados, sendo os autos encaminhados à unidade de auditoria do Tribunal, que avaliará sobre a oportunidade e periodicidade de realização dos monitoramentos.

Um sumário executivo deve ser elaborado para divulgação no Portal Eletrônico do Tribunal, contendo informações como: objetivos da auditoria, principais achados, deliberação do Pleno, benefícios esperados e dados relevantes aos munícipes, bem como a possibilidade de realização de eventos e seminários para divulgação dos resultados ao público externo, quando for o caso.

A decisão do Tribunal poderá exigir a apresentação de plano de ação e seus respectivos relatórios de execução ao gestor responsável pelo órgão, entidade ou programa auditado, que poderá ser adotado por meio de Termo de Ajustamento de Gestão – TAG.

Tal plano de ação consiste num documento apresentado pelo gestor, contendo detalhamento de ações, responsáveis e prazos, com a finalidade de sanear as deficiências identificadas, devendo ser elaborado em conformidade com as determinações e recomendações contidas no julgamento, e ser enviado ao Tribunal no prazo de 30 (trinta) dias, prorrogável uma única vez por igual período.

No momento da elaboração do Plano de Ação, os integrantes da equipe de auditoria poderão orientar o processo de construção do Plano, respeitando os limites de discricionariedade do gestor, para que o documento apresentado atenda às necessidades de monitoramento e abranja medidas satisfatórias à solução dos problemas identificados.

Os traços institucionais, delineados pela Constituição de 1988, propiciam a execução da atividade de controle com novos enfoques e de maneira mais abrangente. Sem renunciar aos tradicionais controles de legalidade e conformidade, novas dimensões do controle com enfoque finalístico, ou seja, no resultado da ação administrativa, começaram a emergir na atuação dos Tribunais de Contas.

As auditorias transversais, ainda pouco exploradas pelas Cortes de Contas, são instrumentos que podem ser enquadrados nesse novo conceito de controle das contas públicas, em convergência com as melhores práticas mundiais de Controle Externo.

Em geral, as Cortes de Contas, em matéria de análises contratuais e de sua execução, concentram suas auditorias em exames segmentados nas matérias de sua competência. Ocorre que em regra os diversos temas objeto de contratos fragmentados perpassam órgãos distintos da administração. Constata-se que, ao analisar fragmentariamente cada contratação, perde-se a dimensão do todo. Por exemplo, em se tratando de uma administração nas dimensões da cidade de São Paulo, tomando como referência a matéria segurança patrimonial, órgão distintos realizam procedimentos licitatórios individualizados para contratação deste tipo de serviço.

Normalmente, os procedimentos do Controle Externo são feitos contrato a contrato. A ação segmentada permite um diagnóstico de conformidade, legalidade e economicidade restrito a cada procedimento específico.

O Tribunal de Contas do Município de São de Paulo, entre outras ferramentas, inaugurou nova ferramenta de auditoria denominada de Auditoria Transversal. Tal modalidade de fiscalização consiste em superar a fragmentação da análise de contratações comuns e com o mesmo objeto em diferentes órgãos e entidades da administração pública, de modo que o órgão contratante, em contratos com o mesmo objeto, possa padronizar procedimentos e corrigir distorções, com vistas a alcançar as finalidades desejadas.

A Corte de Contas paulistana editou a Resolução n. 23/2019, que disciplina essa modalidade de auditoria.

Esse tipo de auditoria tem lugar quando um mesmo ponto de risco for auditado em múltiplas licitações, atos, contratos ou instrumentos congêneres, ou, ainda, programas de governo e/ou múltiplos órgãos ou entidades jurisdicionadas, podendo ser executada por meio de exames calcados em auditoria de conformidade, operacional ou mesclando esses dois formatos (híbrida).

No que tange à matéria examinada, as auditorias transversais podem ser classificadas em simples ou matriciais.

Auditoria transversal simples é aquela que envolve múltiplos instrumentos jurídicos ou programas de governo de um ou mais órgãos ou entidades jurisdicionadas, de competência de um mesmo julgador. Por seu turno, a matricial é aquela que se debruça sobre órgãos ou entidades jurisdicionadas, abrangendo julgadores distintos.

Tal tipo de auditoria objetiva mapear aspectos comuns de temas transversais entre múltiplos órgãos ou entidades jurisdicionadas, visando detectar a existência de falhas cometidas sistematicamente, tanto no aspecto de conformidade quanto em questões envolvendo eficiência, eficácia e efetividade.

São identificados pontos de risco a partir do exame de aspectos que apresentem possibilidade de ocorrência de eventos adversos à Administração Pública, tais como erro, falha, fraude, desperdício ou fracasso no objetivo. Em tais casos, a avaliação da auditoria transversal procura identificar estudos de causa e efeito, com a proposição de melhorias e recomendações.

A auditoria transversal não objetiva avaliar individual e integralmente a regularidade de instrumentos jurídicos ou verificar a sua execução específica. Dessa forma, no seu julgamento, não se apreciará a regularidade dos instrumentos jurídicos que a integram ou a correspondente execução, nada obstando que, em processo específico, sejam apuradas eventuais responsabilidades e aplicadas as sanções cabíveis.

Tal instrumento tem como objetivo, além de visar à integração e padronização de distintos órgãos frente a contratos objeto comum, busca construir diagnósticos que possam alimentar indicadores de qualidade e desempenho de políticas públicas. É mais uma ferramenta preventiva, no sentido de corrigir rumos, valorizar políticas públicas eficientes, visando transformar as boas práticas em políticas perenes de Estado.

Em obediência ao Princípio da Legalidade Estrita, por óbvio, detectados indícios de graves irregularidades durante a execução da auditoria transversal, deve ser instaurado procedimento de auditoria específico, nas modalidades análise e/ou acompanhamento de execução de instrumentos jurídicos que integraram o escopo da auditoria transversal.

Uma importante contribuição para o aperfeiçoamento das políticas públicas no Município de São Paulo é o "Observatório de Políticas Públicas do Tribunal de Contas do Município de São Paulo (TCMSP)",[155] instituído com o objetivo de fortalecer o papel do Tribunal na avaliação da efetividade das políticas públicas no município de São Paulo.

Em tal exemplo de iniciativa, a análise da efetividade das políticas públicas possui o enfoque na questão da redução das desigualdades socioespaciais, com a implantação e execução das políticas e do gasto público e está alinhada com os instrumentos de planejamento do município e com os Objetivos de Desenvolvimento Sustentável (ODS), constantes na Agenda 2030 – da Organização das Nações Unidas (ONU)

A instituição do Observatório também dialoga com a "Declaração de Moscou", resultado do Congresso Internacional das Entidades Fiscalizadoras Superiores (INCOSAI), ocorrido na Rússia, em setembro de 2019. Em tal documento, existe a orientação para a ampliação das atividades dos Tribunais de Contas nos diferentes países, sugerindo o alargamento do controle social na fiscalização dos resultados de Políticas Públicas, aprofundando as análises de dados para impactar de forma positiva a gestão pública.

Desde seu advento, o Observatório conta com a parceria de diferentes instituições acadêmicas, públicas e privadas, e da sociedade civil. Tal conjunto de parcerias permite um círculo virtuoso, no qual o saber e a produção acadêmica aprofundam as análises das políticas

---

155 SÃO PAULO (Município). Tribunal de Contas do Município de São Paulo. *Observatório de Políticas Públicas do Tribunal de Contas do Município de São Paulo (TCMSP)*. Disponível em: https://observatorio.tcm.sp.gov.br/Educacao/216573. Acessado em: 17.04.2023.

públicas e os dados e indicadores gerados pelo Observatório servem de insumos para novos estudos e produção acadêmica.

Além disso, ressalta-se a parceria com diferentes secretarias municipais, de acordo com as áreas de atuação do Observatório. Essa parceria é importantíssima, seja em razão das secretarias serem responsáveis pela execução das políticas públicas, seja porque muitas delas já trabalham com dados e indicadores importantes para o sucesso do Observatório.

A atuação do Observatório teve início e tem se destacado nas áreas de Educação, Saúde, Urbanismo, Gênero e Regionalização do Orçamento.

A instituição pelos Tribunais de Contas de inovações tais como Auditoras operacionais e transversais; atuação por meio de decisões cautelares; as Mesas Técnicas e a celebração de Termos de Ajustamento de Gestão, o Observatório de Políticas Públicas, conjuntamente com as medidas para o fortalecimento da transparência da gestão dos tribunais e da administração pública em sua inteireza, insere-se na ideia de que a ação das Cortes de Contas, para além da referida consensualidade, está centrada na priorização do controle prévio e concomitante, preventivos portanto, em contraponto ao controle-sanção, com o objetivo de contribuir com os gestores públicos oferecendo-lhes indicadores que possam orientar metas e planos de ação para a melhoria do desempenho e da eficiência de políticas públicas de entidades e órgãos da administração.

O acompanhamento das políticas públicas pelos Tribunais de Contas, no decurso do tempo, muitas vezes por anos e décadas, permitem às Cortes de Contas possuírem um verdadeiro "filme", e não uma mera "fotografia" pontual da evolução da prestação de serviços públicos e dos gastos pelo ente federativo, facultando, assim, na sucessão democrática de gestores, o fornecimento de dados seguros para a reformulação ou novas formulações aperfeiçoadas para políticas públicas que realmente atendam plenamente aos interesses da coletividade.

Assim, a atuação dos Tribunais de Contas deve ter como premissa para a efetividade das políticas públicas, objetivando valorizar, em primeiro lugar, os resultados alcançados, sopesando, para efeito de seus pareceres e julgamentos, as circunstâncias fáticas e as reais dificuldades enfrentadas pelo gestor que, muitas vezes, limitam e condicionam a sua atuação.

Esse deve ser o tipo de controle que se almeja num Estado Democrático de Direito. Um controle no qual a formalidade jurídica esteja a serviço do bem maior que norteia um Estado com estas características: a Supremacia do Interesse Público e o fim daquilo que o nosso primeiro administrativista chamava de A Teia de Penélope.

2.5 A interferência na esfera dos particulares dos julgados dos Tribunais de Contas

No que tange às competências dos Tribunais de Contas, a responsabilidade de entidades privadas se origina do cometimento de um ato ilícito, decorrente da violação de deveres estabelecidos nas normas e nos princípios jurídicos de Direito Público, do qual acarreta prejuízo ao erário público, por conduta, seja comissiva ou omissiva, seja dolosa ou culposa.[156]

> A Constituição da República de 1988 outorgou ao Tribunal de Contas competência para imputar responsabilidade e aplicar sanções aos responsáveis, em caso de ilegalidade de despesa ou irregularidade de contas, abrangendo não somente os agentes públicos, mas também outras pessoas.[157]

---

156 ALMEIDA, Reuder Rodrigues Madureira de. "Responsabilização de entidades articulares perante as cortes de contas pela ocorrência de dano ao erário". *Revista TCEMG*, Belo Horizonte, vol. 35, nº 1, jan./jun. 2017, p. 108.

157 ALMEIDA, Reuder Rodrigues Madureira de. "Responsabilização de entidades articulares perante as cortes de contas pela ocorrência de dano ao erário". *Revista TCEMG*, Belo Horizonte, vol. 35, nº 1, jan./jun. 2017, p. 108.

Sobre a complexa temática, são oportunas as lições de Luiz Henrique Lima sobre a incidência do conteúdo do inciso II do artigo 71 da Constituição Federal:

> (...) atinge tanto os administradores como os demais responsáveis por dinheiros, bens e valores públicos e, ainda, aqueles que derem causa a perda, extravio ou outra irregularidade de que resulte prejuízo ao erário público. nesse último caso, fundamentam-se as hipóteses de instauração de tomadas de contas especiais contra agentes públicos que, mesmo não sendo administradores ou responsáveis, possam ter contribuído, por ação ou omissão, para a ocorrência de perda, extravio ou outra irregularidade de que resulte prejuízo ao tesouro. Também aí, encontra-se fundamento constitucional para responsabilizar empresas ou instituições privadas cuja ação ou omissão tenha provocado prejuízo ao tesouro, por exemplo, superfaturando uma relação contratual com o poder público.[158]

O Tribunal de Contas da União tem exercido sua competência constitucional num movimento de consolidação da jurisprudência no sentido de que a pessoa jurídica de direito privado contratada pelo Poder Público responde em casos de prejuízos perpetrados contra os cofres públicos federais. Esse entendimento já pacificado no âmbito Corte de Contas da União que, na sessão plenária de 10 de setembro de 2014, foi aprovado o Enunciado de Súmula n. 2861, com o seguinte teor:[159]

> A pessoa jurídica de direito privado destinatária de transferências voluntárias de recursos federais feitas com vistas à

---

158 LIMA, Luiz Henrique. *Controle externo*. 3ª ed. Rio de Janeiro: Elsevier, 2009, p. 45.

159 ALMEIDA, Reuder Rodrigues Madureira de. "Responsabilização de entidades articulares perante as cortes de contas pela ocorrência de dano ao erário". *Revista TCEMG*, Belo Horizonte, vol. 35, nº 1, jan./jun. 2017, p. 111.

> consecução de uma finalidade pública responde solidariamente com seus administradores pelos danos causados ao erário na aplicação desses recursos.[160]

É possível destacar que a jurisprudência do Tribunal Contas da União, ao longo dos anos, foi no sentido de que "a sua jurisdição alcançaria o particular por força da responsabilidade solidária que se estabelece com o agente público".[161]

Porém, desde o Acórdão paradigmático n. 946/2013-Plenário, restou consignado que "o agente particular que tenha dado causa a um dano ao erário está sujeito à jurisdição desta Corte de Contas, independentemente de ter atuado em conjunto com agente da Administração Pública, conforme o a artigo 71, inciso II, da Constituição Federal", cabendo ao Tribunal Contas da União delimitar as situações em que os particulares estarão sujeitos à sua jurisdição, segundo do voto do ministro Benjamin Zymler, que foi o relator.[162]

> 54. Desse modo, é assente que a parte final do inciso II do art. 71 da Constituição Federal alcança os agentes particulares, os quais terão de prestar contas e serão sujeitos à jurisdição do TCU, caso deem causa à perda, extravio ou outra irregularidade de que resulte prejuízo ao erário público. 55. Dito isso, passo a examinar a necessidade de se configurar a responsabilidade solidária de agente público para a responsabilização

---

160 BRASIL. TCU. Plenário. *Acórdão n. 2386/2014*. Disponível em: https://contas.tcu.gov.br/pesquisaJurisprudencia/#/detalhamento/13/privado/%20/DTRELEVANCIA%0desc/false/1. Acessado em: 17.11.2023.

161 ALMEIDA, Reuder Rodrigues Madureira de. "Responsabilização de entidades articulares perante as cortes de contas pela ocorrência de dano ao erário". *Revista TCEMG*, Belo Horizonte, vol. 35, nº 1, jan./jun. 2017, p. 113.

162 ALMEIDA, Reuder Rodrigues Madureira de. "Responsabilização de entidades articulares perante as cortes de contas pela ocorrência de dano ao erário". *Revista TCEMG*, Belo Horizonte, vol. 35, nº 1, jan./jun. 2017, p. 111.

> de empresa privada causadora de dano aos cofres da União. 56. Acerca do assunto, sou da opinião que a leitura do art. 71, inciso II, da Constituição Federal não permite a conclusão de que a condenação em débito daquele que der causa a prejuízo ao erário público somente ocorrerá se houve a condenação solidária de agente público. Nesse sentido, entendo que o dispositivo definiu dois espaços de atuação distintos da competência do Tribunal de julgar contas: a dos agentes que exercem múnus público e de qualquer pessoa que deu causa a um dano ao erário.
>
> (...)
>
> 69. Em suma, pode-se concluir que, quando a norma determina que cabe ao TCU "fixar responsabilidade solidária do agente público que praticou o ato irregular e do terceiro que, como contratante ou parte interessada na prática do mesmo ato, de qualquer modo haja concorrido para o cometimento do dano apurado", ela está a firmar o procedimento a ser adotado quando houver fundamentos jurídicos para a fixação da solidariedade. Não se vislumbra aqui, repito, qualquer limitação ao alcance de jurisdição, no sentido de que terceiros que tenham lesado o erário sem a coparticipação de agentes públicos não se submetem a esta Corte de Contas. 70 Como consequência dessas considerações, não haveria que se falar em incompatibilidade entre esse dispositivo legal e a Constituição Federal (TCU. Plenário. Acórdão n. 946/2013, Min. relator Benjamin Zymler).

O Tribunal de Contas da União, por outro lado, já afirmou que, se o vínculo entre a Administração Pública e o particular derivar de um contrato, é prioritariamente a responsabilidade da pessoa jurídica contratada, uma vez ela que se obrigou perante o Estado,

> não podendo atribuir a obrigação de indenizar pessoas físicas que assinaram o termo contratual ou praticaram atos relacionados à avença na condição de representantes da contratada; salvo em hipóteses excepcionais relativas a conluios, abuso de direito ou prática de atos ilegais ou contrários às normas

constitutivas ou aos regulamentares da entidade contratada, situações em que se aplica a desconsideração da personalidade jurídica para alcançar sócios ou administradores.[163]

Nos termos do voto do Ministro relator Benjamin Zymler:

> 34. Desse modo, quando o vínculo Estado/particular deriva de um contrato entende-se que a responsabilidade civil é prioritariamente da pessoa jurídica contratada, por ter sido ela que se obrigou perante o Estado. Assim, em linha de consonância com a jurisprudência deste Tribunal (vide Acórdãos 1.830/2006 e 1.693/2003, ambos do Plenário), propõe-se o acolhimento parcial desta preliminar para excluir a responsabilização da [responsável] relativamente às irregularidades detectadas na execução dos Contratos (...). (...) 36. Sobre o tema, cumpre ressaltar o entendimento desta Corte de Contas que, por meio do Acórdão 2.763/2011-Plenário, julgou incidente de uniformização de jurisprudência e pacificou a tese de responsabilidade solidária da pessoa jurídica de direito privado e do dirigente da entidade quando houver dano ao erário na execução de convênios custeados com recursos públicos federais. Trata-se de hipótese em que incide o art. 70, parágrafo único, da Constituição Federal, na medida em que a ex-presidente da [empresa] administrou recursos repassados à entidade, assumindo, com isso, a responsabilidade pela correta execução do objeto pactuado. Portanto, mantenho a responsabilidade da [responsável] quanto às ocorrências do Convênio (...). (TCU. Acórdão n. 934/2017-Primeira Câmara / Min. relator Benjamin Zymler).

Pode-se constatar que o Tribunal de Contas da União tem se manifestado, reiteradamente, no sentido de que

---

163 ALMEIDA, Reuder Rodrigues Madureira de. "Responsabilização de entidades articulares perante as cortes de contas pela ocorrência de dano ao erário". *Revista TCEMG*, Belo Horizonte, vol. 35, nº 1, jan./jun. 2017, p. 114.

> a pessoa jurídica de direito privado destinatária de transferências voluntárias de recursos federais feitas com vistas à consecução de uma finalidade pública responde solidariamente com seus administradores pelos danos causados ao erário na aplicação desses recursos.[164]

Pela análise do Acórdão paradigmático n. 946/2013-Plenário, o Tribunal de Contas da União tem o entendimento que o agente particular que tenha causado dano ao erário, nos termos do artigo 71, II, da Constituição Federal de 1988, está sujeito à sua jurisdição, pouco importando ter ou não atuado em conluio com algum agente da Administração Pública.[165]

A ampla gama de competências fiscalizadoras, atreladas constitucionalmente ao Tribunal de Contas da União, em regra, tem encontrado ressonância no Supremo Tribunal Federal, restando consignado o entendimento "que não é a natureza do ente envolvido na relação que permite, ou não, a incidência da atuação da Corte de Contas, mas sim a origem dos recursos envolvidos", nos termos do artigo 71, II, da Constituição Federal de 1988, facultando-se assim aplicar aos responsáveis, havendo "ilegalidade de despesa ou irregularidade de contas, as sanções previstas em lei, que estabelece, entre outras cominações, multa proporcional ao dano causado ao erário".[166]

---

164 ALMEIDA, Reuder Rodrigues Madureira de. "Responsabilização de entidades articulares perante as cortes de contas pela ocorrência de dano ao erário". *Revista TCEMG*, Belo Horizonte, vol. 35, nº 1, jan./jun. 2017, p. 121.

165 ALMEIDA, Reuder Rodrigues Madureira de. "Responsabilização de entidades articulares perante as cortes de contas pela ocorrência de dano ao erário". *Revista TCEMG*, Belo Horizonte, vol. 35, nº 1, jan./jun. 2017, p. 122.

166 ALMEIDA, Reuder Rodrigues Madureira de. "Responsabilização de entidades articulares perante as cortes de contas pela ocorrência de dano ao erário". *Revista TCEMG*, Belo Horizonte, vol. 35, nº 1, jan./jun. 2017, p. 122.

CAPÍTULO III

A REPERCUSSÃO ECONÔMICA E SOCIAL DAS CONTRATAÇÕES PÚBLICAS

3.1 As grandes contratações públicas e a repercussão econômica para o Estado

Nos Estados contemporâneos, especialmente no modelo liberal de democracia, há sempre uma preocupação em combinar direitos fundamentais, inclusão social e livre iniciativa.

Nas modernas gestões administrativas, esta combinação ocorre no equilíbrio entre interesse público e contratos administrativos firmados com os particulares.

É impossível pensar uma gestão pública eficiente, com políticas públicas centradas na inclusão social sem que se leve em consideração a ação dos particulares contratados pela Administração Pública.

Se do lado do administrador público a capacidade de atender às demandas, vindas da sociedade, consorcia-se ao princípio da supremacia do interesse público, é fundamental que esse mesmo gestor tenha vontade e capacidade de modelar a ação dos particulares contratados para que, a legítima busca pelo lucro, fundamento da livre iniciativa não seja um entrave para a concretização de políticas públicas que vão ao encontro da finalidade primeira do Estado, o bem comum.

O fato é que, em regra, cada vez mais as políticas públicas se concretizam por intermédio de particulares contratados, ainda mais no período atual, em que a delegação de serviços públicos na área da cultura, saúde, educação, esporte e lazer, dentre outros estão sendo objeto de diversas modalidades de parcerias entre o poder público e a iniciativa privada, seja por contratos de gestão, no caso das organizações sociais, seja por meio de concessão de serviços públicos, inclusive por meio de Parcerias Públicos-Privadas.

Mesmo em se tratando de outras modalidades de prestação de serviços, com base na legislação que rege as licitações em geral, o fato é que todas essas modalidades incidem, de forma direta, nos objetivos traçados programaticamente pelo administrador público.

É necessário observar que o maior contratante no Brasil é o Estado. Assim, na relação poder público e particulares contratados, é impossível separar a livre concorrência, própria do mercado, dos objetivos traçados pelo poder público.

Nesse aspecto, é possível concluir que a supremacia do interesse público está intimamente relacionada à modelagem administrativa das relações negociais que se formam com os particulares e dos ajustes que com estes são celebrados.

Não basta reconhecer a livre iniciativa/liberdade de mercado como um conceito autônomo da iniciativa privada; no caso dos ajustes firmados com a administração pública, os particulares estarão vinculados aos objetivos traçados pelo administrador público com vistas a melhor atender a necessidade da coletividade.

Esta relação que se forma entre Estado e particulares é de natureza complexa e quase sempre envolverá interesses contraditórios. Na dinâmica entre as demandas propagadas pela administração pública de um lado e, do outro, o interesse das empresas contratadas em maximizar o resultado dos seus investimentos, não há como fugir dos conflitos que permeiam essa relação.

Para proteger o interesse público, é imperioso reconhecer o peso do capital nas relações estabelecidas entre empresa/governo, empresa/sociedade e governo/sociedade. É impossível pensar esta relação sem a ação firme de um controle externo livre e independente.

Consensualidade, controle preventivo – prévio e concomitante –, controle repressivo com aplicação de sanções a agentes públicos e particulares, são ações que interagem com a política de freios e contrapesos, para impedir que a força do poder econômico se sobreponha aos interesses da sociedade.

Os interesses nem sempre convergentes que permeiam a relação público/privada nas contratações públicas, para além de influenciar as diversas modalidades de políticas públicas, historicamente, tem incidência direta no desenvolvimento econômico e social.

Os investimentos públicos em obras de infraestrutura não apenas contribuem para o aumento dos bens de capital do Estado, como também têm efeitos sobre a economia como um todo e em especial no setor privado. Este tipo de despesa é considerado como fundamental para políticas econômicas anticíclicas, aos moldes do modelo econômico keynesiano. Como exemplo, têm-se as práticas do New Deal, grande programa de governo dos Estados Unidos como forma de enfrentamento da crise de 1929 e que tinha, no seu escopo, um conjunto de investimentos em obras de infraestrutura.

Segundo André Rauen e Bianca Paiva:

> Para cumprir o seu papel social nas sociedades capitalistas, os governos devem envolver-se em relações de mercado. Devem empregar pessoas, conceder subsídios, regular as transações e, acima de tudo, adquirir bens e serviços. O principal objetivo desta compra é atender a uma determinada demanda, que pode ser comum, como serviços de limpeza, ou mais sofisticada,

como o envio de um robô a Marte. Nos processos de contratação pública, os governos normalmente tentam uma estratégia "quanto mais barato, melhor". Porém, nem sempre.[167]

As grandes contratações públicas representam um componente fundamental das atividades do Estado, englobando projetos de magnitude significativa que vão desde a construção de infraestruturas até aquisições de serviços essenciais.[168] A alocação de recursos públicos para projetos de grande escala tem o potencial de impulsionar diversos setores econômicos.[169]

O modo como essas contratações são gerenciadas e as ramificações econômicas resultantes desse processo são temas de interesse abrangente, sendo analisados por acadêmicos e profissionais que atuam tanto na administração pública quanto na esfera econômica.

Diferentes instituições públicas e privadas têm interesse em compreender os efeitos econômicos das contratações públicas. Muitas universidades e institutos de pesquisa utilizam como objeto de investigação as contratações públicas.

> Com o total de compras públicas representando cerca de 14% do Produto Interno Bruto (PIB), o governo federal brasileiro é o principal comprador individual da economia nacional; suas compras representam cerca de 8% do PIB brasileiro (Ribeiro et al., 2018). Isso significa que o Brasil tem uma fonte forte e

---

167 RAUEN, André Tortato; PAIVA, Bianca Souza de. "Impacts of public procurement on business R&D efforts: the Brazilian case". IPEA. *Discussion Paper*, 246 Brasília, out. 2019, p. 7.

168 ARROWSMITH, Sue; KUNZLIK, P. *The Law of Public and Utilities Procurement.* 3ª ed. Londres: Sweet & Maxwell, 2019, p. 12.

169 ESTACHE, A.; FOSTER, V. "Time to change gear? The allocation of public investment in Europe". *World Bank Policy Research Working Paper*, (5477), 2010, p. 32.

estável para apoiar a inovação através da economia do lado da demanda.[170]

As grandes contratações públicas desempenham um papel complexo na economia de um país, refletindo a interseção entre desenvolvimento, eficiência e responsabilidade. Com um entendimento aprofundado do impacto econômico dessas contratações, da gestão adequada e da importância do enquadramento legal e da governança, é possível otimizar a contribuição desses projetos para o crescimento sustentável e a prosperidade de uma nação.[171]

Segundo Rauen e Paiva:

> A lógica econômica básica que liga os contratos públicos à inovação privada está relacionada com o facto de que a procura pública de bens e serviços pode apoiar o desenvolvimento e a difusão de inovações através da criação e consolidação de um mercado de consumo para essas inovações. Por outras palavras, através da compra, os governos podem garantir vendas a fornecedores privados inovadores. Como condição para tal, os contratos públicos devem permitir e preferir produtos e serviços novos ou melhorados, ou, segundo Geroski: A inovação ocorre como parte do processo pelo qual as empresas empurram para trás as fronteiras tecnológicas para satisfazer as necessidades dos utilizadores e uma política de aquisições, que expressa claramente uma procura de serviços para além das capacidades atuais.[172]

---

170 RAUEN, André Tortato; PAIVA, Bianca Souza de. "Impacts of public procurement on business R&D efforts: the Brazilian case". IPEA. *Discussion Paper*, 246 Brasília, out. 2019, p. 7.

171 YUKINS, C. R.; SCHOONER, S. L. (Coord.). *Government contract law*: cases and materials. 5ª ed. West Academic Publishing, 2018, p. 43.

172 RAUEN, André Tortato; PAIVA, Bianca Souza de. "Impacts of public procurement on business R&D efforts: the Brazilian case". IPEA. *Discussion Paper*, 246 Brasília, out. 2019, p. 8.

Existem importantes constatações dos efeitos das contratações públicas para o desenvolvimento de um país. Isso fica evidente quando observados relações entre o desenvolvimento sustentável, impactos sobre o Produto Interno Bruto e as despesas com contratações públicas. Os efeitos se traduzem também no que diz respeito a inovações e o desenvolvimento tecnológico. O impacto das contratações públicas sobre a inovação tecnológica é sentido tanto historicamente como atualmente. Para André Rauen e Bianca Paiva:

> O principal pressuposto é que as compras públicas têm o poder de criar procura por inovações. Em geral, isso pode ser feito através da exigência de inovação nas propostas de compra ou na preferência por fornecedores inovadores. Em ambos os casos, o ponto central é que os governos podem estimular a busca pela inovação privada através da criação e/ou consolidação de um mercado para a inovação.[173]

As aquisições, efetuadas pela Administração Pública, são regidas por normas específicas que as diferenciam das transações realizadas pelo setor privado. A legislação estabelece como diretriz a condução de licitações públicas para concretizar tais contratações, o que se mostra indispensável, uma vez que os recursos empregados nestes processos são de origem pública.[174]

O respeito às regras legais para as contratações públicas é uma premissa consolidada no direito administrativo, pelo princípio da legalidade. A legislação de direito administrativo está presente em diferentes leis, inclusive na Constituição Federal de 1988. Uma

173 RAUEN, André Tortato; PAIVA, Bianca Souza de. "Impacts of public procurement on business R&D efforts: the Brazilian case". IPEA. *Discussion Paper*, 246 Brasília, out. 2019, p. 8.

174 FERREIRA, Tiago; SOEIRO, J. Vieira, F.; PERCIANI, M. Vituzzo. "As contratações públicas em tempos de pandemia – uma abordagem sobre estratégia, desafios e dificuldades". *Revista Científica de Pesquisa em Segurança Pública*, 2021, p. 15.

lei primordial para o processo de contratações públicas é a Lei de Licitações e Contratos. Anteriormente o assunto era juridicamente disciplinado pela Lei n. 8.666/1993, porém, recentemente foi aprovada a lei que ficou conhecida como Nova Lei de Licitações e Contratos: a Lei n. 14.133 de 2021. Aspectos relevantes do processo de contratação que devem ser levados em conta são os princípios da Administração Pública: legalidade, impessoalidade, moralidade, publicidade e eficiência e atualmente com a nova legislação de 2021, também as inovações tecnológicas.

A Lei de Licitações e Contratos brasileira, Lei n. 8.666 de 1993, foi uma lei que está intimamente atrelada a aspectos da sociedade brasileira da época da sua promulgação. Cabe destacar que, entre os anos de 1964 e 1985, o Brasil viveu uma ditadura militar. Este regime foi marcado por um conjunto de programas ou planos de governo que objetivaram promover o desenvolvimento econômico e industrial brasileiro. Este período alternou entre a busca de melhores índices econômicos e a falta de instituições democrática e a ausência de participação política. O período do regime civil-militar brasileiro foi claramente um marco autoritário da história política brasileira. Os avanços, em termos de desenvolvimento econômico da época, tiveram um forte protagonismo do Estado sendo marcado por diversas contratações públicas.[175]

Apesar do período do regime da ditadura militar (1964-1985) ser um marco do desenvolvimento industrial e econômico pautado em contratações públicas, o período anterior da história, sobretudo de 1930 em diante, ajuda a compreender e a explicar melhor como se desenvolveu todo este processo.

Conforme Alcides Domingues Leite Junior:

---

175 LEITE JÚNIOR, Alcides Domingues. *Desenvolvimento e mudanças no Estado brasileiro*. 2ª ed. reimp. Florianópolis: Departamento de Ciências da Administração, UFSC, 2012, p. 25.

> Getúlio Vargas organizou o aparelho do Estado seguindo o modelo burocrático weberiano. Neste modelo de departamentalização, proposto por Max Weber, a estrutura administrativa era ocupada por funcionários recrutados via concurso público e promovidos meritocraticamente. Esta foi uma das marcas da profissionalização da administração pública sendo adotada pela maioria dos países desenvolvidos. Sociólogo, historiador e político alemão que, junto com Karl Marx e Émile Durkheim, foi considerado um dos fundadores da sociologia e dos estudos comparados sobre cultura e religião. Para Weber, o núcleo da análise social consistia na interdependência entre religião, economia e sociedade. No Brasil, o início do modelo burocrático ocorreu durante o primeiro período do governo Vargas, por meio de uma linha autoritária-modernizadora. O vácuo, deixado pela política liberal-democrática excludente da Velha República, foi preenchido pela política centralizadora, porém modernizante e includente de Getúlio Vargas, que criou o Ministério do Trabalho, Indústria e Comércio e o Ministério da Educação e Saúde em 1930, a Universidade do Brasil e o Serviço do Patrimônio Histórico Nacional em 1937, além do Instituto Brasileiro de Geografia e Estatística em 1938.[176]

A organização atual do Estado brasileiro tem muito do período conhecido como Era Vargas. Este período é um marco no que diz respeito à modernização do Estado brasileiro e de ruptura com o período da República Velha.

Entre essas mudanças, é possível destacar um novo patamar na relação do capital e o trabalho, como a legalização dos sindicatos e criação do Ministério e da Justiça do Trabalho, criação do IBGE e da Universidade do Brasil, criação de um conjunto de direitos trabalhistas como o salário-mínimo e as férias remuneradas, por

176 LEITE JÚNIOR, Alcides Domingues. *Desenvolvimento e mudanças no Estado brasileiro*. 2ª ed. reimp. Florianópolis: Departamento de Ciências da Administração, UFSC, 2012, pp. 22/23.

exemplo, criação do Código Eleitoral com previsão de voto feminino e secreto, criação de um conjunto de organizações públicas com a finalidade de fomentar o desenvolvimento econômico como a CSN, o BNDE, a Vale do Rio Doce e a Petrobrás.[177]

É possível afirmar que houve uma profissionalização da Administração Pública brasileira. No entanto, não houve uma ruptura drástica com todos os valores herdados de outras formas de organização estatal passadas. O DASP (Departamento Administrativo do Serviço Público), criado em 1938, foi o grande responsável pela implementação desse processo, através do Estatuto dos Funcionários Públicos Civis da União. Algumas inovações como o concurso público, a criação de normas hierárquicas e de condutas e critérios de meritocracia buscavam a profissionalização do quadro de funcionários. A ideia de profissionalização aqui está associada com a burocracia e a criação de um novo modelo de organização estatal que estivesse mais articulado ao momento histórico brasileiro marcado pela industrialização e a urbanização o rompimento com certos padrões gerados no tradicional modelo oligárquico e agrícola.[178]

O período posterior à era Vargas foi marcado pelo governo de Juscelino Kubitschek (1956-1961), com forte crescimento econômico, inflação e industrialização do país.

> Durante o governo de JK o PIB brasileiro cresceu 47,5%, o que correspondia a uma média anual de 8,08%. Contudo, este bom desempenho da economia foi acompanhado de um forte crescimento da inflação e de um descontrole das contas públicas. Diante deste cenário, no final do governo, a inflação anual ultrapassou 30% e o déficit público superou 25% das

---

177 LEITE JÚNIOR, Alcides Domingues. *Desenvolvimento e mudanças no Estado brasileiro*. 2ª ed. reimp. Florianópolis: Departamento de Ciências da Administração, UFSC, 2012, p. 28.

178 LEITE JÚNIOR, Alcides Domingues. *Desenvolvimento e mudanças no Estado brasileiro*. 2ª ed. reimp. Florianópolis: Departamento de Ciências da Administração, UFSC, 2012, p. 31.

> receitas. Além do crescimento econômico, o governo de JK promoveu uma forte mudança na estrutura produtiva do país. No início do governo JK, o setor agropecuário era responsável por 23,5% do PIB e o setor industrial por 25,6% do PIB. Ao fim do governo, a participação do setor industrial no PIB tinha subido para 32,2% e a do setor agropecuário havia recuado para 17,8%. Esses números mostravam que o Brasil passou por um forte processo de industrialização, durante os cinco anos de governo JK.[179]

No governo JK, o plano de metas foi um importante impulsionador do desenvolvimento brasileiro, por meio de um conjunto de obras e contratações públicas.

> No que diz respeito ao planejamento executivo do Plano de Metas alcançamos o sucesso. Contudo no que se refere ao seu financiamento tivemos grandes problemas com o orçamento da União, já que o financiamento dos projetos fora previsto para ser custeado em: 50% pelo orçamento da União, 35% pela iniciativa privada e 15% por meio de agências de crédito governamentais, no entanto, a participação financeira da iniciativa privada foi pequena, deixando para o Estado a responsabilidade pela grande maioria dos recursos despendidos.[180]

O primeiro Presidente do regime militar foi o marechal Humberto de Alencar Castello Branco, inaugurou uma nova fase na condução do Estado brasileiro: limitações às liberdade individuais e coletivas; e adoção do nacional desenvolvimentismo como motor do crescimento industrial do país.

---

179 LEITE JÚNIOR, Alcides Domingues. *Desenvolvimento e mudanças no Estado brasileiro*. 2ª ed. reimp. Florianópolis: Departamento de Ciências da Administração, UFSC, 2012, p. 26.

180 LEITE JÚNIOR, Alcides Domingues. *Desenvolvimento e mudanças no Estado brasileiro*. 2ª ed. reimp. Florianópolis: Departamento de Ciências da Administração, UFSC, 2012, p. 28.

Esse modelo, em que pese ter conseguido auferir algum tipo de crescimento econômico, que alguns classificam como "milagre", não se mostrou sustentável.

Ao final deste período, no início dos anos 1980, o Brasil entrou em uma profunda crise econômica conhecida como Crise da Dívida Externa. Naquele contexto, o país vivia uma situação na qual índices cada vez mais altos de inflação e desemprego conviviam com baixo crescimento econômico. As fontes de recursos externos oriundos dos petrodólares na forma de empréstimos estrangeiros que permitiram o financiamento do II PND não estavam mais disponíveis em um contexto de aumento gradativo das taxas internacionais de juros e diminuição do preço dos bens de exportação. Não bastasse isso, a moeda brasileira vivia uma queda repentina diante das moedas estrangeiras e para agravar a situação o país se viu em um quadro de crise cambial.[181]

O cenário da década de 1980 no Brasil fez com que no país se instalasse um clima de desesperança econômica. Essa situação econômica negativa também foi característica dos demais países da América Latina que se encontravam endividados e sem condições de adquirir novos empréstimos e nem cumprir com as obrigações dos empréstimos feitos anteriormente. Tal quadro fez com que a Comissão Econômica para os países da América Latina cunhasse o termo: década perdida.[182]

Nos anos 1980 o Brasil encontrou o processo de redemocratização, dando fim a um período de 21 anos de ditadura civil-militar. Diversas demandas sociais, antes represadas, passam a fazer parte das reivindicações sociais do povo brasileiro. Movimentos de resistência

---

181 GALINDO, André Galindo da. *A agenda da dívida externa no início do século XXI*: estudo dos casos de Argentina, Brasil e Equador. São Paulo: Universidade de São Paulo, 2020, p. 78. (Tese de Doutorado).

182 GALINDO, André Galindo da. *A agenda da dívida externa no início do século XXI*: estudo dos casos de Argentina, Brasil e Equador. São Paulo: Universidade de São Paulo, 2020, p. 54. (Tese de Doutorado).

à ditadura e que propunham a implementação de políticas públicas, como o movimento contra a carestia, moradia, emprego, previdência, assistência social, reforma agrária e urbana, se proliferaram pelo país.

O processo de acumulação da resistência popular, culminou no movimento denominado de Diretas Já, que teve como marco de ruptura com a ditadura a Assembleia Nacional Constituinte, que se concretizou na promulgação da Constituição Federal de 1988.

Muitos direitos sociais foram garantidos do ponto de vista normativo pela Carta de Política de 1988, também conhecida como Constituição Cidadã.

No entanto, o contexto de ampliação de direitos sociais brasileiros conviveu com uma profunda crise econômica marcada pelo aumento da inflação e do desemprego. Instituições Financeiras Internacionais, como o Clube de Paris, Fundo Monetário Internacional (FMI) e Banco Mundial (BM) indicavam que países latino-americanos, inclusive o Brasil, para sair da crise econômica na qual se encontravam, deveriam aderir a políticas econômicas de ajustes. As políticas de ajuste implicavam em redução das despesas e investimentos públicos e na busca de superávits na balança comercial. Tais práticas foram um marco da popularização das políticas neoliberais no Brasil e na América Latina. Estes ajustes impostos pelo FMI, entre outros, limitaram as possibilidades de contratações públicas por parte dos diferentes níveis de governo.

Outro marco da crítica à capacidade do Estado promover contratações e compras públicas aos moldes das políticas keynesianas que visavam gerar processos econômicos anticíclicos foi o consenso de Washington. Segundo Galindo da Costa:

> Em novembro de 1989, o IIE realizou uma conferência com representantes de oito países latino-americanos: Argentina, Bolívia, BRASIL. Chile, Colômbia, México, Peru e Venezuela. Na ocasião, o economista John Williamson apresentou um documento com dez medidas que deviam nortear a reforma estrutural dos países da América Latina e cujas premissas

> garantiam retomar o crescimento econômico e conter a inflação na região. Esse fato ficou conhecido como Consenso de Washington, já que tinha o apoio de diversas organizações sediadas em Washington: Congresso, Tesouro e governo dos EUA, BID, BM, FED e FMI As dez medidas que compunham o Consenso de Washington baseavam-se em: 1) disciplina fiscal; 2) mudanças nas prioridades de despesas públicas; 3) reforma tributária; 4) liberalização do sistema financeiro e prática de taxas de juros positivas; 5) taxa de câmbio flexível; 6) abertura comercial; 7) liberalização de investimentos estrangeiros; 8) privatização de empresas estatais; 9) desregulação da economia e das relações de trabalho; 10) garantia ao direito de propriedade (BANDEIRA, 2002; PETRY, 2008). A agenda do Consenso de Washington que, de acordo com Amaral (2007), priorizava o controle inflacionário e o equilíbrio fiscal, foi amplamente aplicada nos países latino-americanos durante a década de 1990.[183]

A Constituição Federal de 1988 prevê, no capítulo destinado à Administração Pública, em seu artigo 37, inciso XXI, que a regra para a realização de contratações públicas é a licitação:

> Art. 37. A administração pública direta ou indireta de qualquer dos Poderes da União, dos Estados, do Distrito Federal e dos Municípios obedecerá aos princípios da legalidade, impessoalidade, moralidade, publicidade e eficiência, e também ao seguinte:
>
> (...)
>
> XXI – ressalvados os casos especificados na legislação, as obras, serviços, compras e alienações serão contratados mediante processo de licitação pública que assegure igualdade de condições a todos os concorrentes, com cláusulas que

---

183 GALINDO, André Galindo da. *A agenda da dívida externa no início do século XXI*: estudo dos casos de Argentina, Brasil e Equador. São Paulo: Universidade de São Paulo, 2020, pp. 111/112. (Tese de Doutorado).

> estabeleçam obrigações de pagamento, mantidas as condições efetivas da proposta, nos termos da lei, o qual somente permitirá as exigências de qualificação técnica e econômicas indispensáveis à garantia do cumprimento das obrigações.[184]

A administração pública no Brasil experimentou significativas transformações após a promulgação da Lei n. 8.666, em 1993, que estabeleceu diretrizes para licitações, e com a incorporação das tecnologias de informação e do comércio eletrônico nos procedimentos de aquisição e nas transações entre o governo e seus fornecedores.[185] Algo que a nova lei de licitações pretende lograr em termos de atualização legislativa.

Segundo Fernandes:

> O arcabouço de leis e normas que regulam as compras e contratações públicas tem sido intensamente afetado pelo movimento internacional de transformação e convergência das regras e procedimentos, impulsionado pelo comércio eletrônico, globalização dos mercados e iniciativas de integração econômica e abertura comercial (Arrowsmith & Davies, 1998; Arrowsmith, & Trybus, 2003). No BRASIL. a inovação pontual nos procedimentos e a aplicação da tecnologia nas licitações tem sido o caminho de atualização do marco legal e regulatório, ainda pendente de uma revisão abrangente da Lei n. 8.666/93.[186]

---

184 BRASIL. *Constituição da República Federativa do Brasil de 1988*. Brasília, DF: Presidência da República. [Constituição (1988)]. Disponível em: http://www.planalto.gov.br/ccivil_03/constituicao/constituicao.htm. Acessado em: 23.09.2024.

185 FERNANDES, C. C. C. "Compras públicas no Brasil: tendências de inovação, avanços e dificuldades no período recente". *Administração Pública e Gestão Social*, vol. 11, nº 4, 2019, p. 11.

186 FERNANDES, C. C. C. "Compras públicas no Brasil: tendências de inovação, avanços e dificuldades no período recente". *Administração Pública e Gestão Social*, vol. 11, nº 4, 2019, p. 5.

No início da década de 1990, entre as reivindicações da população estavam aquelas vinculadas a maior participação e transparência pública. Também havia a construção de uma opinião pública de que muitos dos aspectos negativos brasileiros estavam atrelados ao problema da corrupção. Naquele contexto, aconteceram dois eventos importantes que influenciaram profundamente a sociedade brasileira e que criou o clima no qual a opinião pública e as forças políticas nacionais iriam utilizar para patrocinar a aprovação de uma Lei de Licitações e Contratações com regras que evitassem que antigos problemas relacionados a corrupção pudessem acontecer novamente. Tal característica é uma importante evidência de como o mundo do direito e a sociedade estão em direta relação, não sendo adequado imaginar concepções que separem as ciências sociais das ciências jurídicas.

Os escândalos que levaram à aprovação da Lei de Licitações e Contratos foram os casos de corrupção envolvendo o então Presidente eleito Fernando Collor de Mello e um conjunto de parlamentares. O caso de corrupção no qual estavam inseridos os parlamentares, ficou conhecido como os anões do orçamento. Ambos acontecimentos foram marcos da luta por melhores formas de contratações públicas no Brasil.

No caso de Collor, foi dado início a um processo de *impeachment* do então Presidente da República no ano de 1992. O então empresário, Paulo César Farias, tesoureiro da campanha de Collor, foi acusado de fazer parte de um enorme esquema de corrupção que envolvia levantamento de recursos para a campanha e movimentações de dinheiro dos sofres públicas em cifras de bilhões de reais. Em meio a uma profunda crise econômica, inflação e desemprego, iniciou o movimento Fora Collor e fez com que a opinião pública ganhasse força na ideia de que seria necessário regras mais efetivas que evitassem desvios de recursos públicos e casos de corrupção envolvendo governantes brasileiros.

No que diz respeito aos “anões do orçamento”, foi um esquema de corrupção que teve evidência em outubro de 1993. O então economista da Comissão do Orçamento do Congresso, José Carlos Alves dos Santos fez revelações sobre a existência de uma quadrilha de parlamentares. Tais revelações levaram a uma CPI no Congresso Nacional que duraria três meses e que demonstrou um esquema de propinas envolvendo deputados federais que eram membros desta mesma comissão. Ao todo dezoito pessoas foram acusadas. O esquema estava atrelado à compra de cartões de loteria premiados e fez com que o então presidente da Câmara, Ibsen Pinheiro (do PMDB), fosse cassado. Por meio de emendas parlamentares, deputados remetiam dinheiro para entidades filantrópicas ligadas a seus familiares e ganhavam comissões de empreiteiras que tinham contratos com o governo para executar grandes obras públicas. Os deputados recebiam entre 5% e 20% dos valores das obras públicas. O caso envolveu buscas e apreensões e membros da quadrilha estiveram envolvidos até em assassinatos com o intuito de calar testemunhas.

Alguns estudos também apontam o quanto as contratações públicas impactam no desenvolvimento ou implementação de novas tecnologias. Destaque para Fernandes,[187] autor que defende a ideia de que inovação tecnológica e contratações públicas são duas temáticas indissociáveis. Ainda que a literatura econômica *mainstream* aponte que o mercado como o grande impulsionador do desenvolvimento tecnológico nos Estados modernos, a realidade é que o Estado e o setor público como um todo tem exercido um papel extremamente relevante desde os primórdios da era moderna.

O pregão eletrônico é tido como uma importante inovação das contratações públicas, conforme Almeida e Sano:

> Em busca de maior eficiência no processo de compras, o governo federal, influenciado pelas ideias da Nova Gestão Pública (Motta, 2010), instituiu por meio da Lei no 10.520/2002

187 FERNANDES, Ciro Campos Christo. "Compras públicas no Brasil: tendências de inovação, avanços e dificuldades no período recente". *Administração Pública e Gestão Social*, vol. 11, nº 4, 2019, p. 15.

uma nova modalidade de licitação, denominada pregão, conhecido como o leilão às avessas. É uma modalidade de licitação, em que os fornecedores oferecem lances (preços) de forma sucessiva, sagrando-se vencedor aquele que ofertar o menor preço para o bem ou serviço que o Estado necessita adquirir (Carvalho, 2005). A forma eletrônica do pregão foi regulamentada pelo Decreto no 5.450/2005 e, posteriormente, o Decreto no 5.504/2005 tornou obrigatória sua utilização, salvo nos casos de comprovada inviabilidade (BRASIL. 2005). Uma das causas que levariam o pregão a ser um procedimento mais ágil que as demais modalidades é o fato de que há uma inversão das fases de habilitação e aceitação da proposta (Faria et al., 2008; Motta, 2010). Enquanto nas demais modalidades o operador de compras – no caso, a comissão de licitação – deve verificar primeiramente a documentação de todas as empresas candidatas para somente depois verificar todas as propostas das empresas consideradas habilitadas, no pregão ocorre justamente o inverso: somente é analisada a documentação do fornecedor que ofertou o menor preço após uma disputa decrescente de preços. Para atingir esse intento, o pregão eletrônico é desenvolvido com apoio no Sistema Integrado de Administração de Serviços Gerais (Siasg) e comporta duas etapas distintas: a fase interna, que é realizada dentro da organização, e a fase externa, que ocorre por meio do Sistema de Compras Governamentais (SCG), em particular no site Compras Governamentais. Em cada uma dessas fases, uma sequência de procedimentos específicos, definidos de forma genérica pela legislação vigente, influencia diretamente a conclusão do processo de compras. Esses procedimentos foram denominados, para fins desta pesquisa, de "subfases" do Processo Eletrônico de compras.[188]

---

188 ALMEIDA, Alessandro Aníbal Martins de; SANO, Hironobu. "Função compras no setor público: desafios para o alcance da celeridade dos pregões eletrônicos". *Revista de Administração Pública*, vol. 52, nº 1, jan. 2018, p. 90.

Para Fernandes:

> Os sistemas informatizados de apoio aos procedimentos de compra e contratação se desenvolveram e passaram a operar cada vez mais em plataformas abertas à conexão com a internet, para permitir transações com os fornecedores (Neef, 2001). Os sistemas podem potencialmente abranger todo o fluxo das etapas que compõem o ciclo do suprimento (veja seção 2.7), mas as experiências relatadas indicam uma concentração naquelas etapas específicas do processo da licitação stricto sensu, ou seja, oferta e seleção das propostas de compra. A informatização é também uma oportunidade para o redesenho das normas, processos e estruturas organizacionais da área de compras e contratações (Croom & Brandon-Jones, 2005; Moon, 2005; Mccue &Roman, 2012). Nesse sentido, o impacto da implantação dos sistemas informatizados pode ser transformador em relação às práticas tradicionais ou se limitar a melhorias incrementais (MacManus, 2002).[189]

No entanto, até o momento, não ocorreu uma avaliação abrangente dessas alterações, que seja capaz de identificar as tendências de inovação e a amplitude da difusão dessas inovações, especialmente no âmbito dos governos estaduais. Além disso, é crucial identificar os obstáculos, restrições e desafios que estão impedindo avanços nessa esfera, com foco particular no desenvolvimento técnico e na consolidação institucional.

Segundo Fernandes:

> A visão das compras e contratações como uma função da administração pública está baseada na definição sistêmica dos seus componentes e relações como processos interdependentes

189 FERNANDES, Ciro Campos Christo. "Compras públicas no Brasil: tendências de inovação, avanços e dificuldades no período recente". *Administração Pública e Gestão Social*, vol. 11, nº 4, 2019, p. 7.

> que perpassam o conjunto dos órgãos e têm como eixo fundamental o suprimento dos bens e serviços (Thai, 2001; 2009). O ciclo do suprimento é constituído pelas etapas de identificação de necessidades, especificação do produto e do fornecimento, divulgação ao mercado e análise e seleção de propostas, escolha dos fornecedores, negociação de preços e de condições, elaboração e celebração do contrato, recebimento, inspeção e armazenamento dobem, controle de estoques e reposição. No caso de contratos de prestação de serviços, inclui as etapas de gestão dos contratos. O processo do suprimento se completa, necessariamente, com sua articulação externa, junto ao mercado dos fornecedores, na forma dos processos de compra ou contratação de bens e serviços (Tridapalli, Fernandes & Machado, 2011).[190]

As leis e regulamentos que governam as aquisições e contratações públicas têm sido profundamente impactadas pela corrente global de transformação e harmonização das normas e processos, impulsionada pelo avanço do comércio eletrônico, pela expansão dos mercados globais e por esforços de integração econômica e abertura comercial. No contexto brasileiro, a evolução incremental nos procedimentos e a incorporação de tecnologia nas licitações têm servido como estratégia para atualizar o quadro legal e regulatório.

Conforme Fernandes:

> Os fatores de ordem institucional são importantes para analisar a consolidação das compras e contratações públicas sob uma perspectiva mais abrangente, como função da administração pública cuja construção exige o equacionamento de requisitos relacionados com a estrutura organizacional e a inserção dessa área, em termos de sua identidade, espaço de atuação e jurisdição, leis, normas, políticas e procedimentos (Hunja,

---

190 FERNANDES, Ciro Campos Christo. "Compras públicas no Brasil: tendências de inovação, avanços e dificuldades no período recente". *Administração Pública e Gestão Social*, vol. 11, nº 4, 2019, p. 11.

2003). A organização da área na administração federal foi analisada por Fernandes (2014), que identificou uma crônica debilidade em sua trajetória, caracterizada pela ausência de uma estrutura organizacional própria e de uma delimitação precisa e abrangente do seu espaço de atuação.[191]

Apesar dos benefícios potenciais, as grandes contratações públicas também apresentam desafios e riscos. A gestão inadequada desses contratos pode levar a ineficiências, desperdícios de recursos e até mesmo corrupção. Portanto, a transparência no processo de licitação, a concorrência justa e a supervisão rigorosa são cruciais para garantir que os projetos sejam executados de maneira eficiente e que os recursos públicos sejam utilizados da melhor forma possível.

Conforme Fernandes:

> A prospecção, análise e proposição de modelos de gestão das compras públicas e da cadeia de suprimentos que sejam adequados às especificidades do setor público é outra oportuna linha de pesquisa aplicada que emerge como oportunidade, a partir dos resultados do balanço apresentado nesse artigo. Da mesma forma, parece necessária e oportuna a pesquisa sobre a terceirização e seus resultados e a aplicação de abordagens institucionais e organizacionais que se voltem para a área de compras e contratações, na forma de estudos de caso e pesquisa comparada.[192]

Para Almeida e Sano:

---

191 FERNANDES, Ciro Campos Christo. "Compras públicas no Brasil: tendências de inovação, avanços e dificuldades no período recente". *Administração Pública e Gestão Social*, vol. 11, nº 4, 2019, p. 12.

192 FERNANDES, Ciro Campos Christo. "Compras públicas no Brasil: tendências de inovação, avanços e dificuldades no período recente". *Administração Pública e Gestão Social*, vol. 11, nº 4, 2019, p. 14.

> As modalidades de licitação previstas na Lei n. 8.666/1993, que regulamenta as compras governamentais, são reconhecidas pelo excesso de rigidez e elevado controle burocrático, o que acaba por prejudicar a eficiência das compras (Carvalho, 2005). Segundo Rosilho (2011), a Lei Geral de Licitações e Contratos seguiu o caminho da "superlegalização", já que criou procedimentos rígidos e minuciosos reduzindo a discricionariedade do operador de compras na tentativa de melhor contratar a aquisição de bens e serviços.[193]

O Brasil participa das discussões sobre a necessidade de inovações na esfera das contratações públicas, e uma das mais recentes medidas legislativas que introduziu mudanças substanciais nesse campo foi a Lei n. 12.462/2011. Esta Lei estabeleceu o Regime Diferenciado de Contratações Públicas (RDC), o qual trouxe diversas disposições que se diferenciam do Regime Geral de Licitações, estabelecido pela Lei n. 8.666 de 1993.[194]

Nos dias atuais, um tema que está recebendo considerável atenção no âmbito da administração pública é o problema da corrupção nas aquisições governamentais, como um exemplo relevante.[195]

A corrupção representa um desafio complexo, cujas raízes podem ser atribuídas a diversas causas interligadas. Elementos como a herança histórica do modelo colonial adotado, fatores culturais, lacunas morais e inclinações antropológicas, entre outros, contribuem

---

193 ALMEIDA, Alessandro Aníbal Martins de; SANO, Hironobu. "Função compras no setor público: desafios para o alcance da celeridade dos pregões eletrônicos". *Revista de Administração Pública*, vol. 52, nº 1, jan. 2018, p. 90.

194 SALES, Pedro Carneiro. "Regime diferenciado de contratações públicas e contratação por resultados no Brasil". *Revista Digital de Direito Administrativo*, vol. 6, nº 1, fev. 2019, p. 13.

195 AGUIAR DE CARVALHO, V. "Corrupção nas contratações públicas: dois instrumentos analíticos para a detecção de indevidos incentivos". *Revista Eletrônica da PGE-RJ*, vol. 1, nº 2, 9 jun. 2018, p. 6.

para esse cenário multifacetado. É provável que as interpretações provenientes de tais perspectivas, se bem estruturadas, se mostrem razoáveis e contenham um certo grau de capacidade explicativa para esse fenômeno.[196]

O propósito da Administração Pública no âmbito das licitações é fomentar a competição entre os envolvidos, com o objetivo de adquirir ou contratar obras, bens ou serviços necessários sob as condições mais vantajosas possíveis. Por outro lado, os agentes privados têm um interesse imediato diferente: obter o contrato com o menor ônus para si. É precisamente nesse choque de interesses entre a Administração e os indivíduos privados que surgem os estímulos à corrupção. Os agentes públicos podem identificar oportunidades para favorecer determinados proponentes em troca de ganhos pessoais.[197]

Diante da frequência e do impacto significativo dos casos de corrupção nas aquisições públicas do país, é uma hipótese sólida considerar que existem no cenário institucional e regulatório nacional incentivos ou condições propícias para o surgimento desses incidentes. No entanto, o sistema legal, por si só, não parece dispor de todos os meios essenciais para identificar e corrigir tais estímulos. Portanto, a exploração das ferramentas econômicas por meio da abordagem conhecida como Análise Econômica do Direito se mostra uma abordagem adequada.[198]

---

196 AGUIAR DE CARVALHO, V. "Corrupção nas contratações públicas: dois instrumentos analíticos para a detecção de indevidos incentivos". *Revista Eletrônica da PGE-RJ*, vol. 1, nº 2, 9 jun. 2018, p. 15.

197 AGUIAR DE CARVALHO, Victor. "Corrupção nas contratações públicas: dois instrumentos analíticos para a detecção de indevidos incentivos". *Revista Eletrônica da PGE-RJ*, vol. 1, nº 2, 9 jun. 2018, p. 12.

198 AGUIAR DE CARVALHO, Victor. "Corrupção nas contratações públicas: dois instrumentos analíticos para a detecção de indevidos incentivos". *Revista Eletrônica da PGE-RJ*, vol. 1, nº 2, 9 jun. 2018, p. 4.

A aplicação da Análise Econômica do Direito revela-se um recurso vital para detectar, no âmbito legal, os dispositivos que fomentam incentivos à corrupção. A ligação entre esses elementos surge de forma evidente, uma vez que o próprio conceito de "incentivo" deriva de terminologia econômica.

Conforme destacado por Maria Tereza Leopardi Mello, em um artigo sobre a abordagem interdisciplinar de pesquisa entre Direito e Economia, a análise econômica do Direito sustenta que as normas jurídicas constituem uma parte do sistema de estímulos que molda as escolhas e ações dos indivíduos. Portanto, alterar esses estímulos resulta em impactos tangíveis no mundo real. Isso é evidenciado da seguinte maneira:

> (...) se o economista considera a norma jurídica como parte de um sistema de incentivos (uma das proposições básicas da AED), é necessário saber quais são – de fato – esses incentivos (constituído de um conjunto de elementos jurídicos institucionais). (...) O passo seguinte será saber como esses incentivos operam e quais os mecanismos que fazem com que as normas jurídicas afetem as ações humanas reais – decisões dos agentes privados, decisões das autoridades, decisões relativas às formas de organização adotadas etc.
>
> Dependendo de se e como as normas afetam decisões/comportamentos, elas podem provocar efeitos no 'mundo real'; procura-se, neste ponto, identificar uma relação causal (entre norma, comportamento e resultados) e, nesse aspecto, a pesquisa pode se beneficiar do instrumental existente para análise e avaliação de políticas públicas.[199]

199 MELLO, Maria Teresa Leopardi. "O direito, a pesquisa empírica e a economia". *In*: PORTO, Antônio Maristrello; SAMPAIO, Patrícia (Coord.). *Direito e Economia em dois mundos*: doutrina jurídica e pesquisa empírica. Rio de Janeiro: FGV, 2014, pp. 152/153.

Entretanto, é necessário fazer uma ressalva. A abordagem da Análise Econômica do Direito em relação à corrupção não deve ser conduzida de maneira extremista. Não é adequado considerar que atos corruptos relacionados a atividades de interesse público possam ser interpretados unicamente através da lente da lógica econômica de precificação. Adotar essa perspectiva levaria a considerar como eficiente a alocação de recursos estatais em favor daqueles dispostos a pagar mais por eles, independentemente da natureza ilícita do pagamento.

Para Rose-Ackerman:

> Corruption is pervasive, damaging, and difficult to control. In some parts of the world it still takes courage to investigate and reveal corruption, especially when it goes along with organized crime influence or with authoritarian rulers. We searched for recent heroes in the fight against corruption, and it was a depressing list, with many of the most courageous and outspoken either paying with their lives or forced into exile. Immersed in the neutral language of economics, it can be easy to forget the real danger facing those who investigate corruption in major infrastructure projects, in privatization deals, in the regulation of public utilities, and in the provision of basic services to ordinary people and small enterprises. Even when physical threats are not present, investigating corruption as a law enforcement matter is diffi cult and time consuming. In less than transparent and honest systems, a corrupt crackdown can be used as a tool against one's enemies and political rivals. Anti- corruption movements are always unpopular with someone, so that activists may be targeted and accused of corruption themselves in a bid to silence them.[200][201]

---

200 ROSE-ACKERMAN, Susan. "Introduction and overview". *In*: ______ (Coord.). *International Handbook on the Economics of Corruption*. Cheltenham: Edward Elgar Publishing Limited, 2006, p. 20.

201 Em tradução livre do autor: A corrupção é generalizada, prejudicial e difícil de controlar. Em algumas partes do mundo ainda é preciso

Historicamente, as contratações públicas têm repercutido de forma incisiva nos rumos do Estado brasileiro. O curso do desenvolvimento econômico do país está intimamente ligado aos tipos de contratações priorizadas pelo Estado brasileiro.

O planejamento estatal caminha em duas vias. De um lado, o incentivo aos particulares por meio de políticas econômicas que propiciem a ampliação do mercado, dentro e fora do país; de outro, o principal contratante, o Estado, deve instrumentalizar os contratos públicos de forma a contribuir para o desenvolvimento social e econômico.

Assegurar que as contratações públicas cumpram com sua função social implica em torná-las mais efetivas na concretização de políticas públicas exitosas, para além do desenvolvimento econômico em si, nas áreas de saúde, educação, habitação, segurança pública etc.

O grande desafio no que se refere aos ajustes firmados entre Estado e particulares, é impedir a captura do Estado pelo capital; até porque o Estado não é uma abstração, ele se concretiza na ação dos seus agentes.

---

coragem para investigar e revelar a corrupção, especialmente quando esta acompanha a influência do crime organizado ou de governantes autoritários. Procurámos heróis recentes na luta contra a corrupção e era uma lista deprimente, com muitos dos mais corajosos e francos a pagar com as suas vidas ou forçados ao exílio. Imersos na linguagem neutra da economia, pode ser fácil esquecer o perigo real que enfrentam aqueles que investigam a corrupção em grandes projectos de infra-estruturas, em acordos de privatização, na regulação de serviços públicos e na prestação de serviços básicos a pessoas comuns e pequenas empresas. empreendimentos. Mesmo quando não existem ameaças físicas, investigar a corrupção como uma questão de aplicação da lei é difícil e demorado. Em sistemas pouco transparentes e honestos, uma repressão corrupta pode ser usada como uma ferramenta contra os inimigos e rivais políticos. Os movimentos anticorrupção são sempre impopulares para alguém, pelo que os próprios activistas podem ser alvo e acusados de corrupção numa tentativa de os silenciar.

Os dados e argumentos desenvolvidos neste item levam à conclusão de que: (i) é preciso assegurar que na relação contratual público-privada o interesse público seja preservado; (ii) transparência dos atos administrativos como forma de impedir a influência econômica indevida dos particulares nas decisões do poder público; (iii) potencializar os investimentos públicos, por intermédio das parcerias, sem prejudicar o interesse da coletividade; (iv) potencializar o desenvolvimento econômico por intermédio dos particulares e, por fim, (v) o combate implacável à corrupção.

Nesse sentido, em relação aos aspectos acima elencados, a existência de um controle externo forte e autônomo é determinante para assegurar uma relação equilibrada entre poder público e empresas contratadas, bem como para garantir que a supremacia do interesse público seja resguardada.

3.2 A repercussão social das grandes contratações públicas

A repercussão social das grandes contratações públicas desperta um interesse cada vez maior, já que essas transações não só repercutem na economia e na eficiência do governo, mas também acarretam implicações profundas para a sociedade como um todo. Essas repercussões variam, podendo assumir um caráter positivo quando as contratações são conduzidas com transparência e eficácia, ou um aspecto negativo quando se deparam com práticas corruptas, favorecimento injusto ou alocação inadequada de recursos.[202]

A importância da repercussão social das grandes contratações públicas não pode ser subestimada, pois essas transações não apenas moldam o cenário econômico e administrativo, mas também têm um impacto profundo na sociedade em seu conjunto. A forma como

---

202 YUKINS, C. "Procurement and Public Management: The Fear of Discretion and the Quality of Governance". *Public Administration Review*, vol. 61, nº 3, 2001, p. 10.

essas contratações são conduzidas e percebidas pode desencadear uma série de consequências que se estendem muito além das considerações financeiras e técnicas envolvidas.

A transparência e a eficiência das grandes contratações públicas podem gerar efeitos positivos substanciais para a sociedade. Quando os processos de aquisição são realizados de maneira aberta e equitativa, a confiança nas instituições governamentais é reforçada. A sociedade percebe que os recursos públicos estão sendo utilizados de maneira responsável e em benefício de todos. Isso fortalece a coesão social e a aceitação das políticas públicas, criando um ambiente propício para o desenvolvimento sustentável.

Por outro lado, a falta de transparência, a corrupção e o favorecimento indevido nas contratações públicas resultam, necessariamente, em repercussões sociais negativas significativas. A sociedade pode perder a confiança nas instituições governamentais, levando a um sentimento de injustiça e desigualdade. Além disso, a alocação inadequada de recursos pode prejudicar áreas prioritárias, como saúde, educação e infraestrutura, afetando, diretamente, a qualidade de vida dos cidadãos.

A forma como as grandes contratações públicas são conduzidas e percebidas têm um impacto direto na coesão social, na confiança nas instituições e no desenvolvimento geral de uma nação. Compreender e abordar as repercussões sociais dessas transações é crucial para promover uma governança transparente, justa e responsável, garantindo o bem-estar de todos os membros da sociedade.

Em sua análise sobre a relação entre corrupção e eficácia do governo, Yukins enfatiza que a falta de transparência nas contratações públicas pode corroer a confiança da população nas instituições governamentais, minando a qualidade da governança.[203] Stafford

---

203 YUKINS, C. "Procurement and Public Management: The Fear of Discretion and the Quality of Governance". *Public Administration Review*, vol. 61, nº 3, 2001.

explora os efeitos da corrupção em nível empresarial, ressaltando como práticas corruptas nas contratações podem distorcer o mercado, prejudicar a concorrência justa e comprometer a eficiência econômica.[204]

A dimensão social das grandes contratações públicas transcende seu âmbito econômico e administrativo, repercutindo na confiança da população nas instituições, na saúde da economia, na justiça das transações comerciais e no bem-estar geral. A compreensão dessas repercussões é vital para informar políticas que promovam a transparência, a integridade e o benefício coletivo em tais transações.

As repercussões sociais das grandes contratações públicas estão intrinsecamente ligadas a uma série de desafios complexos, que abrangem desde a transparência até a alocação de recursos de maneira justa e eficiente. Esses desafios não apenas afetam a percepção pública sobre o governo, mas também influenciam o desenvolvimento equitativo e a confiança nas instituições.

A autora Susan Rose-Ackerman[205] ressalta a importância da transparência nas grandes contratações públicas. A falta de informações acessíveis ao público pode criar um ambiente propício para o surgimento de suspeitas e dúvidas sobre a integridade do processo.

A reflexão sobre a repercussão social das grandes contratações públicas revela desafios multifacetados que transcendem o âmbito econômico, permeando o tecido social e institucional. Autores proeminentes têm se dedicado a explorar esses desafios de maneira aprofundada, enriquecendo nosso entendimento da complexidade envolvida.

Ademais, a falta de transparência nas contratações públicas pode minar a confiança da população nas instituições governamentais,

---

204 STAFFORD, S. L. "The Impact of Corruption on Firm-Level Outcomes". *Economics & Politics*, nº 22, vol. 1, 2010, p. 7.

205 ROSE-ACKERMAN, S. *Corruption and Government*: Causes, Consequences, and Reform. Cambridge University Press, 1999.

erodindo a base de apoio para a administração pública. A transparência, portanto, surge como um desafio crítico na busca por contratações mais equitativas e confiáveis.

A autora Tina Søreide[206] contribui ao enfatizar que a corrupção nas contratações públicas não apenas compromete a eficiência econômica, mas também mina a coesão social, minando a confiança dos cidadãos nas instituições governamentais. A corrupção se apresenta como um obstáculo à busca por uma sociedade justa e transparente.

A alocação inadequada de recursos em contratações públicas pode gerar descontentamento público e comprometer a eficácia dos serviços essenciais, como educação e saúde. A alocação correta dos recursos emerge como um desafio crucial para garantir o bem-estar da população.[207]

A gestão de contratações públicas na área de infraestrutura demanda um equilíbrio delicado entre eficiência e impacto social, visto que decisões mal planejadas podem afetar diretamente a qualidade de vida da população. A complexidade das contratações públicas em infraestrutura é uma consideração relevante para abordar os desafios com sucesso.[208]

As reflexões desses autores iluminam os desafios inerentes à repercussão social das grandes contratações públicas, enfatizando a importância de abordagens cuidadosas e políticas sólidas para garantir que essas transações beneficiem a sociedade em sua totalidade.

---

206 SØREIDE, T. "Corruption in Public Procurement". *In*: ROSE-ACKERMAN, Susan; SØREIDE, Tina (Coord.). *International Handbook on the Economics of Corruption*. Edward Elgar Publishing, 2009, p. 13.

207 FAZEKAS, M. "Grand corruption in public procurement markets". *Crime, Law and Social Change*, vol. 71, nº 3, 2019, p. 16.

208 ESTACHE, A. "Infrastructure privatization and changes in corruption patterns: the roots of public discontent". *Utilities Policy*, vol. 14, nº 2, 2006, p. 9.

Outro aspecto relevante das contratações públicas no que diz respeito às suas repercussões sociais, está atrelado ao campo da sustentabilidade:

> No Brasil já são registradas algumas ações no sentido de constituir um sistema de CPS. Nesse sentido, citam-se a publicação da quinta edição da Agenda Ambiental na Administração Pública A3P, em 2009, na qual foi inserido um eixo temático específico sobre licitações sustentáveis; a elaboração de um Guia de Compras Sustentáveis pelo Ministério do Planejamento, Orçamento e Gestão (MPOG); a expedição da Instrução Normativa (IN) no 1, de 19 de janeiro de 2010, dispondo sobre os critérios de sustentabilidade ambiental na aquisição de bens, contratação de serviços ou obras pela administração pública federal direta, autárquica e fundacional; e a construção, desde 2007, do denominado Plano de Ação para Produção e Consumo Sustentáveis (PPCS), que consiste em uma política pública alinhada às ações do Processo de Marrakech, visando fomentar no Brasil a adoção de padrões de produção e consumo sustentáveis.[209]

O mundo vive uma grande contradição que é inerente ao próprio sistema capitalista. A economia depende de um aumento crescente de escala no consumo, mas isso traz efeitos deletérios ao meio ambiente e à própria sociedade. Aumentam as vozes na sociedade que reivindicam maior responsabilidade social, ambiental e sustentabilidade, mas isso contradiz a própria essência de um sistema econômico pautado em níveis crescentes de produção e consumo. Tais práticas têm se desenvolvido desde o início da industrialização, ainda no século XVIII, sendo as sociedades ocidentais modernas

---

209 ALENCASTRO, Maria Alice Cruz; SILVA, Edson Vicente da; LOPES, Ana Maria D'Ávila. "Contratações sustentáveis na administração pública brasileira: a experiência do Poder Executivo federal". *Revista de Administração Pública*, Rio de Janeiro, vol. 48, nº 1, 2014, p. 210. Disponível em: https://periodicos.fgv.br/rap/article/view/16072. Acessado em: 13.09.2023.

o grande marco destes padrões de produção e consumo. O que se habituou chamar como era do descartável, representa também toda uma cultura amplamente difundida de desperdício e pautada na promoção de bens de consumo que em sua essência são supérfluos e desnecessários.[210]

Há uma ampla literatura que demonstra como os níveis de exploração de recursos naturais no planeta terra alcançaram uma capacidade muito superior ao que é possível aguentar os ecossistemas. Entre as consequências deste *modus operandi*, estão: as mudanças climáticas, a poluição de rios e mares, o desaparecimento de espécies de fauna e flora e diversos distúrbios ambientais e meteorológicos. Apesar do debate em torno da sustentabilidade ter se tornado mais frutífero na década de 1970, foi em 1990, sobretudo depois da Conferência das Nações Unidas sobre o Meio Ambiente e o Desenvolvimento de 1992 (Rio-92), que a questão da sustentabilidade se tornou muito mais marcante na pauta política internacional e brasileira. Surgem, então, termos como consumo sustentável, consumo consciente ou consumo responsável, para denominar o uso de bens e serviços para o atendimento das necessidades básicas e a melhoria da qualidade de vida humana, mas que, ao mesmo tempo, seja ambientalmente menos impactante, de forma a não comprometer o atendimento das necessidades das gerações futuras.

> No cenário internacional, a Agenda 21 Global registra, em seu capítulo 4, que "a principal causa da contínua deterioração do meio ambiente global são os padrões insustentáveis de produção e consumo", tendo conclamado as autoridades públicas a implementarem políticas e critérios de contratação capazes de favorecer a produção de bens e serviços ambientalmente

---

210 ALENCASTRO, Maria Alice Cruz; SILVA, Edson Vicente da; LOPES, Ana Maria D'Ávila. "Contratações sustentáveis na administração pública brasileira: a experiência do Poder Executivo federal". *Revista de Administração Pública*, Rio de Janeiro, vol. 48, nº 1, 2014, p. 208. Disponível em: https://periodicos.fgv.br/rap/article/view/16072. Acessado em: 13.09.2023.

> sustentáveis (ONU, 1992). Assim, se, inicialmente, a figura do consumidor foi precipuamente associada ao indivíduo, a ampliação do tema resultou na percepção de que as instituições, públicas e privadas, também são consumidoras expressivas de bens e serviços, podendo, em alguns casos, apresentar níveis de consumo bem mais significativos do que as pessoas físicas (Portilho e Russo, 2008).[211]

No continente europeu, as compras do governo correspondem 19% de todo o Produto Interno Bruto da União Europeia, o que representa 50% do PIB da maior economia da Europa: a Alemanha. As contratações de bens e serviços por órgãos públicos e pela administração pública brasileira corresponde a 10% do PIB do país. Tais dados reforçam a importância das compras governamentais para a economia, sendo os atores governamentais importantes consumidores de produtos e serviços. Nesse contexto, alguns países têm desenvolvido técnicas e regras específicas para a contratação pública atrelada à gestão ambiental e à sustentabilidade. Exemplo disso são as contratações públicas sustentáveis (CPS), as quais no Brasil tem recebido a denominação de licitações sustentáveis.

> As CPS têm sido apontadas como um relevante instrumento de gestão ambiental nos órgãos governamentais, haja vista objetivarem inserir critérios de sustentabilidade nos procedimentos destinados a adquirir bens e contratar serviços, além de estimular os governos a adotarem comportamentos que usualmente são exigidos de particulares e de pessoas jurídicas de direito privado, melhorando a imagem da autoridade pública. As CPS possuem, ainda, a capacidade de estimular o mercado "verde", levando empresas a inserirem

211 ALENCASTRO, Maria Alice Cruz; SILVA, Edson Vicente da; LOPES, Ana Maria D'Ávila. "Contratações sustentáveis na administração pública brasileira: a experiência do Poder Executivo federal". *Revista de Administração Pública*, Rio de Janeiro, vol. 48, nº 1, 2014, p. 208. Disponível em: https://periodicos.fgv.br/rap/article/view/16072. Acessado em: 13.09.2023.

> práticas sustentáveis nos seus processos produtivos, visando à chancela de selos, rotulagens e certificações "verdes" A maioria dos países desenvolvidos já instituiu procedimentos e instrumentos voltados para a implementação das CPS, dando ênfase especial aos aspectos ambientais através da aquisição de materiais reciclados, de materiais cujo processo de fabricação leve em conta critérios de sustentabilidade, de produtos que promovem menor consumo de energia, dentre outros. Áustria, Dinamarca, Finlândia, Alemanha, Holanda, Suécia e Reino Unido foram caracterizados, em 2007, como países "profundamente verdes" em termos de contratações públicas (Stevens, 210).[212]

No Brasil, existem iniciativas importantes no intuito de se construir um sistema CPS. Na quinta edição da Agenda Ambiental na Administração Pública A3P, em 2009, foi incluído um eixo temático sobre licitações sustentáveis. Também foi criado um guia de compras sustentáveis pelo Ministério do Planejamento, Orçamento e Gestão. Foi expedida a Instrução Normativa n. 1, de 19 de janeiro de 2010, que dispõe sobre os critérios de sustentabilidade ambiental na aquisição de bens, contratação de serviços ou obras pela administração pública federal autárquica e fundacional. Desde 2007, vem se constituindo o Plano de Ação para Produção e Consumo Sustentáveis que busca gerar uma política pública que enquadre o Brasil em padrões de desenvolvimento, produção e consumo sustentável.

A Secretaria de Logística e Tecnologia da Informação desenvolveu um sistema informatizado de compras com um catálogo de produtos sustentáveis. Este catálogo pode ser utilizado por diversos órgãos públicos e não apenas pelo governo federal. Muitos governos

---

212 ALENCASTRO, Maria Alice Cruz; SILVA, Edson Vicente da; LOPES, Ana Maria D'Ávila. "Contratações sustentáveis na administração pública brasileira: a experiência do Poder Executivo federal". *Revista de Administração Pública*, Rio de Janeiro, vol. 48, nº 1, 2014, p. 209. Disponível em: https://periodicos.fgv.br/rap/article/view/16072. Acessado em: 13.09.2023.

municipais e estaduais utilizam os critérios e especificações de sustentabilidade deste catálogo em seus editais de licitação.

A defesa das pautas ambientais teve um desenvolvimento superior nos debates sobre os padrões de consumo nas sociedades ocidentais industriais. Na década de 1990, há ascensão do debate ambiental, tendo como marco a conferência Rio-92. Aquele contexto permitiu uma maior proximidade do debate ambiental sobre os impactos causados pelos padrões de consumo, o que permitiu que toda a discussão não se pautasse apenas nos impactos ambientais resultantes da produção industrial.

> A percepção da relação existente entre o consumo de produtos e serviços e o impacto do uso dos recursos naturais nos processos produtivos é apontada por Portilho e Russo (2008) como reflexo de um processo mais amplo de "ambientalização", em que diversos segmentos da sociedade incorporaram e ressignificaram o ideário ambientalista. Assim, os problemas ambientais decorrentes da sobre-exploração dos recursos naturais impulsionaram os debates sobre os padrões de consumo, resultando no nascimento de expressões como "consumo verde" e "consumo sustentável".[213]

Tais avanços permitiram um maior avanço em torno da questão da sustentabilidade e a ascensão da ideia de um consumo verde. O conceito de consumo verde está muito atrelado à concepção de se utilizar apenas critérios de sustentabilidade ambiental na escolha dos produtos a serem consumidos. Tais práticas estão vinculadas a uma preocupação exclusiva nos da repercussão dos processos de fabricação e na eliminação dos impactos causados pelo consumo no meio

---

213 ALENCASTRO, Maria Alice Cruz; SILVA, Edson Vicente da; LOPES, Ana Maria D'Ávila. "Contratações sustentáveis na administração pública brasileira: a experiência do Poder Executivo federal". *Revista de Administração Pública*, Rio de Janeiro, vol. 48, nº 1, 2014, p. 210. Disponível em: https://periodicos.fgv.br/rap/article/view/16072. Acessado em: 13.09.2023.

ambiente. Em 1994, aconteceu o Simpósio de Oslo sobre Produção e Consumo Sustentável, no qual foi definido o consumo sustentável como: o uso de bens e serviços que respondem às necessidades básicas e proporcionam uma melhor qualidade de vida, e ao mesmo tempo minimizam o uso de recursos naturais, materiais tóxicos e emissão de rejeitos e poluentes em seu ciclo de vida, de forma a não comprometer as necessidades das gerações futuras.

O consumo é considerado como sustentável sempre que promove maior satisfação das necessidades básicas e o desenvolvimento dos potenciais humanos, sem comprometer a capacidade de suporte dos ecossistemas. Nesse sentido, prestou uma enorme contribuição o documento do Programa das Nações Unidas para o Meio ambiente (PNUMA), cujo título é Rumo ao consumo sustentável na América Latina e Caribe. Tal documento permitiu a consolidação dos conceitos de consumo sustentável com o de desenvolvimento sustentável, algo intimamente atrelado ao Relatório de Brundtland de 1987. Desenvolvimento sustentável transforma-se em um conceito central para diversas organizações públicas e privadas e viria a influenciar as concepções mais contemporâneas de contratações públicas, ainda que tenham existido diferentes concepções deste mesmo conceito.

> Visando contribuir com o debate e destacar o processo de formação dessa expressão, Veiga (2005) promove uma fragmentação do vocábulo desenvolvimento sustentável para, então, analisar seu significado. Nesse sentido, o autor afirma que a expressão "desenvolvimento" passou a ser utilizada em oposição ao modelo de crescimento econômico consolidado a partir da Revolução Industrial, voltado apenas para o aumento da produtividade e da renda *per capita*, sem considerar outros fatores como os de ordem social e ambiental. Assim, Veiga (2005) caracteriza o "desenvolvimento", em sentido amplo, como uma mudança qualitativa significativa, que geralmente acontece de forma cumulativa. No contexto histórico em que surgiu, a ideia de desenvolvimento implica a expiação e a reparação de desigualdades passadas, criando uma conexão capaz de preencher o abismo civilizatório entre as antigas

> nações metropolitanas e sua antiga periferia colonial, entre as minorias ricas modernizadas e a maioria ainda atrasada e exausta dos trabalhados pobres. O desenvolvimento traz consigo a promessa de tudo a modernidade inclusiva propiciada pela mudança estrutural (Sachs, 2008:15).[214]

Os Relatório do Desenvolvimento Humano do PNUD de 1990 compreende desenvolvimento como o processo de alargamento das liberdades e capacidades das pessoas para viverem o tipo de vida que escolherem. O conceito extrapola o atendimento às necessidades básicas das pessoas, contemplando o acesso a tudo que inclua a qualidade de vida. O conceito de sustentável que subsidiou a ideia de desenvolvimento sustentável pauta-se na percepção de que o modelo de produção e consumo estabelecido pelas sociedades ocidentais industriais propiciaram a possibilidade de um futuro esgotamento dos recursos naturais ambientais existentes no mundo.

Sobre todos os aspectos supracitados, Alencastro, Silva e Lopes nos apresentam uma importante historicidade que deve ser interpretada em sua íntegra para que dê ao leitor uma compreensão mais integral de detalhes e processos que envolveram todo o desenvolvimento:

> A expressão desenvolvimento sustentável foi publicamente utilizada pela primeira vez em agosto de 1979, no Simpósio das Nações Unidas sobre as Inter-relações entre Recursos, Ambiente e Desenvolvimento, realizado em Estocolmo, onde foi apresentado um texto intitulado A busca de padrões sustentáveis de desenvolvimento (Veiga, 2005). No entanto, foram os eventos ambientais globais que culminaram na realização da Conferência das Nações Unidas sobre Meio Ambiente

---

214 ALENCASTRO, Maria Alice Cruz; SILVA, Edson Vicente da; LOPES, Ana Maria D'Ávila. "Contratações sustentáveis na administração pública brasileira: a experiência do Poder Executivo federal". *Revista de Administração Pública*, Rio de Janeiro, vol. 48, nº 1, 2014, pp. 211/212. Disponível em: https://periodicos.fgv.br/rap/article/view/16072. Acessado em: 13.09.2023.

Humano, ocorrida em junho de 1972, em Estocolmo, na Suécia com a participação de 113 países, 250 organizações não governamentais e organismos da ONU, que forneceram as bases para o processo de legitimação e institucionalização normativa da expressão "desenvolvimento sustentável". Apesar da década de 1970 ter sido palco para outros eventos de cunho ambiental, a Conferência de Estocolmo passou a figurar como um divisor de águas para o despertar da consciência ambiental global e para o advento de um novo paradigma.[215]

Outro aspecto importante é dado pela própria Conferência de Estocolmo:

> Como consequência da Conferência de Estocolmo, foi criado o Programa das Nações Unidas para o Meio Ambiente (Pnuma) estabelecido em 1972 como agência do Sistema da ONU relacionada com proteção ambiental na perspectiva do desenvolvimento sustentável (Pnud, 2011). Em 1983, o Pnuma criou a Comissão Mundial sobre Meio Ambiente e Desenvolvimento (CMMAD), que ficou mundialmente conhecida como Comissão de Brundtland, por ter sido presidida pela primeira-ministra da Noruega, Gro Harlem Brundtland. A comissão concluiu suas atividades em 1987 e apresentou suas conclusões acerca da situação ambiental do planeta, consignando os problemas socioeconômicos e ecológicos mundiais através do relatório denominado Nosso futuro comum. Apesar de ter sido decorrência das preocupações expostas na Conferência de Estocolmo, o conceito de desenvolvimento sustentável foi formalmente reconhecido com o advento do Relatório de Brundtland que propôs o desenvolvimento sustentável "(...) como um processo

---

215 ALENCASTRO, Maria Alice Cruz; SILVA, Edson Vicente da; LOPES, Ana Maria D'Ávila. "Contratações sustentáveis na administração pública brasileira: a experiência do Poder Executivo federal". *Revista de Administração Pública*, Rio de Janeiro, vol. 48, nº 1, 2014, p. 212. Disponível em: https://periodicos.fgv.br/rap/article/view/16072. Acessado em: 13.09.2023.

> de mudança onde a exploração de recursos, os investimentos e o desenvolvimento, deveriam estar vinculados às necessidades das gerações atuais e futuras" (Siena, 2002:30).[216]

O Relatório Nosso Futuro estabeleceu o conceito de desenvolvimento sustentável como aquele capaz de manter o progresso humano não apenas em alguns lugares e por alguns anos, mas em todo o planeta e até um futuro longínquo. O desenvolvimento sustentável é aquele que atende às necessidades do presente sem comprometer a capacidade de as gerações futuras atenderem as suas próprias necessidades. Com isso, pode-se destacar que o desenvolvimento sustentável se refere a um processo de transformação, onde exploração de recursos naturais deve estar atrelado a uma perspectiva mais ampla que envolve a aplicação dos investimentos, o desenvolvimento tecnológico e as mudanças institucionais, como potencializadores de projetos numa perspectiva mais ampla de planejamento. O objetivo final de tudo isso deve ser, segundo a Comissão Mundial, o atendimento às necessidades e aspirações humanas.

A Agenda 21 Global foi resultado da Conferência das Nações Unidas sobre o Meio Ambiente e o Desenvolvimento (Cnumad) de 1992, também conhecida como Rio-92. Esta agenda trouxe contribuições muito importantes sobre o as consequências ambientais da difusão mundial de certos hábitos de consumo. A Agenda 21 Global é um documento dividido em 40 capítulos que se difere de tratados internacionais, mas que guarda a característica de ser um dos principais documentos de política e Direito Internacional nas temáticas de meio ambiente, desenvolvimento sustentável e gestão ambiental.

---

216 ALENCASTRO, Maria Alice Cruz; SILVA, Edson Vicente da; LOPES, Ana Maria D'Ávila. "Contratações sustentáveis na administração pública brasileira: a experiência do Poder Executivo federal". *Revista de Administração Pública*, Rio de Janeiro, vol. 48, nº 1, 2014, p. 212. Disponível em: https://periodicos.fgv.br/rap/article/view/16072. Acessado em: 13.09.2023.

No capítulo 4 da Agenda 21 Global, estão destacados a importância do papel desempenhado pelos diferentes governos em suas contratações e compras governamentais como potenciais consumidores de produtos sustentáveis.

Nos países onde a economia do setor público tem maiores efeitos sobre toda a sociedade, as opções por determinado tipo de contratação podem trazer maiores influências sobre a população e os atores econômicos como um todo. Isto reflete o potencial de o Estado por meio de suas compras potencializarem processos de desenvolvimento sustentável. Compete, portanto, a cada governo estabelecer políticas claras e objetivas para a aquisição de bens e serviços. Se esta política tiver um recorte que prioriza o desenvolvimento sustentável, o resultado tende a ser positivo para a promoção de processos ambientais, econômicos e de sustentabilidade mais efetivos e abrangentes. Tais práticas refletem o potencial de inovação e transformação que possui o Estado em suas diferentes práticas de contratações públicas.[217]

O setor público tem perfil de um grande consumidor de bens e serviços, algo que se materializa nas contratações públicas. Além disso, o Estado se apresenta como um ator que realiza amplos investimentos em obras públicas e se manifesta como um importante promotor de processos de desenvolvimentos tecnológicos e inovações setoriais. Ao realizar contratações públicas, as autoridades públicas agem como verdadeiros líderes no processo de mudança de padrões de consumo de toda a sociedade.

---

217 ALENCASTRO, Maria Alice Cruz; SILVA, Edson Vicente da; LOPES, Ana Maria D'Ávila. "Contratações sustentáveis na administração pública brasileira: a experiência do Poder Executivo federal". *Revista de Administração Pública*, Rio de Janeiro, vol. 48, nº 1, 2014, p. 214. Disponível em: https://periodicos.fgv.br/rap/article/view/16072. Acessado em: 13.09.2023.

Nesse sentido, vale exemplificar as seguintes experiências internacionais em termos de contratações públicas que impactam a economia como um todo e promovem mudanças substanciais:

> Os órgãos públicos são os maiores consumidores na Europa, com um gasto em bens e serviços de, aproximadamente, 2 trilhões de euros por ano, o que equivale a 19% do PIB europeu (Comissão Europeia, 2011). Brammer e Walker (2011) estimam que entre 8 e 25% do Produto Interno Bruto (PIB) dos países-membros da Organização para a Cooperação e Desenvolvimento Econômico (OCDE) é atribuído às aquisições governamentais de bens e serviços. Tais números evidenciam um grande potencial do setor público para estimular melhorias ambientais nos produtos disponibilizados no mercado, em inovações tecnológicas e em oportunidades para o desenvolvimento de um mercado de bens e serviços sustentáveis (Palmujoki, Parikka-Alhola e Ekroos, 2010). Em um estudo sobre o papel da demanda do setor público na inovação no Canadá foram identificadas como áreas de maior influência: equipamentos ferroviários, equipamentos de telecomunicação, produtos farmacêuticos, aeronáutica, equipamentos elétricos industriais, mobiliário de escritório, construção naval e instrumentos científicos.[218]

Em qualquer economia do mundo, os governos são os maiores compradores individuais de bens e serviços, o que os permite utilizar deste poder de compras e contratações para promover o desenvolvimento sustentável em níveis local, regional e internacional. Neste sentido, em 2011, a Comissão Europeia lançou o conceito de contratações públicas sustentáveis, também conhecida pela sigla CPSs.

---

218 ALENCASTRO, Maria Alice Cruz; SILVA, Edson Vicente da; LOPES, Ana Maria D'Ávila. "Contratações sustentáveis na administração pública brasileira: a experiência do Poder Executivo federal". *Revista de Administração Pública*, Rio de Janeiro, vol. 48, nº 1, 2014, p. 207-236. Disponível em: https://periodicos.fgv.br/rap/article/view/16072. Acessado em: 13.09.2023.

As contratações públicas sustentáveis são entendidas como o sistema de contratações de órgãos governamentais baseados em critérios de sustentabilidade socioambiental nas práticas de aquisições de bens e contratações de serviços. Com isso, há uma primazia pelos impactos sociais e ambientais quando se realiza as contratações públicas. Todo este debate suscita o quanto as contratações públicas figuram não só no Brasil e na América Latina, mas em todo o mundo, como uma grande impulsionadora de inovações políticas no âmbito ambiental, podendo assim o Estado servir como um grande estimulador da sustentabilidade nos setores industrial, comercial e de serviços.[219]

> Apesar das experiências de países como Áustria, Dinamarca, Finlândia, Alemanha, Holanda, Suécia, Reino Unido e Canadá na implementação das CPS, somente a partir da década passada as contratações públicas passaram a ser objeto de pesquisas acadêmicas de forma mais significativa (Murray, 2009). Tais pesquisas evidenciam duas tendências na inserção de critérios de sustentabilidade nas contratações públicas: uma que considera apenas os critérios de sustentabilidade ambiental, e que ficou conhecida como contratação pública "verde" (CPV), e uma segunda corrente que objetiva conjugar os aspectos ambientais e sociais nas contratações públicas, e que restou denominada contratação sustentável.[220]

---

219 ALENCASTRO, Maria Alice Cruz; SILVA, Edson Vicente da; LOPES, Ana Maria D'Ávila. "Contratações sustentáveis na administração pública brasileira: a experiência do Poder Executivo federal". *Revista de Administração Pública*, Rio de Janeiro, vol. 48, nº 1, 2014, p. 214. Disponível em: https://periodicos.fgv.br/rap/article/view/16072. Acessado em: 13.09.2023.

220 ALENCASTRO, Maria Alice Cruz; SILVA, Edson Vicente da; LOPES, Ana Maria D'Ávila. "Contratações sustentáveis na administração pública brasileira: a experiência do Poder Executivo federal". *Revista de Administração Pública*, Rio de Janeiro, vol. 48, nº 1, 2014, p. 214. Disponível em: https://periodicos.fgv.br/rap/article/view/16072. Acessado em: 13.09.2023.

As CPSs são vistas como uma excelente forma de estímulo à inovação que parte da Administração pública e em última instância do Estado. As CPSs fornecem às empresas e ao setor privado como um todo um conjunto de incentivos concretos para o desenvolvimento e fornecimento de bens e serviços sustentáveis, indo ao encontro dos princípios da Agenda Global 21 e do desenvolvimento sustentável. A Comissão Europeia, no ano de 2011, considerou que todas estas potencialidades podem ter um efeito mais duradouro caso estas contratações tenham foco em setores da economia que já possuem uma presença marcante do Estado em termos de contratações, como é o caso de construções de rodovias, serviços de saúde, segurança pública e transporte público.

No Brasil estes preceitos são apontados por meio de diretrizes ministeriais do governo federal desde o ano de 2009. Ainda que os governos subnacionais, estaduais e municipais não tenham uma obrigatoriedade explicita de seguir essas premissas, entende-se que o cumprimento pode trazer ganhos em termos de sustentabilidade ainda mais abrangentes. As aquisições públicas no Brasil têm um enorme potencial para promover um novo mercado de negócios sustentáveis, por meio de ganhos de escala e redução de riscos. A Administração Pública pode estimular a inovação e a competição em determinados setores industriais e de serviços, com retornos efetivos para produtores que possuem compromisso com as questões ambientais e de sustentabilidade. Tais práticas de contratações públicas sustentáveis se caracterizam como incentivos concretos do Estado e geram toda uma externalidade positiva em torno da gestão ambiental e sustentável de empresas e negócios que pertencem ao setor privado da economia.

Sobre a agenda de pesquisas em torno das contratações públicas sustentáveis entende-se que:

> A maioria das pesquisas sobre CPS tem se debruçado sobre estudos de caso, examinando iniciativas principalmente nas das áreas da construção, tecnologia da informação, alimentação, madeira e produtos florestais (Brammer e Walker,

> 2011). Alguns trabalhos têm abordado, especificamente, as ferramentas para auxiliar na implementação das políticas de CPS, tendo evidenciado os estímulos decorrentes da legislação considerando a aceitação de critérios de sustentabilidade pelas normas que disciplinam as contratações governamentais, do acesso a informações e da quebra de barreiras (Kunzlik, 2003). Além disso, Marron (2003) ressalta que, apesar de figurarem como relevante instrumento para a promoção da sustentabilidade ambiental e influenciarem o desempenho econômico do governo, existem poucos dados quantitativos abordando os impactos decorrentes da implementação das CPS. Em decorrência disso, a maioria dos estudos voltados para a avaliação dos impactos das contratações sustentáveis ampara-se em dados de caráter qualitativo.[221]

Mesmo no Brasil, as CPSs são vistas como um importante mecanismo de gestão ambiental e de promoção da sustentabilidade, tendo como importante promotor a administração pública. Muitos órgãos de certificação governamentais apontam as CPSs como um elemento fundamental para evidenciar a boa conduta da gestão pública avaliada e de estímulo para a produção de bens ambientais. Utilizar a sustentabilidade como um critério de contratações públicas permite contribuir para a busca de metas estipuladas em planejamentos, programas, planos e políticas públicas que direta ou indiretamente envolvem ações ambientais. O cumprimento de premissas ambientais e de sustentabilidade por meio de contratações públicas permite melhores níveis de cumprimento de pactos com a sociedade e as diferentes comunidades e ainda representam avanço no cumprimento de acordos internacionais. Garantia dos direitos

221 ALENCASTRO, Maria Alice Cruz; SILVA, Edson Vicente da; LOPES, Ana Maria D'Ávila. "Contratações sustentáveis na administração pública brasileira: a experiência do Poder Executivo federal". *Revista de Administração Pública*, Rio de Janeiro, vol. 48, nº 1, 2014, p. 215. Disponível em: https://periodicos.fgv.br/rap/article/view/16072. Acessado em: 13.09.2023.

humanos e à proteção dos recursos naturais representam princípios promovidos por diferentes Estados com governos de distintas matizes ideológicos por todo o mundo, quase sem exceção.

Ainda que este trabalho contemple o reconhecimento da importância dos processos de sustentabilidade nas contratações públicas, há evidência da necessidade de mais e melhores estudos que aprofundem neste tema. O foco em objetivos sociais e ambientais deixam de ser uma alternativa e tornam-se cada vez mais a forma mais assertiva e positiva de se promover as contratações públicas. As contratações públicas sustentáveis não têm apenas efeitos ambientais, mas também econômicos. Torna-se emergente a preocupação das contratações públicas com a busca da redução de taxas de desemprego no Brasil.

As práticas de contratações públicas devem levar em consideração aspectos sociais, trabalhistas e de direitos humanos. É fundamental a associação entre contratação pública e melhoria das condições de trabalho. Uma proposta de etiqueta social na celebração de contratos públicos pode ser um instrumento potencial para que os governos brasileiros busquem conformidade com o cumprimento das convenções da Organização Internacional do Trabalho (OIT). No sentido de avanços em termos de sustentabilidade e avanços civilizacionais plenos, as contratações públicas devem inovar e prezar por valores ligados a melhores condições de trabalho, salários, liberdade de filiação sindical e não discriminação racial, social, de gênero, ou de qualquer outra espécie.

3.3 A repercussão empresarial das grandes contratações públicas

A análise da repercussão empresarial das grandes contratações públicas é uma questão de grande relevância, pois essas transações não apenas influenciam o ambiente econômico, mas também têm implicações significativas para as empresas envolvidas. Autores renomados têm investigado os efeitos dessas contratações nas operações e nas perspectivas das empresas, lançando luz sobre uma série de desafios e oportunidades.

Os autores Albano e Cesi[222] enfatizam a influência das contratações públicas nos mercados empresariais, destacando que a participação em licitações públicas pode oferecer oportunidades para empresas expandirem suas operações, mas também traz desafios competitivos e riscos financeiros significativos. A competição e os riscos associados a esses contratos podem moldar as estratégias das empresas.

A autora Silvia Giacomelli[223] explora a relação entre contratações públicas e inovação empresarial, afirmando que as empresas que participam de contratos públicos têm a oportunidade de desenvolver soluções inovadoras para atender às demandas governamentais, mas também podem enfrentar obstáculos burocráticos que desestimulam a inovação. A inovação se torna um fator crítico na diferenciação das empresas nesse contexto.

A repercussão empresarial das contratações públicas em infraestrutura, enfatizando que para as empresas, a participação em projetos de infraestrutura pode ser uma oportunidade para expandir suas atividades, mas também pode envolver complexidades contratuais e riscos de atraso. A complexidade das contratações em infraestrutura pode impactar diretamente as operações das empresas envolvidas.[224]

As implicações das contratações públicas para as Pequenas e Médias Empresas (PMEs), destacando que para as PMEs, a

222 ALBANO, G. L.; CESI, B. "The Impact of Public Procurement on Firms' Growth". *European Journal of Political Economy*, vol. 52, 2018, p. 8.

223 GIACOMELLI, S. "Innovation and Public Procurement: Terminological, Conceptual, and Organizational Issues". *Journal of Public Procurement*, vol. 14, nº 3, 2014, p. 16.

224 ESTACHE, A. "Infrastructure privatization and changes in corruption patterns: the roots of public discontent". *Utilities Policy*, vol. 14, nº 2, 2006, p. 14.

participação em contratos públicos pode ser uma via de acesso a novos mercados, mas a falta de recursos e expertise pode limitar sua capacidade de competir. As PMEs enfrentam desafios particulares ao participar de licitações públicas.[225]

A repercussão empresarial das grandes contratações públicas apresenta uma série de desafios e oportunidades para as empresas envolvidas. A competição, a inovação, a complexidade contratual e as particularidades das PMEs são fatores cruciais a serem considerados ao analisar o impacto dessas transações nos setores empresariais.

O papel do *compliance*, na repercussão empresarial das grandes contratações públicas, tem sido objeto de estudo e análise na literatura acadêmica brasileira, visto que a adoção de programas de conformidade desempenha um papel crucial na minimização de riscos e no fortalecimento da integridade das empresas envolvidas nesse contexto. Autores de renome têm contribuído para essa discussão, trazendo à tona considerações pertinentes e relevantes.

O autor aborda ainda a importância do *compliance* nas contratações públicas, salientando que a implementação de programas de *compliance* é um fator fundamental para que as empresas estejam adequadamente preparadas para atuar em conformidade com as normas legais e regulatórias, reduzindo riscos e preservando sua reputação. Ele enfatiza como a adoção de práticas de integridade pode influenciar positivamente a participação das empresas nesses processos.

A autora Fortini[226] aborda a complexidade do *compliance* nas pequenas e médias empresas (PMEs) envolvidas em contratações

---

225 CALDERINI, M. "Public Procurement, Innovation and Industrial Policy: International Evidence and Theoretical Perspectives". *Industry and Innovation*, vol. 24, nº 4, 2017, p. 12.

226 FORTINI, C. "O papel das pequenas e médias empresas nas contratações públicas: o caso brasileiro". *Revista de Direito Administrativo*, nº 273, 2016, pp. 69-84.

públicas, enfatizando que a implementação de programas de *compliance* pode ser mais desafiadora para as PMEs, devido a restrições de recursos e expertise, exigindo abordagens adaptadas à sua realidade. A autora explora como as PMEs podem enfrentar obstáculos específicos ao adotar práticas de conformidade.

A legislação brasileira, historicamente, nunca teve sensível preocupação com o âmbito de prevenção e reabilitação das empresas no plano administrativo, licitatório e contratual. A clássica previsão do artigo 87, IV, da Lei n. 8.666/93, por exemplo, tão somente refere à possibilidade de reabilitação sem dedicar maior atenção aos seus requisitos e ao seu processamento.

A ausência de um histórico legislativo substancial nesse âmbito tem resultado em danos frequentemente irreparáveis para as atividades empresariais. Isso não apenas prejudica os interesses privados, mas também afeta negativamente os interesses públicos. Assim, torna-se imprescindível a introdução de inovações legislativas que possibilitem a implementação deste instituto no contexto brasileiro.

É uma progressão, mesmo que modesta. Uma transformação gradual, porém, impactante, é essencial para demonstrar e efetivar o crescente compromisso com a reabilitação das empresas. Isso ocorre porque tais medidas trazem vantagens que superam os impactos negativos para a sociedade em geral. Elas permitem que a empresa, no cumprimento de seu papel social, possa novamente produzir resultados, reativar empregos, gerar renda e fomentar o desenvolvimento tecnológico.[227]

Quanto às sanções aplicadas às empresas ou indivíduos envolvidos em práticas corruptas podem, de maneira geral, ser de natureza

---

227 MARTINS, Daniel Müller; STOCO, Isabela Maria. “A reabilitação de empresas no âmbito das contratações públicas à luz do direito brasileiro anticorrupção”. *Caderno PAIC*, [S. l.], vol. 18, nº 1, 2017, p. 10. Disponível em: https://cadernopaic.fae.edu/cadernopaic/article/view/245. Acessado em: 16.11.2023.

civil ou administrativa. Essas penalidades abrangem uma variedade de medidas, desde imposição de multas até a suspensão da capacidade de realizar transações com o setor público, além da possibilidade de detenção de dirigentes associados às condutas ilegais. Não é obrigatório que a empresa esteja diretamente implicada no ato de suborno para enfrentar uma condenação; basta que um funcionário, um acionista atuando em seu nome ou um indivíduo vinculado a ela cometa a infração para que a organização seja responsabilizada.

3.3.1 O papel do *compliance* nas contratações públicas

No Brasil, os contratos públicos albergam mais de 10% do PIB, ou seja, uma seara passível, até pelo volume de recursos públicos que mobiliza, de corrupção e fraudes, em razão de tal realidade, a nova lei de licitações traz mecanismos de prevenção e de combate a práticas corruptas, sendo uma delas, o *compliance*.

Antes mesmo da Lei n. 14.133/2021, muitos entes da federação já tinham iniciado um caminho precursor acerca de exigências de programa de integridade nas suas respectivas contratações públicas. Entretanto, alguns tribunais possuem decisões que tendem a afastar a vigência de leis específicas, sob o fundamento da competência privativa da União para normas gerais, algo que tem sido problematizado pela doutrina, a exemplo da professora Irene Nohara.

> Se os Tribunais insistirem em declarar a inconstitucionalidade das normas especiais no tocante ao tema, não haverá campo para que haja o estabelecimento de determinações mais específicas de compliance nas contratações para os demais entes federativos que não sejam a União, que apenas deve estabelecer normas gerais, conforme sistema constitucional de competência.
>
> Assim, procurar-se-á defender a coexistência de regimes especiais regionais e inclusive locais, a depender de sua faceta, desde que sejam conformes às leis federais, como condição

para a validação da legislação avançada desenvolvida de forma precursora pelos demais entes federativos que não a União.[228]

Em termos históricos, Irene Nohara, ao inventariar a legislação pertinente ao tema das medidas de combate à corrupção e formação de um sistema progressivamente ampliado de combate às práticas espúrias na Administração Pública, ressalta:

> No Brasil, aos poucos, de escândalo em escândalo, foi se erigindo um sistema mais abrangente de combate à corrupção. Desde a Lei de Ação Popular (Lei n. 4.717), a mais antiga, de 1965, passando pelos crimes próprios, incluindo corrupção, pela Lei de Improbidade Administrativa (Lei n. 8.429/1992),pela anterior Lei de Licitações, Lei no 8.666/1993, a qual também trouxe tipos penais, que foram mais recentemente deslocados para a seara penal, bem como pelo reforço institucional de instâncias voltadas ao combate à corrupção, o que se deu na Controladoria Geral da União, nos Tribunais de Contas, bem como no Poder Judiciário.[229]

A Lei n. 12.486/2013 – Lei Anticorrupção Empresarial – albergou conteúdos de documentos internacionais, por meio dos quais, o Brasil se comprometeu a avançar e aperfeiçoar o seu sistema de prevenção e de combate à corrupção, sobretudo enfatizando a

---

228 NOHARA, Irene Patrícia. "Compliance nas Contratações Públicas". *In*: ALMEIDA, Fernando Dias Menezes de; COMPARINI, Julio de Souza Comparini; NUNES, Silvio Gabriel Serrano; TOMELIN, Georghio Alessandro (Coord.). *Contratos, controle e procedimentos*: ensaios sobre a lei de licitações e contratos administrativos (Lei n. 14.133/21). vol. 1. 1ª ed. Rio de Janeiro: Lumen Juris, 2022, p. 36.

229 NOHARA, Irene Patrícia. "Compliance nas Contratações Públicas". *In*: ALMEIDA, Fernando Dias Menezes de; COMPARINI, Julio de Souza Comparini; NUNES, Silvio Gabriel Serrano; TOMELIN, Georghio Alessandro (Coord.). *Contratos, controle e procedimentos*: ensaios sobre a lei de licitações e contratos administrativos (Lei n. 14.133/21). vol. 1. 1ª ed. Rio de Janeiro: Lumen Juris, 2022, p. 37.

Convenção sobre o Combate da Corrupção de Funcionários Públicos Estrangeiros em Transações Comerciais Internacionais da Organização para a Cooperação e Desenvolvimento Econômico – OCDE –, cuja promulgação se deu pelo Decreto n. 5.687/2006.

Em 2013, a Lei n. 12.486 estabeleceu contundentes sanções para pessoas jurídicas, em seu artigo 5º, que praticassem atos contrários à Administração Pública, assim como se mostrou como um importante marco na exigência de *compliance* no Brasil. Graças ao seu artigo 7º, VIII, que estabelece que serão considerados na dosimetria da pena: "a existência de mecanismos e procedimentos internos de integridade, auditoria e incentivo à denúncia de irregularidades e a aplicação efetiva de códigos de ética e de conduta no âmbito da pessoa jurídica".

Ainda se faz necessário o registro do advento da Lei n. 13.303/2016, no contexto da Operação Lava Jato, que instituiu exigências de *compliance* para as estatais, assim como previu critérios mais seletivos nas indicações de seus dirigentes e um sistema de licitações com a finalidade de prevenir sobrepreços e superfaturamentos em seus contratos.

As diretrizes de governança e de prevenção de práticas de corrupção, contidas nos diplomas que antecederam a Nova Lei de Licitações (Lei n. 14.133/2021), foram incorporadas por esta, a exemplo de constatações como: a incorporação como objetivo de o certame prevenir sobrepreços e superfaturamentos, inspirado na Lei n. 13.303/2016; a previsão de adoção de programa de integridade como um aspecto de redução das sanções contratuais.

> Enquanto sobrepreço indica situação em que o preço orçado para licitação ou contrato ocorre em valores expressivamente superiores aos do mercado, seja em um item ou no valor global do objeto (o que pode ser obtido por jogo de planilha), superfaturamento é o dano provocado ao patrimônio da Administração, caracterizado por: medição de quantidades superiores às efetivamente executadas ou fornecidas; deficiência

> na execução de obras ou de serviços de engenharia que resulte em diminuição de qualidade, vida útil ou segurança; alterações no orçamento de obras e de serviços de engenharia que causem desequilíbrio econômico-financeiro em favor do contratado; e outras alterações de cláusulas financeiras que gerem recebimentos contratuais antecipados, distorção de cronograma físico-financeiro, prorrogação injustificada do prazo contratual com custos adicionais para Administração ou reajuste irregular de preços.[230]

Importa ser ressaltado que não somente o sobrepreço e o superfaturamento são as fraudes que podem assolar a seara da licitações e contratos da Administração Pública, como também, é possível serem arroladas, a título exemplificativo: a falsificação de documentos na licitação, fraudes no software do pregão, a inobservância das regras de contratação direta, nos casos de inexigibilidade e dispensa, criação de empresas fantasmas, corrupção dos agentes públicos envolvidos no certame e na contratação e direcionamento dos certames licitatórios.

Um ponto importante acerca das possíveis fraudes nas licitações é que, muitas vezes, elas envolvem uma complexa rede de acordos com pactuações espúrias difíceis de identificação, sobretudo, quando existem ações cartelizadas, em que os cartelistas buscam, por meio de ajustes escusos, maximizar seus lucros de forma ilegítima. Para combater tais práticas lesivas ao patrimônio público, são importantes os acordos de leniência, uma vez que, os participantes dessas fraudes fazem de tudo para acobertá-las e a identificação de tais práticas é dificilmente aferível em uma licitação isolada, uma vez

230 NOHARA, Irene Patrícia. "Compliance nas Contratações Públicas". *In*: ALMEIDA, Fernando Dias Menezes de; COMPARINI, Julio de Souza Comparini; NUNES, Silvio Gabriel Serrano; TOMELIN, Georghio Alessandro (Coord.). *Contratos, controle e procedimentos*: ensaios sobre a lei de licitações e contratos administrativos (Lei n. 14.133/21). vol. 1. 1ª ed. Rio de Janeiro: Lumen Juris, 2022, pp. 38/39.

que, se manifestam em padrões suspeitos de alternância de resultados de diversas licitações, previamente acordadas pelos cartelistas que acabam controlando os seus resultados, mesmo sem a participação ou o conhecimento do agente da contratação e da autoridade competente pelo certame.

A Nova Lei de Licitações, em capítulo próprio, trouxe um desenvolvimento de um sistema de controles das contratações públicas, em seu artigo 169 (Lei n. 14.133/2021), no qual as contratações públicas estão submetidas a contínuas e permanentes práticas de gestão de riscos e de controle preventivo, albergando, inclusive, as novas ferramentas da tecnologia de informação. Além disso, as contratações públicas ficam subordinadas ao controle social e estão também sujeitas a três linhas "de defesa", arquitetadas para que ocorra separação de funções e um salto qualitativo no controle.

> O compliance representa, nesta perspectiva, uma faceta de incentivo à autorregulação que contribui para o combate às fraudes e corrupção nas contratações públicas, sendo que a Lei n. 14.133/2021 foi avançada ao exigir programa de integridade e/ou fomentar a adoção de suas práticas em inúmeras circunstâncias (...).[231]

Se pela expressão *compliance* é possível extrair um sentido amplo, que alberga temáticas como direitos humanos, ambiental, diversidade, programa de integridade, dentre outras; programa de integridade, por seu turno, se relaciona diretamente com o *compliance* anticorrupção, objetivando, de forma mais direta, combater fraudes e corrupção, e quando aplicado à seara dos contratos, fala-se

231 NOHARA, Irene Patrícia. "Compliance nas Contratações Públicas". *In*: ALMEIDA, Fernando Dias Menezes de; COMPARINI, Julio de Souza Comparini; NUNES, Silvio Gabriel Serrano; TOMELIN, Georghio Alessandro (Coord.). *Contratos, controle e procedimentos*: ensaios sobre a lei de licitações e contratos administrativos (Lei n. 14.133/21). vol. 1. 1ª ed. Rio de Janeiro: Lumen Juris, 2022, p. 40.

em *compliance* das contratações públicas, intimamente ligado aos objetivos do *compliance* anticorrupção.

> Programa de integridade, por sua vez, compreende, em rigor, uma tecnologia ou um conjunto de técnicas, isto é, um conjunto de mecanismos e procedimentos internos de integridade, auditoria, controle e incentivo à denúncia de irregularidades na aplicação efetiva de códigos de ética e conduta, políticas e diretrizes com o objetivo de sanar desvios, fraudes, irregularidades e atos ilícitos praticados contra a Administração.
>
> Enquanto instrumental, pode ser que um programa de integridade também se preste, a partir de seu canal de denúncias, a identificar e prontamente tratar ocorrências que se estendem para além de fraudes e corrupção, como ocorre quando há assédio (sexual ou moral) e discriminação (sexual ou racial) na organização empresarial.[232]

O *compliance* nas contratações tem por escopo a identificação, a preservação e também o de remediar a existência de fraudes e corrupção na seara das licitações e contratos, favorecendo a existência de um ambiente de autorregulação e de respeito à responsabilidade empresarial da empresa que se insere a uma cultura de integridade, conformando a mesma a valores éticos as suas atividades, além de mais, é importante destacar também que a noção de *compliance* nas contratações públicas não apenas se refere à ideia de contrato em sentido estrito, mas também alberga contratos de concessão, parcerias, assim como, convênios e consórcios, nos termos da previsão legal.

---

232 NOHARA, Irene Patrícia. "Compliance nas Contratações Públicas". *In*: ALMEIDA, Fernando Dias Menezes de; COMPARINI, Julio de Souza Comparini; NUNES, Silvio Gabriel Serrano; TOMELIN, Georghio Alessandro (Coord.). *Contratos, controle e procedimentos*: ensaios sobre a lei de licitações e contratos administrativos (Lei n. 14.133/21). vol. 1. 1ª ed. Rio de Janeiro: Lumen Juris, 2022, pp. 40/41.

A Lei n. 14.133/2021 albergou quatro hipóteses relacionadas à exigência ou indução da adoção de programa de integridade em seus artigos: (i) 25, § 4º; (ii) 60, IV; (iii) 156, § 1º e (iv) 163, parágrafo único.

A primeira hipótese determina pelo § 4º do artigo 25 afirma que, nas contratações de obras, serviços e fornecimentos de grande vulto, deverá existir a previsão no edital da obrigatoriedade de implementação de programa de integridade, no prazo de seis meses, pelo licitante vencedor, contado da celebração do contrato, nos termos do regulamento que versará sobre medidas a serem adotadas, além da forma de comprovação e as respectivas penalidades pelo seu descumprimento, ressaltando-se que, por obras, serviços e fornecimentos considerados de grande vulto são aqueles, cujo valor estimado ultrapassa duzentos milhões de reais.

A segunda hipótese legal consiste no programa de integridade como critério de desempate, nos termos do artigo 60, IV, da Lei n. 14.133/2021. São considerados, na seguinte ordem, os critérios de desempate entre duas ou mais propostas:

> (1) disputa final, hipótese em que os licitantes empatados poderão apresentar nova proposta em ato contínuo à classificação; (2) avaliação do desempenho contratual prévio dos licitantes, para a qual deverão preferencialmente ser utilizados registros cadastrais para efeito de atesto de cumprimento de obrigações previsto nesta Lei; (3) desenvolvimento pelo licitante de ações de equidade entre homens e mulheres no ambiente de trabalho, conforme regulamento; e (4) a adoção do programa de integridade, conforme critérios dos órgãos de controle.[233]

---

233 NOHARA, Irene Patrícia. "Compliance nas Contratações Públicas". *In*: ALMEIDA, Fernando Dias Menezes de; COMPARINI, Julio de Souza Comparini; NUNES, Silvio Gabriel Serrano; TOMELIN, Georghio Alessandro (Coord.). *Contratos, controle e procedimentos*: ensaios sobre a lei de licitações e contratos administrativos (Lei n. 14.133/21). vol. 1. 1ª ed. Rio de Janeiro: Lumen Juris, 2022, pp. 41/42.

Em regra, os órgãos de controle devem ser os correspondentes à terceira linha, a exemplo da Controladoria Geral da União e das Controladorias Gerais dos Estados, por simetria federativa. Entretanto, é preciso fazer ponderações no que tange ao estabelecimento dos critérios de avaliação dos programas de integridade e o respectivo porte da empresa, dessa forma, devem ser diferenciadas empresas que movimentam grandes valores e com complexas organizações em relação às empresas de menor porte com reduzido número de colaboradores.

O terceiro ponto favorável à adoção de programa de integridade é a possibilidade de se mitigar sanções contratuais para empresas que tenham estruturado *compliance* nas contratações públicas. Nos termos do artigo 156, §1°, da Nova Lei de Licitações, no caso de aplicação de sanções, deverão ser considerados: a natureza e a gravidade da infração cometida; as peculiaridades do caso concreto; as circunstâncias agravantes ou atenuantes; os danos que dela provierem para a Administração Pública; e a implantação ou o aperfeiçoamento de programa de integridade, conforme normas e orientações dos órgãos de controle.

Por fim, uma última previsão da Nova Lei de Licitações está albergada no parágrafo único do artigo 163, que consiste na exigência de implantação ou aperfeiçoamento de programa de integridade como condição de reabilitação do licitante ou contratado punido em razão de ter apresentado declaração ou documentação falsa exigida para licitação ou ter prestado declaração falsa em licitação ou em execução do contrato, assim como aquele que praticou ato lesivo, nos termos do artigo 5° da Lei n. 12.846/2013 (Lei Anticorrupção).

CAPÍTULO IV

OS INSTRUMENTOS DE CONTROLE PREVENTIVO DAS CONTRATAÇÕES PÚBLICAS

4.1 O controle preventivo como instrumento de mediação de conflitos

Na contemporaneidade, os múltiplos desafios da Administração Pública e o seu controle externo demandam novas formas que alberguem eficiência e governança pública, numa lógica de consensualidade entre os atores envolvidos na prestação de serviços públicos e outras finalidades da Administração Pública.

> Trata-se da administração Consensual, a qual marca a evolução de um modelo centrado no ato administrativo (unilateralidade) para um modelo que passa a contemplar os acordos administrativos (bilateralidade e multilateralidade). Sua disseminação tem por fim nortear a transição de um modelo de gestão pública fechado e autoritário para um modelo aberto e democrático, habilitando o estado contemporâneo a bem desempenhar

> suas tarefas e atingir os seus objetivos, preferencialmente, de modo compartilhado com os cidadãos.[234]

O final do século XX testemunhou o início de uma grande quebra de paradigma da arquitetura institucional do Estado contemporâneo, em tal contexto de transformações, é tributado à França certo protagonismo no desenvolvimento das bases do modelo que passou a ser paradigmático em vários países, "foi ali que uma das mais importantes ideias de gestão do setor privado teria sido aperfeiçoada e adaptada à Administração Pública: a Governança Pública (*Gouvernance Publique*)".

A noção de governança, que vinha sendo desenvolvida por Ronald Coase e outros estudiosos da Escola de Chicago, acabou encontrando solo fértil no território francês, graças ao fato de que a Administração Pública naquele país, na segunda metade do século XX, já lidava com as questões e os desafios da burocracia estatal como o da inefetividade (um problema também muito criticado na burocracia do Estado brasileiro).

A questão a ser combatida era a da inefetividade e, ainda que existisse um certo ceticismo por parte de autores legalistas quanto à solução se dar por meio mecanismos de análise econômica, diversos estudos favoreceram o movimento para a ideia de governança.

> Em uma mesma solução foram colocadas teorias das ciências econômicas e da gestão pública e estas foram aplicadas ao contexto jurídico francês, no que Chevallier (1993, p. 30) chamou de "encontro da crítica gerencial com os desafios liberais no direito administrativo". A crítica gerencial parte

---

234 OLIVEIRA, G. J. de; SCHWANKA, C. "A administração consensual como a nova face da administração pública no século XXI: fundamentos dogmáticos, formas de expressão e instrumentos de ação". *Revista da Faculdade de Direito*, Universidade de São Paulo, vol. 104, 2009, p. 320. Disponível em: https://www.revistas.usp.br/rfdusp/article/view/67859. Acessado em: 12.09.2023.

> da premissa de que haveria uma contradição entre o direito administrativo e o princípio da eficiência, visto que o direito administrativo constituiria uma "estrutura rígida, uma camisa de força real, que é um obstáculo à ação, um obstáculo à mudança", não havendo que se falar em eficiência sem que houvesse um afrouxamento das restrições que esse direito impunha.[235]

Dessa forma, emerge a ideia de governança como uma poderosa ferramenta de reforma, tendo como bússolas o estandarte da eficiência e da modernidade, torna-se uma ideia inspiradora da crença na necessidade de se praticarem novos métodos de tomada de decisão e de ação, em todos os tipos de organizações sociais e em todos os níveis.

Importa o registro que para tal, colaboraram formulações de experiência internacional como: a Governança Corporativa (*Corporate Governance*), a Boa Administração (*Good Governance*) e a Governança Global (*Global Governance*), das quais são extraídos os seguintes paradigmas, respectivamente: a interação entre diretores e acionistas por meio de princípios modernos; a introdução de diretivas de reforma elaboradas por instituições financeiras internacionais direcionadas para os países em desenvolvimento; a definição de novas formas de integração e de regulação com a sociedade global.[236]

> Apesar da diversidade, todas essas iniciativas são conjugadas entre si, traduzindo, como anota Chevallier (2003, p. 206), uma verdadeira ideologia gerencial que se pautou, entre outras,

235 DANTAS, Bruno. "Consensualismo, eficiência e pluralismo administrativo: um estudo sobre a adoção da mediação pelo TCU". *Revista Jurídica da Presidência* [Recurso Eletrônico], Brasília, vol. 22, nº 127, jun./set. 2020, p. 266.

236 DANTAS, Bruno. "Consensualismo, eficiência e pluralismo administrativo: um estudo sobre a adoção da mediação pelo TCU". *Revista Jurídica da Presidência* [Recurso Eletrônico], Brasília, vol. 22, nº 127, jun./set. 2020, p. 266.

> nas seguintes diretrizes: (i) resolução de conflitos e erradicação de antagonismos irredutíveis; (ii) rompimento com a lógica do poder, pois as escolhas coletivas passam a não ser mais uma questão só de política, mas de técnica; (iii) mitigação da supremacia unilateral do Estado, que seria apenas mais um ator entre tantos outros envolvidos e capazes de tomar parte nas soluções; e (iv) a possibilidade de acordar certas regras do jogo.[237]

Em nossos dias, a tradicional imposição unilateral da Administração Pública e suas técnicas de gestão albergadas pelo conceito jurídico indeterminado de *interesse público* já não dão conta de como as sociedades atuais mantém o seu equilíbrio.

> Assim sendo, parece ser pertinente apontar a existência de um módulo consensual da Administração Pública, como gênero que abrange todos os ajustes negociais e pré-negociais, formais e informais, vinculantes e não-vinculantes, tais como os protocolos de intenção, protocolos administrativos, os acordos administrativos, os contratos administrativos, os convênios, os consórcios públicos, os contratos de gestão, os contratos de parceria público-privada, entre diversas outras figuras de base consensual passíveis de serem empregadas pela Administração Pública brasileira na consecução de suas atividades e atingimento de seus fins.
>
> A utilização de meios consensuais pela administração ganha relevância na medida em que estes se transformam em instrumentos da participação dos particulares – diretamente envolvidos ou simplesmente interessados – no processo de tomada das decisões administrativas, possibilitando mais

237 DANTAS, Bruno. "Consensualismo, eficiência e pluralismo administrativo: um estudo sobre a adoção da mediação pelo TCU". *Revista Jurídica da Presidência* [Recurso Eletrônico], Brasília, vol. 22, nº 127, jun./set. 2020, p. 267.

> aceitação do que imposição, especialmente no âmbito das relações contratuais administrativas.[238]

Ao quebrar paradigmas, considerados disfuncionais e obsoletos, a noção de governança trouxe duas importantes inflexões, a saber:

Sob um prisma, a ideia de governança consolida a percepção de que nas sociedades contemporâneas, o Estado não detém a exclusividade de propor soluções e de atuação isolada, uma vez que existem diversos atores atuantes no processo decisional. Num contexto em que ocorre um novo alinhamento dos limites entre Direito Público e Direito Privado, assim como entre os âmbitos de atuação (local, nacional, regional e internacional), desmoronando barreiras legais, por trás das quais tradicionalmente a Administração Pública enunciava as suas distinções.

Sob outra perspectiva, uma nova lógica gerencial emerge, implicando soluções consensuais e o preterimento do uso de fórmulas unilaterais, consistindo as escolhas em resultados de negociações e de compromissos, para equacionar os múltiplos pontos de vista dos atores envolvidos. Além do mais, o Estado passa a aceitar em termos de igualdade os demais envolvidos em decisões coletivas, a ação contratual passa a ser relevante característica deste novo modelo de modernização institucional, erigindo-se como real princípio de regulamentação administrativa.

> A governança pública é, portanto, uma abordagem plural e interativa de ação coletiva. Significa, em síntese, que nenhum ator pode controlar sozinho os processos de tomada de decisão,

---

238 OLIVEIRA, G. J. de; SCHWANKA, C. "A administração consensual como a nova face da administração pública no século XXI: fundamentos dogmáticos, formas de expressão e instrumentos de ação". *Revista da Faculdade de Direito*, Universidade de São Paulo, vol. 104, 2009, p. 320. Disponível em: https://www.revistas.usp.br/rfdusp/article/view/67859. Acessado em: 12.09.2023.

> nem mesmo o Estado. Tendo em vista a complexidade dos problemas e a existência de múltiplos poderes, múltiplos atores, trata-se de coordenar sua ação e obter sua cooperação, reduzindo a unilateralidade para estimular a cultura do diálogo.[239]

O grande desafio de nossa contemporaneidade, segundo Bruno Dantas, não seria propriamente o de justificar um paradigma de Estado horizontal e cooperativo, mas o da sua própria criação, uma vez que, no plano teórico, os franceses já construíram teorias que servem de lastro para tanto, mas a ênfase deve ser na sua efetivação como modelo. Em tal contexto, o Brasil se insere, acolhendo o consensualismo em sua gestão administrativa, com o objetivo de se atingir uma solução necessariamente equilibrada entre os interesses do particular e o da coisa pública, logrando uma forma de boa governança.[240]

> (...) a ideia de governança pública foi responsável direta por parte considerável das sementes que levaram ao florescimento, no BRASIL. da filosofia do consensualismo na Administração Pública.
>
> A *Administração Pública Consensual* é resultado desse movimento de modernização da gestão administrativa que rompe com um esquema que se alicerçava na imperatividade unilateral dos atos administrativos para contemplar um modelo pautado no diálogo, negociação, cooperação e coordenação, que não

---

239 DANTAS, Bruno. "Consensualismo, eficiência e pluralismo administrativo: um estudo sobre a adoção da mediação pelo TCU". *Revista Jurídica da Presidência* [Recurso Eletrônico], Brasília, vol. 22, nº 127, jun./set. 2020, p. 268.

240 DANTAS, Bruno. "Consensualismo, eficiência e pluralismo administrativo: um estudo sobre a adoção da mediação pelo TCU". *Revista Jurídica da Presidência* [Recurso Eletrônico], Brasília, vol. 22, nº 127, jun./set. 2020, p. 269.

> deixa, por isso, de seguir a lógica da autoridade, mas passa a ser matizada, porém, pela lógica do consenso.[241]

Importa ter em mente a relevância do conceito de democracia administrativa e que este está associado ao de pluralismo administrativo, albergando a percepção de que a legitimação democrática não se contempla apenas em termos qualitativos das leis e a respectiva sujeição da função administrativa a elas.

A mediação se insere em uma nova perspectiva, na qual, o administrado deixa de ser estigmatizado como um adversário da Administração Pública para se tornar um colaborador na concretização do interesse público.

> Toda essa conjuntura é que viabiliza a mediação como método de resolução de controvérsias na Administração Pública. Resultado da propagação do ideal democrático para além das fronteiras do campo político, a mediação tem por principal função compor conflitos e concertar interesses estatais e privados, incluindo o administrado no processo de densificação do interesse público, que não é monopólio estatal. O interesse público não se confunde com o mero interesse da Administração.[242]

Acerca do princípio da indisponibilidade do interesse público, tradicionalmente evocado como um obstáculo, supostamente

---

241 DANTAS, Bruno. "Consensualismo, eficiência e pluralismo administrativo: um estudo sobre a adoção da mediação pelo TCU". *Revista Jurídica da Presidência* [Recurso Eletrônico], Brasília, vol. 22, nº 127, jun./set. 2020, p. 269.

242 DANTAS, Bruno. "Consensualismo, eficiência e pluralismo administrativo: um estudo sobre a adoção da mediação pelo TCU". *Revista Jurídica da Presidência* [Recurso Eletrônico], Brasília, vol. 22, nº 127, jun./set. 2020, p. 271.

instransponível, à transação ou aos mecanismos consensuais no âmbito da Administração Pública, Bruno Dantas assevera que:

> (...) o consensualismo é compatível com a indisponibilidade do interesse público e com a eficiência administrativa, afinal, a transação, se bem manejada, não é senão uma via expedida para a materialização do interesse público, ao proporcionar economia de tempo e recursos, além de viabilizar uma concertação de interesses legítimos, evitando os efeitos negativos que podem advir de uma solução adjudicada e unilateral.[243]

Com grande originalidade e em sensata interpretação de todo o panorama atual do direito administrativo contemporâneo, Bruno Dantas, com base na autorização legal já existente na Lei de Mediação (Lei n. 14.140/2015), em seu artigo 32, § 5°, arquiteta um eficiente modelo procedimental que poderia ser adotado, por um novo marco legal, com a criação de uma câmara de mediação dentro das competências do Tribunal de Contas da União, objetivando uma célere homologação de reequilíbrios econômico-financeiros referentes aos projetos de infraestrutura, para se evitar que o contrato se torne "um cadáver insepulto a assombrar dirigentes de agências e gestores públicos".[244]

Em termos práticos, o estabelecimento de uma câmara de mediação no TCU diminuiria "a distância entre a pactuação e o controle,

---

243 DANTAS, Bruno. "Consensualismo, eficiência e pluralismo administrativo: um estudo sobre a adoção da mediação pelo TCU". *Revista Jurídica da Presidência* [Recurso Eletrônico], Brasília, vol. 22, nº 127, jun./set. 2020, pp. 273/274.

244 DANTAS, Bruno. "Consensualismo, eficiência e pluralismo administrativo: um estudo sobre a adoção da mediação pelo TCU". *Revista Jurídica da Presidência* [Recurso Eletrônico], Brasília, vol. 22, nº 127, jun./set. 2020, p. 275.

o hiato entre o gestor e o auditor",[245] possibilitando ajustes de ordem técnica e cooperativa na metodologia do contrato já em seu início, além de estabelecer protocolos, procedimentos e critérios objetivos de forma menos morosa. Tal desenho institucional vai ao encontro do Decreto n. 9.830/2019, em seu artigo 13, § 1°, que regulamenta as mudanças na Lei de Introdução às Normas do Direito Brasileiro (LINDB) por meio da Lei n. 13.655/2018, que afirma a predileção por ações de prevenção antes de processos sancionadores na atuação dos órgãos de controle.

É oportuno em tal contexto, ter em mente que o TCU, por meio de suas auditorias operacionais, tem buscado constatar oportunidades e riscos para um aperfeiçoamento da gestão pública. Construir soluções inteligentes e criativas é tarefa de todos, ainda que competências diferenciadas, na busca da melhor gestão coisa pública.

Por óbvio, essa proposta de mediação não objetiva preterir o gestor de sua função, mas sim, fazer uma aproximação do mesmo com o controle a cargo das Cortes de Contas, de tal forma que em colaboração e juntos lograrem soluções com maior eficiência e seguras, afinal é o que rezam as recentes alterações na ordem jurídica por meio da Lei n. 13.665/2018 e a Nova Lei de Licitações e Contratos Administrativos, Lei n. 14.133/2021.

Apesar do modelo institucional ter sido concebido para a efetivação de reequilíbrios em contratos de concessão, a câmara, evidentemente, também estaria apta para sediar transações de outras temáticas controversas entre o Poder Público e o particular.

A arquitetura institucional do procedimento sugerido, segundo Bruno Dantas, envolveria a junção de esforços de diversos atores: os

---

245 DANTAS, Bruno. "Consensualismo, eficiência e pluralismo administrativo: um estudo sobre a adoção da mediação pelo TCU". *Revista Jurídica da Presidência* [Recurso Eletrônico], Brasília, vol. 22, nº 127, jun./set. 2020, p. 275.

particulares envolvidos, o poder concedente, a agência reguladora do respectivo setor e o Tribunal de Contas da União.

> I) A mediação deverá ser iniciada exclusivamente por solicitação da agência reguladora ou do poder concedente dirigida ao Tribunal de Contas da União.
>
> II) O mediador conduzirá o procedimento de comunicação entre as partes, buscando o entendimento e o consenso e facilitando a resolução do conflito, tendo papel ativo na negociação do acordo e mantendo a interação com o relator e com as secretarias especializadas do Tribunal de Contas da União, com vistas a permitir que o acordo tenha tanto quanto possível aderência com parâmetros decisórios admitidos pelo tribunal.
>
> III) Em caso de acordo, o mediador submeterá a minuta à deliberação do conselho diretor ou da diretoria colegiada da agência que, aprovando-a, remeterá à apreciação do Tribunal de Contas da União, que avaliará as concessões recíprocas sob os aspectos da legalidade, legitimidade, economicidade e do interesse público em resolver o conflito sem judicialização e em prazo razoável.
>
> IV) O Tribunal de Contas da União apreciará a proposta de acordo no prazo de trinta dias prorrogável uma única vez por igual período, sendo obrigatória a intervenção do Ministério Público junto ao TCU, que emitirá seu parecer no prazo de dez dias.
>
> V) Aprovado total ou parcialmente o termo de acordo pelo plenário do Tribunal de Contas da União, a minuta do acordo retorna para a agência reguladora para homologação definitiva e produção de efeitos jurídicos.
>
> VI) O termo homologado pela agência reguladora constituir-se-á em título executivo extrajudicial, só podendo ter seus pressupostos de fato e de direito desconstituídos em caso de dolo ou fraude.[246]

---

246 DANTAS, Bruno. "Consensualismo, eficiência e pluralismo administrativo: um estudo sobre a adoção da mediação pelo TCU". *Revista*

O que propõe o Ministro Bruno Dantas se assemelha às diversas experiências em curso nas diversas Cortes de Contas brasileiras, de implementação de ajustes entre Administração Pública e contratados, com a mediação das Cortes de Contas por meio de instrumento denominado Termo de Ajuste de Gestão.

Nos instrumentos acima referidos, Câmara Técnica de Mediação e Termo de Ajuste de Gestão, vislumbra-se a possibilidade de ajustes técnicos e cooperativos na metodologia da execução da contratação pública, por meio do estabelecimento de protocolos, procedimentos e objetivos, de forma mais célere, afastando-se de uma dinâmica fiscalizatória punitiva que, por diversas vezes, se mostra pouco eficiente com a concretização do interesse público.

As Cortes de Contas no Brasil têm inovado, construindo instrumentos que viabilizam maior efetividade na fiscalização e aplicação dos recursos públicos. Diversos instrumentos, como auditorias operacionais, transversais e mesas técnicas, dentre outros, têm contribuído para um maior aperfeiçoamento do controle preventivo; se somam a estas proposições a iniciativa do TCU aqui relatada, que teve por inspiração os estudos aqui citados da lavra do Ministro Bruno Dantas.

4.2 Instrumentos de composição de conflitos no âmbito dos Tribunais de Contas: Mesas Técnicas e Termo de Ajuste de Gestão

O ordenamento jurídico brasileiro apresenta uma série de dispositivos que lastreiam a consensualidade dos órgãos de controle. A Constituição da República, de 1988, já em seu preâmbulo, que é um importante elemento para a interpretação constitucional, alerta para o incentivo à resolução pacífica, tanto na ordem interna como

---

Jurídica da Presidência [Recurso Eletrônico], Brasília, vol. 22, nº 127, jun./set. 2020, pp. 276/277.

na internacional, das controvérsias, além de conter outros trechos do texto constitucional com o mesmo norte, a exemplo, do artigo 98 da CF/1988, que estabelece a possibilidade de transação, mesmo em matéria penal.[247]

No atual contexto da Administração Pública, a rigidez do modelo burocrático não mais impera. A Lei de Introdução às Normas do Direito Brasileiro (Decreto-Lei n. 4.657/1942, modificado pela Lei n. 13.655/2018) traz contundente incentivo ao paradigma consensual da Administração Pública, franqueando pactos entre os órgãos de controle e os agentes públicos, com o objetivo de corrigir falhas sinalizadas pela atuação do controle.

> O controle consensual é um novo paradigma da juridicidade e da administração. Na avaliação de Luciano Ferraz, esse tipo de gerência permite que a atividade do controlador não se sujeite exclusivamente a uma visão maniqueísta, espécie de "crime-castigo", uma vez que o diálogo entre as instituições é indispensável para o atingimento dos objetivos fundamentais do Estado Democrático de Direito.[248]

Ao se prosseguir no inventário do rol das normas que estabelecem institutos por meio dos quais a consensualidade no Direito brasileiro se instrumentaliza, é possível encontrar:

Após a promulgação da Constituição Cidadã, de 1988, e anteriormente à Emenda Constitucional n. 19 de 1998, que inseriu o princípio da eficiência no artigo 37 da CF/1988, a Lei da Ação Civil Pública (Lei n. 7.347/1985) sofreu alteração, franqueando o Poder

---

247 ARRUDA, Marcela. *Controle de Contas 2.0*: O TAG como aliado das políticas públicas: termos de ajustamento de gestão na prática e possível aplicação no TCE-SP. Rio de Janeiro: Lumen Juris, 2022, p. 49.

248 ARRUDA, Marcela. *Controle de Contas 2.0*: O TAG como aliado das políticas públicas: termos de ajustamento de gestão na prática e possível aplicação no TCE-SP. Rio de Janeiro: Lumen Juris, 2022, pp. 49/50.

Público a firmar Termo de Ajustamento de Conduta com particulares, por meio de comunicações, válido como título executivo, nos termos do artigo 5º, § 6º, inserido, graças à Lei n. 8.078, de 11 de setembro de 1990.

A propósito, a questão da consensualidade, permeia diversos órgãos da Administração Pública, como por exemplo no âmbito da proteção ao direito do consumidor. O Decreto n. 2.181/1997, em seu artigo 6º, também tratou de possibilitar que entidades e órgãos da Administração Pública voltados para a defesa do consumidor e dos direitos estabelecidos no Código de Defesa do Consumidor, celebrassem compromissos de ajustamento de conduta às exigências legais, segundo o artigo 5º, § 6º, da Lei n. 7.347/1985.

Tal percurso normativo da consensualidade também alcançaria a seara de atuação dos Tribunais de Contas do Brasil, um marco desse processo ocorre no âmbito do Tribunal de Contas da Paraíba, em 2007:

> No âmbito dos Tribunais de Contas, em 2007 o Tribunal de Contas do Estado da Paraíba (TCE-PB), justificando que pretendia "fugir ao seu dever de punir os infratores das normas que orientam a gestão da coisa pública" para adotar medidas de orientação, de prevenção e correção de desvios que favorecessem ao administrador evitar erros ou corrigi-los, editou a Resolução Normativa RN TC n.05/2007, pela qual estabeleceu o Pacto de Adequação de Conduta Técnico-Operacional, permitindo que o compromisso fosse firmado entre a Corte de Contas e os gestores, sempre que a Auditoria verificasse a ocorrência de atos ou omissões considerados danosos ao erário, prejudiciais à população, ou lesivos ao interesse público.[249]

---

249 ARRUDA, Marcela. *Controle de Contas 2.0*: O TAG como aliado das políticas públicas: termos de ajustamento de gestão na prática e possível aplicação no TCE-SP. Rio de Janeiro: Lumen Juris, 2022, pp. 53/54.

No plano econômico, a Lei n. 6.385 de 1976, que dispõe sobre o mercado de valores mobiliários e cria a Comissão de Valores Mobiliários, em 2001, foi modificada em 2001, e passou a autorizar a assinatura de um Termo de Compromisso, com a finalidade de suspender o procedimento administrativo sancionatório, sob a condição do infrator aceitar as condições instituídas pela referida Lei.

Ainda na seara econômica, havia a previsão do Termo de Compromisso de Cessão, segundo a Lei n. 8.884/1994, que foi revogada pela Lei n. 12.529/2011, referido termo objetivava "o fim de finalização do procedimento administrativo instaurado para apurar conduta infratora, possibilidade mantida na nova legislação (artigo 85 da Lei n. 12.529/2011)".[250]

Em meados da década de 1990, a marcha da consensualidade ganha força com a Lei de Arbitragem (Lei n. 9.307/1996), permitindo um avanço importante na legislação do Brasil acerca dos instrumentos extrajudiciais de solução de conflitos sem negligenciar aqueles em que o Poder Público está inserido; e também a consensualidade avança com a Lei dos Juizados Especiais Cíveis e Criminais (Lei n. 9.099/1995) e a dos Juizados Especiais Federais (Lei n. 259/2001), franqueando, quando o litígio está ajuizado, para as causas que não ultrapassem o valor de 40 salários mínimos, a transação com o Poder Público.

No que tange às parcerias com o Poder Público, a Lei n. 11.079/2004, que estabeleceu as Parcerias Público-Privadas (PPPs), nos termos de seu artigo 11, inciso III, trouxe a previsão de mecanismos privados de resolução de disputas, com a inclusão da Arbitragem, disciplinada pela Lei n. 9.307/1996 (Lei da Arbitragem), a ser realizada no Brasil, objetivando dirimir conflitos pertinentes ao contrato.

---

250 ARRUDA, Marcela. *Controle de Contas 2.0*: O TAG como aliado das políticas públicas: termos de ajustamento de gestão na prática e possível aplicação no TCE-SP. Rio de Janeiro: Lumen Juris, 2022, p. 55.

Ainda sobre a consensualidade, importa o registro de que a Lei n. 8.987/1995, sofreu alteração em 2005, com a inserção da possibilidade do poder concedente, no contrato de concessão, prever mecanismos privados para a resolução de conflitos que emergirem do contrato, segundo a Lei n. 9.307/1997.

No âmbito da Advocacia Pública, mais precisamente, a da União, destaca-se a autorização para a Advocacia Geral da União desistir, transigir, acordar e firmar compromisso nas ações de interesse da União (inciso IV, do art. 4º, da LC n. 73/1993), regulamentada pela Lei n. 9.469/1997, que, além de autorizar expressamente que a União resolver administrativamente os conflitos, observadas as causas e o valores indicados na legislação, autoriza a transação em juízo e a possibilidade de ajuste por meio de Termo de Ajustamento de Conduta, "não limitando a transação apenas aos direitos patrimoniais, o que demonstra que a ideia de impossibilidade de transação quando se trata de direitos indisponíveis vem sendo há muito tempo superada".[251]

No Estado de São Paulo, o Decreto Estadual n. 52.201/2007 autoriza a celebração de TAC no âmbito da Administração Pública Direta e Indireta, sob a condição do ajustamento de conduta ter manifestação favorável da Procuradoria Geral do Estado de São Paulo.

Sobre a consensualidade, no âmbito das Agências Reguladoras, é possível mencionar, a título exemplificativo, a Lei n. 10.233/2001 que instituiu a Agência Nacional de Transportes e nos termos de seu artigo 20, inciso II, "b" afirma ser entre os seus objetivos: a harmonização dos interesses dos atores envolvidos – usuários, concessionários, permissionários e entidades delegadas – por meio da arbitragem de conflitos de interesses e do impedimento de situações conflituosas.

---

251 ARRUDA, Marcela. *Controle de Contas 2.0*: O TAG como aliado das políticas públicas: termos de ajustamento de gestão na prática e possível aplicação no TCE-SP. Rio de Janeiro: Lumen Juris, 2022, p. 56.

A Lei do Regime Diferenciado de Contratações (RDC), em 2015, também passou a albergar a consensualidade, com a inserção do artigo 44-A na Lei n. 12.462/2011, ao franquear o uso de mecanismos privados de resolução de conflitos.

Na seara judicial, com o advento do novo Código de Processo Civil, por meio da Lei n. 13.105/2015, também é vislumbrado o prestígio da consensualidade no ordenamento jurídico brasileiro, pelo fato de tal diploma normativo estimular os atores do sistema de justiça (advogados, juízes, membros do Ministério Público e defensores públicos) a se valerem de métodos para a solução consensual de conflitos, a exemplo da mediação e da conciliação.

Nessa marcha da legislação brasileira rumo à consensualidade, um grande marco foi a Lei n. 13.655/2018, que modificou a Lei de Introdução às Normas do Direito Brasileiro (LINDB), albergando "um novo regime jurídico de negociação com a Administração Pública", no artigo 26, franqueando ao Poder Público uma permissão genérica para a celebração de acordos substitutivos, mesmo na falta de norma específica, de forma, que instituiu uma disciplina regulamentar mínima, permitindo à Administração Pública transacionar com maior segurança jurídica.

A atual redação da Lei de Introdução às Normas do Direito Brasileiro, em última análise, almeja que as pactuações com o Poder Público, atendam aos legítimos anseios da sociedade em geral – e não apenas os interesses imediatos dos celebrantes –, mediante eficientes negociações, com a finalidade de superar eventuais irregularidades, incertezas jurídicas ou situações contenciosas.

Em suma, o denominador comum dos diplomas legais e os institutos acima mencionados consiste na busca por soluções consensuais e pacíficas para evitar o início ou a eternização dos conflitos entre a Administração e o particular.

> A atuação consensual também ganhou contornos mais amplos no que tange à finalidade buscada pelos compromissos, ou seja, para além do que o ordenamento jurídico já estabelecia sobre o

> atendimento aos compromissos firmados entre administrador e administrado, a inovação à LINDB propõe a garantia de compromissos mais eficientes à sociedade como um todo.[252]

Em relação às Cortes de Contas, instrumentos que viabilizem a consensualidade têm sido objeto de implementação nos últimos anos. A noção de pactos entre Tribunais de Contas e gestores públicos foi sendo albergada pela maioria das Cortes de Contas do Brasil, sob a nomenclatura de Termo de Ajustamento de Gestão, Termo de Ajuste de Gestão ou ainda Termo de Compromisso de Gestão. Mais recentemente esses instrumentos, em alguns órgãos de controle externo, como no caso do Tribunal de Contas do Município de São Paulo, têm sido utilizados para viabilizar a mediação de conflitos entre o Poder Público e o particular contratado.

No caso do Tribunal de Contas do Município de São Paulo, foi desenvolvida uma ferramenta para busca de consensualidade denominada mesa técnica, que nada mais é do que reuniões de natureza técnica entre órgão controlador e controlado, e, em alguns casos, envolvendo a participação de empresas contratadas pelo Poder Público, onde as divergências são postas e tratadas, na busca de acordos que preservem o interesse público. Essa experiência tem se mostrado eficiente na condução transparente dos debates para maior celeridade na resolução dos conflitos e nas soluções acordadas como forma de diminuir tensões e pelo diálogo, buscar as soluções mais adequadas.

Passo a abordar, de forma mais detida, o Termo de Ajustamento de Gestão.

---

252 ARRUDA, Marcela. *Controle de Contas 2.0*: O TAG como aliado das políticas públicas: termos de ajustamento de gestão na prática e possível aplicação no TCE-SP. Rio de Janeiro: Lumen Juris, 2022, p. 62.

4.2.1 Termo de Ajustamento de Gestão

No contexto de um novo modelo consensual de Direito Administrativo, ganha destaque o Termo de Ajustamento de Gestão, como instrumento que privilegia a busca da solução mais adequada, por diálogo mútuo, para os conflitos envolvendo Administração Pública e os particulares contratados.

Acerca dos seus fundamentos constitucionais, vislumbra-se o estímulo da utilização dos mecanismos consensuais, conforme o disposto no artigo 71, inciso IX da Constituição Federal de 1988.

> Art. 71. O controle externo, a cargo do Congresso Nacional, será exercido com o auxílio do Tribunal de Contas da União, ao qual compete:
>
> IX – assinar prazo para que o órgão ou entidade adote as providências necessárias ao exato cumprimento da lei se verificada ilegalidade;

No plano infraconstitucional, o estímulo às práticas consensuais, nas relações entre gestores públicos e Cortes de Contas, pode ser constatado na Lei de Responsabilidade Fiscal (Lei n. 101/2000), na Lei de Ação Civil Pública (Lei n. 7.347/1985) e na LINDB, por meio das modificações inseridas pela Lei Federal n. 13.655/2018. A Nova Lei de Licitações também trouxe disposição específica sobre a matéria, em seu artigo 151:

> Art. 151. Nas contratações regidas por esta Lei, poderão ser utilizados meios alternativos de prevenção e resolução de controvérsias, notadamente a conciliação, a mediação, o comitê de resolução de disputas e a arbitragem.

A título de exemplo, nos termos do artigo 59, § 1º da Lei Complementar n. 101/2000 – Lei de Responsabilidade Fiscal – os Tribunais de Contas têm incumbência de emitir alertas aos gestores públicos, uma vez que, constatadas circunstâncias que possam trazer riscos à gestão orçamentária.

A Lei da Ação Civil Pública (Lei Federal n. 7.347/1985), por seu turno, prevê instrumento firmado entre Administração Pública, Particulares e o Ministério Público, dos compromissos firmados entre as partes para adequação de condutas ao quanto exigido em lei, denominado de Termo de Ajustamento de Conduta, ferramenta que se aproximada natureza do Termo de Ajustamento de Gestão, mas com este não se confunde.

Vale mencionar a experiência do TCE de Minas Gerais, que, no seu âmbito, implementou mecanismo de consensualidade por intermédio de instrumento denominado de Termo de Compromisso de Gestão, a partir do ano de 2007, que se aperfeiçoou com a aprovação da Lei Complementar n. 120/2011, que estabeleceu a inserção do TAG na Lei Orgânica daquele Tribunal, nos seguintes termos:

> Art. 93-A. Fica instituído, no âmbito do Tribunal de Contas, Termo de Ajustamento de Gestão para regularizar atos e procedimentos dos Poderes, órgãos ou entidades por ele controlados.
>
> § 1º. O Termo de Ajustamento a que se refere o caput poderá ser proposto pelo Tribunal de Contas ou pelos Poderes, órgãos e entidades por ele controlados, desde que não limite a competência discricionária do gestor.
>
> § 2º. A assinatura de Termo de Ajustamento de Gestão suspenderá a aplicação de penalidades ou sanções, conforme condições e prazos nele previstos.
>
> § 3º. É vedada a assinatura de Termo de Ajustamento de Gestão nos casos em que esteja previamente configurado o desvio de recursos públicos e nos casos de processos com decisão definitiva irrecorrível (Grifo nosso).[253]

---

253 ARRUDA, Marcela. *Controle de Contas 2.0*: O TAG como aliado das políticas públicas: termos de ajustamento de gestão na prática e possível

Como se vê, este instrumento tem se proliferado nas Cortes de Contas de toda a federação.

As diversas iniciativas sobre o tema, Brasil afora, ganharam reforço com a edição da pela Lei n. 13.655/2018 que alterou a Lei de Introdução às Normas do Direito Brasileiro (n. 4.657/1942) modificada, cuja redação do artigo 26, expressamente, prevê a celebração de "compromissos com os interessados".

> Art. 26. Para eliminar irregularidade, incerteza jurídica ou situação contenciosa na aplicação do direito público, inclusive no caso de expedição de licença, a autoridade administrativa poderá, após oitiva do órgão jurídico e, quando for o caso, após realização de consulta pública, e presentes razões de relevante interesse geral, <u>celebrar compromisso com os interessados</u>, observada a legislação aplicável, o qual só produzirá efeitos a partir de sua publicação oficial.
>
> § 1º. O compromisso referido no caput deste artigo:
>
> I – buscará solução jurídica proporcional, equânime, eficiente e compatível com os interesses gerais;
>
> III – não poderá conferir desoneração permanente de dever ou condicionamento de direito reconhecidos por orientação geral;
>
> IV – deverá prever com clareza as obrigações das partes, o prazo para seu cumprimento e as sanções aplicáveis em caso de descumprimento.

O Decreto n. 9.830, de 10 junho de 2019, que regulamenta a LINDB, disciplinou o Termo de Ajustamento de Gestão, em seu artigo 11:

> **Termo de ajustamento de gestão**
>
> Art. 11. Poderá ser celebrado termo de ajustamento de gestão entre os agentes públicos e os órgãos de controle interno da

---

aplicação no TCE-SP. Rio de Janeiro: Lumen Juris, 2022, pp. 70/71.

> administração pública com a finalidade de corrigir falhas apontadas em ações de controle, aprimorar procedimentos, assegurar a continuidade da execução do objeto, sempre que possível, e garantir o atendimento do interesse geral.
>
> § 1º. A decisão de celebrar o termo de ajustamento de gestão será motivada na forma do disposto no art. 2º.
>
> § 2º. Não será celebrado termo de ajustamento de gestão na hipótese de ocorrência de dano ao erário praticado por agentes públicos que agirem com dolo ou erro grosseiro.
>
> § 3º. A assinatura de termo de ajustamento de gestão será comunicada ao órgão central do sistema de controle interno.

Apesar de o TAG ser um instrumento anterior à LINDB, com a referida nova redação desta lei, o instituto encontrou maior segurança jurídica e amparo legal.

No que tange à natureza jurídica do instituto, é oportuno recordar que o Termo de Ajustamento de Conduta (TAC) serviu de inspiração ao Termo de Ajustamento de Gestão (TAG), uma vez que almeja um ajustamento dos interesses do controlador e do controlado, por meio do compromisso desse segundo a reparar as falhas de gestão para a conformidade da lei, nos termos do pactuado entre os interessados, mas não apenas isso: o TAG também busca pela consensualidade servir como instrumento de mediação de conflitos entre o poder público e particulares contratados, objetivando a solução de controvérsias com vistas atender o interesse público.

O TAG objetiva a prevenção e a reformulação de práticas e procedimentos visando superar irregularidades e promover aperfeiçoamento no desempenho da atuação de órgãos ou entidades da administração, assim como na execução de contratos envolvendo poder público e particulares, sempre que não for imprescindível o uso do poder coercitivo da Administração Pública.

Quanto à legitimidade para a celebração do TAG não há grandes controvérsias, a iniciativa de sua propositura pode ser feita pelo Conselheiro relator, pelo Conselheiro Presidente e pelo gestor responsável pelo órgão ou entidade controlado e, em alguns casos, conforme disposição em norma específica, o Ministério Público de Contas também é legitimado para propositura do TAG.

A evolução dos métodos adotados pelo Controle Externo exercido pelos Tribunais de Contas no Brasil expressa uma necessidade cada vez maior de estabelecer regras que viabilizem a gestão mais eficiente dos recursos públicos. Ao invés de se preocupar meramente com a correção dos atos administrativos já concluídos, reprimindo ações irregulares de agentes públicos, nos tempos atuais o controle externo se preocupa com os resultados obtidos pelo Poder Público na aplicação dos recursos do erário.

O que tem demonstrado maior eficácia é controle preventivo – em suas modalidades prévia e concomitante – e, com ele, o aperfeiçoamento de todos os instrumentos para sua concretização.

Dentre outros, o TAG tem se demonstrado como um instrumento importante para corrigir deficiências, ajustar condutas e procedimentos, bem como para projetar soluções adequadas para os conflitos. Trata-se, assim, de instrumento eficaz para viabilizar um controle externo ágil, proativo e que chegue antes do desperdício dos recursos públicos.

4.2.2 Mesas Técnicas

As Mesas Técnicas servem a propósitos variados: (i) o primeiro deles é o esclarecimento de divergências técnicas entre os técnicos do órgão controlado e dos técnicos do controle externo; (ii) o segundo é dar celeridade às matérias que envolvem interesse público de maior relevância e complexidade; (iii) conferir maior transparência dos atos da administração, mas também da relação controle/controlados e (iv) servir de instrumento para efetivação da consensualidade no âmbito do Controle Externo, por meio da articulação de acordos, quando necessário, envolvendo a Administração Pública e particulares contratados com vistas a assegurar o cumprimento do interesse público.

A concepção desse mecanismo é fazer com que as áreas técnicas da Auditoria do Tribunal, responsáveis pela realização das fiscalizações, nas matérias de maior relevância e nos temas mais sensíveis à sociedade, com a mediação do Conselheiro Relator, reúnam-se com os dirigentes e o corpo técnico da unidade auditada para fins de buscarem conjuntamente soluções para as falhas detectadas, alinhando-se à moderna tendência de buscar na consensualidade e na colaboração as soluções que melhor atendam ao interesse público.

A função precípua das Mesas Técnicas é fazer com que o Controle Externo chegue antes do desperdício dos recursos públicos e, ao mesmo tempo, atue como avalista de políticas públicas qualificadas. Por meio das Mesas Técnicas, é possível superar entraves burocráticos, dando maior celeridade a matérias mais relevantes do ponto de vista do interesse público.

No caso do Tribunal de Contas do Município de São Paulo, a matéria está regulamentada pela Resolução n. 2, de 2023.

Segundo este normativo, são objetivos da Mesa Técnica a busca de informações técnicas e demais elementos necessários ao esclarecimento e eventual superação de matérias controvertidas, desde que consideradas de destacada relevância ou de alto grau de complexidade, tendo sempre como norte a busca pela celeridade processual e solução consensual dos conflitos.

As Mesas Técnicas podem ser realizadas por convocação do Relator ou por solicitação do representante do órgão/entidade controlada, para: i) para apresentação de projetos de interesse da Administração Pública que possam atrair a competência fiscalizatória do Tribunal de Contas; ii) nos Acompanhamentos de Editais e nas Representações e Denúncias sobre Editais, quando, em face da análise do instrumento convocatório, tenha sido elaborado Relatório Preliminar de Fiscalização com apontamento(s) de irregularidade(s); iii) nos demais processos de fiscalização em que eventual constatação de irregularidade(s) não tenha sido superada após os esclarecimentos prestados pela Administração.

As Mesas Técnicas têm natureza informativa, devendo ser realizadas, conforme o caso, 30 (trinta) dias antes da publicação do edital de licitação ou previamente à elaboração do correspondente relatório de fiscalização pelo Tribunal.

Para apresentação de projetos de interesse da Administração, o responsável pelo órgão ou entidade jurisdicionada e os servidores públicos por ele indicados deverão apresentar o projeto de maneira detalhada, contemplando os elementos técnicos substantivos pertinentes às modelagens econômico-financeira, jurídica e urbanística, conforme o caso.

A realização da Mesa Técnica induz prevenção de relatoria dos processos de fiscalização que vierem a ser instaurados para análise de atos e contratos decorrentes do projeto apresentado, salvo se no intervalo entre a Mesa Técnica e a implementação do projeto apresentado ou a publicação do respectivo edital de licitação, conforme o caso, tenha ocorrido mudança de relatoria nos termos do Regimento Interno do Tribunal de Contas.

Nos processos de desestatização, para fins de planejamento das atividades de controle, caberá à Administração Pública Municipal encaminhar a este Tribunal, com antecedência mínima de 30 (trinta) dias à publicação do respectivo edital de licitação, os documentos definidores do projeto que contemplem a descrição do objeto, valor dos investimentos, cronograma do processo licitatório, elementos técnicos fundamentais pertinentes às modelagens jurídica, urbanística e econômico-financeira, estudos de viabilidade, receitas acessórias e minutas do instrumento convocatório e respectivos anexos, incluindo minuta contratual e caderno de encargos.

Além dos órgãos ou entidades convidadas pelo Conselheiro Relator, deverão ser convocados para comparecerem à Mesa Técnica a equipe da área de auditoria do Tribunal de Contas.

Os esclarecimentos e as informações apresentadas na Mesa Técnica não vinculam os participantes, e a instrução processual ficará limitada ao que vier a ser formalizado nos autos. Assim, as justificativas e as providências a que a Administração Pública se comprometer a adotar na oportunidade deverão ser formalizadas, por manifestações e documentos, para posterior exame pelos órgãos técnicos do Tribunal.

Percebe-se, assim, que as mesas técnicas são instrumentos importantes para promover a troca de informações visando aproximar a atuação de controle à realidade dos gestores públicos, refinar a percepção do corpo técnico de auditoria dos Tribunais e, ao mesmo tempo, promover a interação, por meio do diálogo, com órgão ou entidade jurisdicionada, caracterizando-se, assim, como ferramenta apta a reforçar a legitimidade, eficiência e efetividade da atuação administrativa.

4.3 Estudo de Caso 1: a contratação dos serviços de indivisíveis de limpeza pública no Município de São Paulo

Para a realização das atividades de limpeza urbana, o município de São Paulo celebra contratos administrativos de serviços divisíveis e indivisíveis de limpeza pública firmados com empresas privadas.

Dentre esses contratos, está o de varrição das vias e lavagem de áreas públicas, que absorve uma parte cada vez maior do orçamento público da cidade.

A Lei Municipal n. 13.478/2002 definiu o serviço de limpeza urbana indivisíveis da seguinte maneira:

> Art. 23 – São serviços de limpeza urbana indivisíveis essenciais, entre outros:
>
> I – a conservação e limpeza pública dos bens de uso comum do Município;
>
> II – a varrição e asseio de vias, viadutos, elevados, praças, túneis, escadarias, passagens, vielas, abrigos, monumentos, sanitários e demais logradouros públicos;

III – a raspagem e a remoção da terra, areia, e quaisquer materiais carregados pelas águas pluviais para as ruas e logradouros públicos pavimentados;

IV – a capinação do leito das ruas, bem como o condicionamento e a coleta do produto resultante, assim como a irrigação das vias e logradouros públicos não-pavimentados, dentro da área urbana;

V – a limpeza e desobstrução de bueiros, bocas-de-lobo, poços de visita, galerias pluviais e correlatos;

VI – a remoção de animais mortos, de proprietários não-identificados, de vias e logradouros públicos;

VII – a limpeza de áreas públicas em aberto;

VIII – a limpeza de áreas e tanques de contenção de enchentes.

Parágrafo único – Os serviços indivisíveis essenciais serão prestados pela Prefeitura, direta ou indiretamente, por meio de empresas contratadas, em regime de empreitada ou locação de equipamentos e serviços, conforme a definição da Lei Orgânica do Município, nos termos da legislação que rege a matéria.

Art. 24 – *São serviços indivisíveis complementares os demais serviços indivisíveis de limpeza urbana, que tenham natureza paisagística ou urbanística.*

Na cidade de São Paulo, os serviços de varrição e outros serviços complementares se estendem por mais de 16.000 km de vias, compreendendo cerca de 51.000 logradouros, 21 túneis e passagens subterrâneas, 440 monumentos públicos, 450.000 bueiros e bocas de lobo, além de aproximadamente 878 feiras-livres.

Até 2011, esses serviços eram realizados por meio dos contratos resultantes da Concorrência n. 01/SES/05, que dividiu a cidade em cinco agrupamentos, cada um com um contrato respectivo. Com o fim desses contratos, no ano de 2011 o município realizou nova licitação (Concorrência Pública n. 07/SES/2011), com alteração da modelagem dos serviços, bem como modificação na quantidade de agrupamentos em que a cidade seria dividida, passando agora para apenas dois lotes.

Estudo da área de Auditoria do Tribunal de Contas do Município de São Paulo, comparando esses dois modelos de contratação, comprovou que o regime de divisão do objeto em apenas dois lotes revelou-se antieconômico – os valores pagos por quilo de resíduo sólido coletado, em alguns casos, foram 82% mais caros em relação ao modelo divisão da cidade em mais agrupamentos.

Referida análise comparativa apresentada pela área de Auditoria do TCMSP indicou o preço por tonelada dos resíduos coletados em cada um dos contratos ao longo do tempo, tomando por base os contratos decorrentes das licitações de 2005 (divisão em cinco lotes) e de 2011 (divisão em dois lotes).

Os dados comprovam que:

> (...) os valores pagos por kg de resíduo coletado dos contratos com dois lotes (SES/2011) **são notavelmente mais caros do que os do contrato com cinco lotes** (SES/2006).(...) **Para o ano de 2014 a discrepância chega a 82%, isto é, os contratos de 2011 com dois lotes pagaram 82% a mais do que teriam pago caso tivessem permanecido nos termos dos contratos de 2006, atualizando seus valores pela inflação.** (grifo nosso)

Para corroborar tal conclusão, reproduzo aqui o quadro comparativo elaborado a partir de dados do SISCOR – Sistema de Controle de Resíduos Sólidos Urbanos e do Sistema Ábaco do TCMSP:

Comparativo pago por kg de resíduos Coletados

Ano	Quantidade Recolhida (kg)	Valor pago	Preço por kg
Contratos 51, 52, 53, 54 e 55/SES/2006			
2008	99.073.120	R$ 300.044.774,64	R$ 3,03
2009	96.964.950	R$ 350.910.328,60	R$ 3,62
2010	102.917.860	R$ 362.665.278,08	R$ 3,52
Contratos 73 e 74/SES/2011			
2012	134.127.167	R$ 745.626.689,29	R$ 5,56
2013	118.738.820	R$ 809.624.308,28	R$ 6,82
2014	113.912.630	R$ 878.226.678,27	R$ 7,71

Fonte: Dados do SISCOR e Sistema Ábaco deste TCM

Gráfico 1 – Comparação entre Contratos 51, 52, 53, 54 e 55/SES/2006 e Contratos 73 e 74/SES/2011

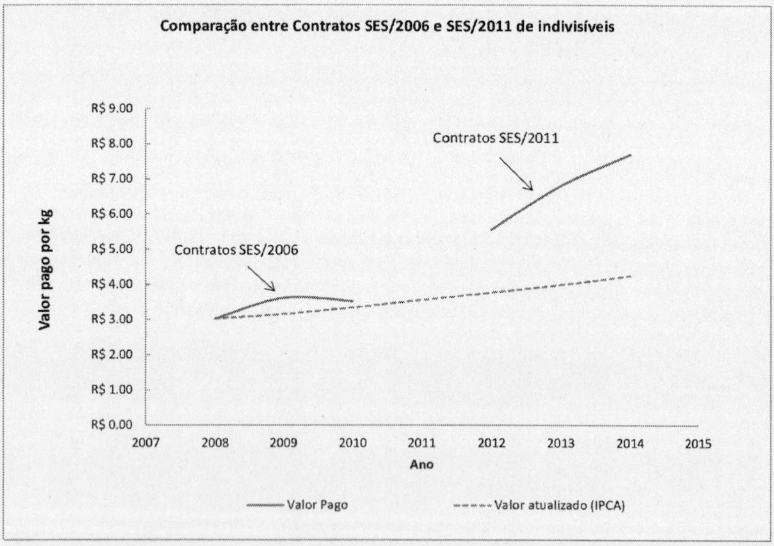

Fonte: Levantamento SFC

Os dados apresentados pela Auditoria comprovam que o modelo de divisão do objeto em apenas dois lotes revelou-se, assim, antieconômico e, ao mesmo tempo, ineficiente. Os diversos TCs que analisaram a execução dos atuais contratos em vigor, bem como o minudente relatório da Controladoria Geral do Município, comprovaram a baixa qualidade dos serviços prestados, além da incapacidade da Autarquia de exercer a atividade de controle e fiscalização da sua prestação.

Ao mesmo tempo, a modelagem com apenas dois lotes não trouxe ganhos de eficiência ao serviço de varrição, uma vez que as diversas fiscalizações realizadas pela Corte de Contas paulistana e também pela Controladoria Geral do Município comprovaram a baixa qualidade dos serviços prestados, verificando-se falhas como: ausência de realização completa e satisfatória de limpeza de áreas vistoriadas, falta de recolhimento de detritos no tempo adequado, quantidade deficiente e falha na manutenção de lixeiras, bem como existência de descarte irregular de resíduos clandestinos em pontos viciados.

Conforme o Relatório de Auditoria da Controladoria Geral do Município, elaborado em 2015, que teve como objetivo analisar a execução do Contrato no 073/SES/2011.

Nesse relatório o órgão de Controle Interno da Municipalidade constatou a existência de inúmeras irregularidades na execução contratual, dentre as quais destacam-se: pagamentos efetuados em desacordo com o contrato; fragilidades na Fiscalização dos Serviços; incoerências entre a Fiscalização das Subprefeituras e as ocorrências registradas no SAC Limpeza Urbana; Autos de Constatação de Irregularidade Contratual – ACICs, pendentes de análise, superando R$ 12 milhões (valor original), em caso de serem convertidos em multa; desproporção entre os valores dos serviços contratados, em relação às demandas registradas no SAC Limpeza Urbana; divergência nas informações do SAC Limpeza Urbana com as informações prestadas pelos munícipes nas ligações telefônicas; fragilidades na avaliação do índice que mede a qualidade do atendimento do SAC Limpeza Urbana; fragilidades na Avaliação de Desempenho da Contratada – ADC; execução parcial e inexecução nos Serviços de varrição, em desacordo com o contrato; inclusão de novo modelo de papeleira, após a prorrogação do contrato, sem a apresentação de memória de cálculo com os respectivos custos, mantendo-se os valores do modelo anterior; pagamentos indevidos de Fornecimentos e Instalações de lixeiras durante a prorrogação do contrato.

Destaca, ainda, a Controladoria que as fragilidades constatadas perduram desde os contratos anteriores, executados sob o antigo regime, por preço unitário.

Em relação às fragilidades na fiscalização da execução contratual, a Controladoria realizou vistoria *in loco* em logradouros de determinadas Prefeituras Regionais, no período de maio a outubro de 2015. Dentre as irregularidades constatadas, destaco o seguinte trecho do relatório daquele órgão de Controle:

> (...) a quantidade de varrição estimada no contrato e paga pela AMLURB, não está sendo obedecida na totalidade pela contratada;
>
> Nos locais visitados, verificamos que não há varrição em ruas com movimento menor e nas que fazem cruzamento com outras ruas principais, tanto em bairros comerciais quanto residenciais;
>
> Notamos que é comum a presença de sacos de varrição, que deveriam ser recolhidos até quatro horas após a execução dos serviços, mas são deixados nas vias e com frequência são misturados a entulhos e lixos acumulados soltos ou ensacados que aguardam coleta;
>
> Em todo o agrupamento é visível a presença de entulhos e objetos volumosos acumulados em canteiros e calçadas em vários pontos;
>
> Os serviços de varrição são executados de forma incompleta (apenas um lado da via ou parte dela, deixando o restante sem varrer);

> Notamos também que em determinados logradouros não há equipe, mas um único varredor, sendo que o contrato estipula no mínimo dois varredores e, no caso dos calçadões, três; (...).[254]

Referido relatório reporta que, no período de outubro de 2014 a janeiro de 2015, 28.503 reclamações e solicitações foram registradas no SAC Limpeza Urbana, 23.071 vistorias foram realizadas pelas Subprefeituras[255] e apenas 2.999 ocorrências foram geradas.

As irregularidades detectadas pelas Subprefeituras geram Autos de Constatação de Irregularidade Contratual – ACIC, que são encaminhados à Autoridade Municipal de Limpeza Urbana[256] para análise e possível aplicação de penalidade.

A Controladoria apurou que, dos 10.484 ACICs encaminhados à AMLURB entre 2012 e 2015, apenas 1.043 haviam sido analisados pela Autarquia, o que revela significante ineficiência da atuação da entidade no processo de fiscalização do Contrato. Ainda, do total das multas previstas a serem cobradas, R$ 12 milhões, apenas R$ 200 mil foram cobrados no período analisado, conforme gráfico apresentado a seguir.

---

254 Controladoria Geral do Município de São Paulo. Relatório de Auditoria juntado aos autos do TC 11.477/2017.

255 Conforme Lei municipal n. 13.399/02, as Subprefeituras são órgãos da Administração Direta, responsáveis pela gestão em áreas administrativas de limites territoriais estabelecidos em função de parâmetros e indicadores socioeconômicos.

256 A AMLURB (Autoridade Municipal de Limpeza Urbana) foi criada em 2002, autarquia responsável pela gestão dos resíduos e limpeza urbana da cidade de São Paulo. Foi extinta no ano de 2022 conforme Decreto n. 62.139/2022.

Gráfico XX – Autos de Infração x Multas Efetivamente Cobradas

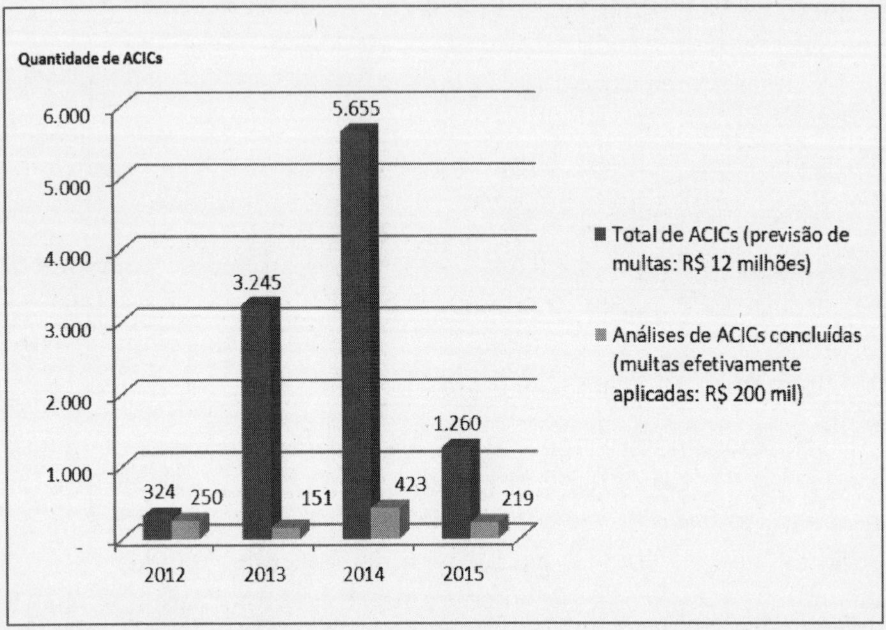

Fonte: Secretaria de Controle Externo do Tribunal de Contas do Município de São Paulo

O que se constatou é que dentre as causas principais para as inúmeras falhas detectadas estavam: a baixa competitividade do procedimento licitatório; a incorreta modelagem contratual e a insuficiente fiscalização da execução contratual pela Administração.

O histórico aqui relacionado, que compreende mais de dez anos de serviço de varrição no Município de São Paulo, a partir de dados coletados em diversos procedimentos de fiscalização realizados por esta Corte de Contas e pela Controladoria Geral do Município, demonstra que os serviços de varrição vinham sendo insatisfatoriamente prestados aos munícipes paulistanos e a um alto custo para o Tesouro Público. Dados constantes dos relatórios de Auditoria permitem aferir que, enquanto em 2005 foi necessário empenhar cerca de R$ 291 milhões apenas com o serviço de varrição e lavagem de vias públicas, em 2015 esse dispêndio do Município saltou para mais de R$ 1 bilhão em termos liquidados.[257]

Em que pese o Tribunal ter aprovado a licitação anterior (Concorrência Pública n. 07/SES/2011), que redundou em nova modelagem de prestação dos serviços de varrição, as inúmeras irregularidades e dificuldades na fiscalização constatadas na execução dos contratos em vigor revelaram a necessidade de aperfeiçoamento do modelo de contratação.

Nesse sentido, foi imperiosa a atuação do Controle Externo a fim de impedir que as falhas detectadas se perpetuassem na nova licitação decorrente do término dos contratos oriundos da Concorrência Pública n. 07/SES/2011, considerando a importância da matéria e o impacto financeiro que esse serviço representa para a cidade.

O que se constatou é que dentre as causas principais para as inúmeras falhas detectadas na prestação dos serviços estão: (i) a baixa competitividade da modelagem do certame anterior; (ii) a incorreta modelagem contratual e (iii) a insuficiente fiscalização da execução contratual pela Administração.

Tais questões continuavam sem o devido tratamento na minuta do Edital apresentado pela Prefeitura de São Paulo para a nova contratação dos serviços de varrição, publicada por ocasião de Audiência Pública veiculada com a finalidade de tornar pública a intenção realizar nova contratação dos serviços de varrição pública na cidade.[258]

A audiência pública, nos termos da então vigente Lei n. 8.666/93, caracterizava-se como procedimento inicial obrigatório para as

---

257 Relatório de Auditoria constante dos autos do TC 11.477/2017.

258 Audiência Pública n. 1/AMLURB/2017, promovida pela Secretaria Municipal das Prefeituras Regionais, por meio da Autoridade Municipal de Limpeza Urbana – AMLURB, Processo Administrativo n. 2017-0.101.566-4

licitações de maior vulto.[259] É por intermédio desse instrumento que o legislador vislumbrou para as licitações de maior relevância a possibilidade de que os potenciais interessados com a contratação formulem questionamentos a fim de possibilitar o aprimoramento e a compreensão do objeto a ser licitado com oferecimento de sugestões e críticas à licitação a ser realizada.

Marçal Justen Filho registra o seguinte:

> A audiência pública permitirá a qualquer "interessado" formular indagações e pleitear esclarecimentos, os quais deverão ser prestados de modo motivado. Mesmo os aspectos discricionários da atividade administrativa poderão ser objeto de esclarecimentos.[260]

As opções tornadas públicas pela Administração Municipal na minuta do edital de licitação divulgada na audiência pública indicavam a manutenção de fatores que ensejaram vícios no procedimento licitatório e na execução dos contratos anteriores, constatados em diversos procedimentos de auditoria realizados tanto pelo Tribunal de Contas[261] quanto pela Controladoria Geral do Município de São Paulo, ensejou a atuação preventiva do TCMSP já na fase preparatória

---

259 Lei n. 8.666/1993. Art. 39. Sempre que o valor estimado para uma licitação ou para um conjunto de licitações simultâneas ou sucessivas for superior a 100 (cem) vezes o limite previsto no art. 23, inciso I, alínea "c" desta Lei, o processo licitatório será iniciado, obrigatoriamente, com uma audiência pública concedida pela autoridade responsável com antecedência mínima de 15 (quinze) dias úteis da data prevista para a publicação do edital, e divulgada, com a antecedência mínima de 10 (dez) dias úteis de sua realização, pelos mesmos meios previstos para a publicidade da licitação, à qual terão acesso e direito a todas as informações pertinentes e a se manifestar todos os interessados.

260 JUSTEIN FILHO, Marçal. *Comentários à lei de licitações e contratos administrativos*. 13ª ed. São Paulo: Dialética 2009, p. 829.

261 Conforme Relatório Anual de Fiscalização de 2015 – TC n. 002.347/2016.

da licitação, visto que a projeção de procedimento licitatório pautado em possível premissa equivocada poderia trazer prejuízos à cidade, uma vez que o formato de licitação proposto na minuta do edital indicava a continuidade de empresas que operavam o sistema, tendo em vista (i) a grande dimensão dos lotes licitados e (ii) a alta proporção de execução anterior do serviço necessária para a obtenção da habilitação técnica no processo licitatório.

O processo licitatório, como amplamente reconhecido, é dividido em duas fases distintas, porém, naturalmente interligadas e a consequência da primeira importará no resultado da segunda.

A primeira fase, conhecida como fase interna da Licitação, por praxe procedimental, não costuma ser objeto prévio de análise por parte do Controle Externo. Todavia, a publicação de um Edital, naturalmente, enseja a projeção da disputa e a necessidade de preparo por parte da Administração Pública e dos particulares interessados na competição. Desse modo, pode-se concluir que tanto a administração como particulares interessados em participar do processo licitatório sofrem prejuízos financeiros e temporais quando um processo é paralisado durante a disputa.

Assim, mostra-se relevante a atuação do Controle Externo na fase preparatória do certame, visto que a projeção de procedimento licitatório pautado em possível premissa equivocada – além dos prejuízos indicados – pode ensejar maior tempo de ajuste e consequente contratação em caráter emergencial, em especial quando a natureza da contratação envolver serviço público que não pode sofrer solução de continuidade.

Como parte integrante do procedimento licitatório, a fase interna de licitação ganha uma projeção importante quando a Administração Pública revela não apenas o objeto, mas o modelo de licitação e a forma de contratação.

Ainda que se reconheça que os atos relacionados à fase interna da licitação, em relação ao controle exercido pelos Tribunais de

Contas, tenham natureza diferenciada, certo é que uma vez constatada a plausibilidade, ainda que em tese, da existência de iminente situação apta a conduzir a um prejuízo aos cofres públicos, o controle externo, ancorado no Poder Geral de Cautela, tem o dever de atuar para, preventivamente, evitar a ocorrência de lesão ao erário, assegurando a preservação do interesse público, considerando para tanto aspectos relacionados aos princípios da legalidade, legitimidade e economicidade.

No caso concreto narrado neste estudo, no ato da Audiência Pública de preparação do certame, a Administração Pública explicitou uma modalidade de licitação, fixou o objeto e apresentou um modelo de divisão da cidade em dois lotes. Outros modelos foram de pronto excluídos.

Foram esses os elementos suficientes para provocar a análise prévia por parte do Controle Externo e, uma vez evidenciado nesses mesmos elementos o potencial apto a ensejar prejuízo ao erário, não existia porque esperar a publicação do edital, que marcaria o início da fase externa da licitação, e com isso agravaria uma situação que poderia ser resolvida *ab initio*, ou seja, em seu nascedouro.

Assim, no exercício do controle preventivo em sua modalidade prévia, em 04 de outubro de 2017, o Plenário do TCMSP referendou decisão monocrática do Conselheiro relator que , em ainda na fase interna da licitação determinou, com fundamento no artigo 113, § 2º, da Lei Federal n. 8.666/93, combinado com os artigos 19, incisos VII e VIII da Lei Municipal n. 9.167/80, e 101, § 1º, alínea "d", do Regimento Interno, a suspensão, *ad cautelam* da publicação do Edital de Licitação veiculado no Processo Administrativo n. 2017-0.101.566-4 da Autoridade Municipal de Limpeza Urbana – AMLURB.[262]

262 Decisão proferida nos autos do TC 011477/2017 na Sessão Ordinária n. 2.950.

Após regular instrução do feito, o Plenário do TCMSP expediu decisão revogando a medida cautelar anteriormente proferida, condicionando, entretanto, a contratação dos serviços de varrição na cidade de São Paulo aos seguintes requisitos:

> 1 – Proceder a contratação dos serviços indivisíveis de limpeza pública no Município de São Paulo por meio de Pregão na modalidade eletrônica, em consonância com o art. 1º, parágrafo único, da Lei Federal n. 10.520/2002 c/c com o art. 2º, parágrafo único, do Decreto Municipal n. 46.662/2005, e com o Decreto Municipal n. 54.102/2013.
>
> 2 – Promover as devidas alterações no futuro Edital, dividindo o objeto em, pelo menos, cinco agrupamentos, mantendo a possibilidade de participação de consórcio nos moldes previstos na minuta do edital, de modo a ampliar a competitividade do certame, uma vez que a divisão do objeto em dois agrupamentos não demonstrou a economicidade e a eficiência na execução do serviço, em especial devido aos apontamentos de irregularidades na sua execução e, ainda, por haver claras evidências do aumento do preço por tonelada dos resíduos coletados em relação aos contratos anteriores e, finalmente, pela restrição à competitividade do certame em relação à qualificação das licitantes.
>
> 3 – Incluir regra no futuro Edital que limite a cada Contratada a adjudicação de no máximo 1 (um) agrupamento, de forma a ampliar a competitividade e afastar o risco de "cartelização" deste mercado;
>
> 4 – Fazer constar no futuro Edital previsão de que eventuais modificações societárias ocorridas no âmbito interno das licitantes após a adjudicação do objeto, tais como reestruturação societária, cisão, fusão e incorporação, sejam submetidas previamente ao crivo da Administração e por esta publicada, ato este sujeito ao Controle Externo a cargo deste Tribunal, de forma a possibilitar o exame das alterações havidas, com vistas a assegurar que não ocorram burlas às condições inicialmente estabelecidas no edital e também no respectivo contrato.

> 5 – Elaborar um plano de fiscalização de forma a permitir o cumprimento da contratação na sua integralidade, e que permita à Administração Pública remunerar somente os serviços efetivamente prestados.
>
> 6 – Ampliar o escopo da contratação prevista na cláusula 4.4 da Minuta do Edital, a fim de possibilitar a criação de mecanismos de tecnologia da informação que permitam sistematizar os dados acerca da execução contratual e subsidiar os relatórios mensais de medição usados para liquidar a realização dos serviços e o consequente pagamento.
>
> 7 – Fazer constar que no âmbito das Prefeituras Regionais o "Ateste" dos serviços prestados pelas concessionárias seja feito por, no mínimo 2 (dois) fiscais, com a subscrição do respectivo Prefeito Regional, com indicação de responsabilização pessoal de cada um dos subscritores, com realização de rodízio periódico (a cada 3 meses) dos fiscais indicados pela Administração para o exercício da referida tarefa em cada Prefeitura Regional.[263]

Assim, ao invés de apenas dois lotes, a Corte de Contas indicou a divisão em pelo menos cinco agrupamentos, de forma a favorecer a competitividade da licitação, possibilitando a participação de mais interessados, uma vez que as exigências de qualificação técnica (quantidade de quilômetros varridos) no modelo de apenas dois lotes inviabilizavam a participação de empresas que não tivessem prestado esse tipo de serviço em megalópoles.

Quanto à fiscalização, foram feitas diversas determinações e recomendações para o aprimoramento das atividades de controle dos serviços de varrição na cidade, a exemplo das seguintes: elaboração de plano detalhado de fiscalização, a fim de permitir o cumprimento da contratação na sua integralidade; desenvolvimento de mecanismos de tecnologia da informação que permitissem sistematizar os dados acerca da execução contratual e subsidiar os relatórios

263 Acórdão Plenário TCMSP proferido no TC 011477/2017.

mensais de medição usados para liquidar a realização dos serviços e o consequente pagamento; a atestação dos serviços prestados pelas empresas por, no mínimo 2 (dois) fiscais servidores públicos, com a subscrição do respectivo Subprefeito e indicação de responsabilização pessoal de cada um dos subscritores, além da realização de rodízio periódico (a cada 3 meses) dos fiscais indicados pela Administração para o exercício da referida tarefa em cada Subprefeitura, e desenvolvimento de aplicativo que centralizasse as informações, disponível para smartphones e tablets, que propiciasse a interatividade entre o usuário e Administração Pública, e que possibilitasse a comunicação de falhas ou irregularidades nos serviços prestados e nos atendimentos de ocorrências, com tecnologia nos moldes dos aplicativos de georreferenciamento, conforme as recomendações que constaram da decisão referida:

> 1. Promova a alteração do item 4.4 da minuta de Edital (retenção do valor equivalente ao percentual de 0,5% do preço mensal global que será utilizado pela CONTRATANTE para pagamento de empresas especializadas a serem contratadas pela PMSP), possibilitando que os valores retidos das contratadas sejam utilizados, também, para contratação de mecanismos de controle (a exemplo de Motolink) e de ferramenta de informática que propicie o monitoramento e gerenciamento dos serviços, a partir da integração e cruzamento de dados entre os Planos de Trabalho e as informações digitais constantes da cláusula 5.2 da minuta do Termo de Referência (Anexo I – Especificações Técnicas), e outros dados digitais previstos na minuta do Edital. Tal sistema deverá propiciar a geração de relatórios periódicos demonstrando o cumprimento dos planos de trabalho, a fim de subsidiar a atestação dos trabalhos relativos à fiscalização do contrato.
>
> 2. Desenvolva sítio eletrônico – administrado pela AMLURB – que permita interface com os dados do plano de trabalho e da execução de serviços, disponibilizando as informações fiscalizatórias simultaneamente aos responsáveis diretos pela fiscalização, bem como a todos os Órgãos de Controle da Municipalidade, incluindo esta Corte de Contas.

> 3. Efetue o desenvolvimento de aplicativo que centralize as informações acerca do objeto, disponível para Smartphones e Tablets, que propicie a interatividade entre o usuário e Administração Pública, e que possibilite a comunicação de falhas ou irregularidades nos serviços prestados e nos atendimentos de ocorrências, com tecnologia nos moldes dos aplicativos de georreferenciamento.
>
> 4. Envide esforços para que conclua o processo licitatório objeto destes autos antes do término da vigência dos atuais contratos de varrição, de forma a evitar a necessidade de contratação emergencial.[264]

Como resultado do processo licitatório, o valor total mensal para os 06 (seis) lotes foi de R$ 65.403.071, 55 (sessenta e cinco milhões, quatrocentos e três mil e setenta e um reais e quarenta e sete centavos), perfazendo um total global de R$ 2.354.510.575,82 (dois bilhões, trezentos e cinquenta e quatro milhões e quinhentos e dez mil e quinhentos e setenta e cinco reais e cinquenta e dois centavos), para o período de vigência contratual (36 meses), o que representa uma economia de R$ 559.860.332,21 (quinhentos e cinquenta e nove milhões, oitocentos e sessenta mil, trezentos e trinta e dois reais e vinte e um centavos), levando-se em consideração o valor referencial da licitação.

Os resultados desta licitação indicam a redução de 20% do preço dos serviços em relação ao que vinha sendo pago às empresas responsáveis pela varrição nos contratos emergenciais então vigentes, representando uma economia de mais de R$ 130 milhões por ano aos cofres públicos municipais.

Esses números, acrescidos da implementação de novos mecanismos de fiscalização que propiciarão um controle mais efetivo dos serviços, demonstram a importância do TCMSP para a cidade de São Paulo, o qual, cada vez mais, tem procurado atuar como

264 Acórdão Plenário TCMSP proferido no TC 011477/2017.

parceiro da Prefeitura na busca pela execução dos gastos públicos com qualidade e eficiência, reforçando o caráter menos repressivo e mais preventivo de sua atuação.

Essa forma de atuar, inclusive, é a tendência contemporânea dos Tribunais de Contas no mundo, com a afirmação do enfoque proativo de suas competências, ou seja, chegar antes que o dinheiro público seja desperdiçado, atuando como parceiro dos poderes executivos na busca constante pela correta e eficiente aplicação dos recursos públicos.

A ação proativa da Corte de Contas paulistana demonstra de forma objetiva que, por intermédio de uma ação preventiva do controle externo o interesse público foi preservado sem prejudicar a atividade empresarial; pelo contrário, por intermédio do incentivo à livre concorrência, ao invés de dois consórcios como no modelo anterior, depois da intervenção preventiva do Tribunal de Contas, mais de uma dezena de empresas passaram a atuar na prestação dos serviços de indivisíveis na cidade de São Paulo.

O aumento da competitividade teve como consequência impulsionar e arejar o mercado com a contratação de novas empresas, traduzindo-se em economia para o erário e em um maior controle por parte da Administração.

4.4 Estudo de Caso 2: Suspensão do reequilíbrio econômico-financeiro do contrato de Concessão da Coleta do Lixo na Cidade de São Paulo

No ano de 2003, a então Secretaria Municipal de Serviços e Obras realizou licitação para a concessão dos serviços. Uma das concessionárias vencedoras ficou responsável pela prestação dos serviços divisíveis no agrupamento Noroeste e a segunda concessionária responsável pelo agrupamento Sudeste, ocorrendo a celebração dos contratos em outubro de 2004.

Tais concessões possuem prazo de vigência de 20 anos, com encerramento estipulado para o ano de 2024.

Os contratos de concessão estipulam o dever de revisão ordinária quinquenal das tarifas praticadas e sua fidelidade à equação econômico-financeira inicial, considerados os eventos determinantes da correspondente recomposição de custos, segundo as cláusulas contratuais que disciplinam a matéria.

Em 2007, antes do término do primeiro quinquênio da concessão, ocorreu uma alteração contratual denominada TCA-2007, cujo objetivo foi adequar os marcos contratuais e ajustar a inadimplência decorrente dos primeiros anos da concessão.

Em 2009, o primeiro ciclo quinquenal foi concluído, ensejando a primeira revisão ordinária prevista nos contratos, porém tal revisão somente foi formalizada em 2012, recebendo a denominação de Termo de Compromisso Ambiental – TCA 2012. Referido TCA foi realizado tendo por base análise da Fundação Instituto de Pesquisas Econômicas (FIPE), contratado para a realização de estudos sobre a matéria.

No papel de relator da matéria aqui tratada no âmbito do TCMSP, com base em novos estudos entabulados pela Prefeitura de São Paulo para a revisão tarifária relativa ao segundo quinquênio da concessão, determinei a instauração de procedimento fiscalizatório, na modalidade Inspeção. O ato visava examinar os seguintes aspectos no referido Termo de Compromisso Ambiental, dentre outros: 1. A motivação do ajuste do equilíbrio econômico-financeiro dos contratos; 2. Qual a base jurídica para a realização do ajuste; 3. O que motivou o pedido; 4. Qual foi o percentual de variação da tarifa, em razão do TCA de 2012.

Os trabalhos de fiscalização realizados pela unidade de auditoria do TCMSP foram desenvolvidos enfocando duas vertentes principais: a significância do deslocamento dos marcos ajustados contratualmente (etapas de implantação de serviços e obras), bem como os correspondentes valores atribuídos às parcelas mensais do contrato de concessão.

A Auditoria do TCMSP constatou a existência de diversas obrigações contratuais descumpridas pelos concessionários, sem a existência de notícias de providências tomadas pela Prefeitura para apurar os reflexos desses cumprimentos, seja para efeito de responsabilidade contratual, bem como para reexame da equação econômico-financeira.

As constatações da Auditoria, no que toca ao descumprimento das obrigações contratuais por parte das Concessionárias, foram as seguintes:

I – Contrato de Concessão n. 26/SSO/04):

1. Centrais de Triagem – a AMLURB optou por substituir as 12 (doze) centrais manuais por centrais totalmente mecanizadas, com produção estimada de 250 t/dia por central. A AMLURB informou que, em face da autorização para a execução das novas centrais de triagem mecanizadas em substituição às centrais previstas no TCA de 2012, a concessionária estaria desobrigada do cumprimento desse marco contratual. Informou, ainda no T.C. n. 72.003.577.14-24, que o ajuste decorrente dessa substituição seria realizado na próxima reavaliação contratual quinquenal.

2. Unidade de Tratamento de Saúde – não foi cumprido o marco contratual referente à implantação da Unidade de Tratamento dos Resíduos Sólidos dos Serviços de Saúde para o décimo ano (outubro/14). Embora haja notícia do cumprimento deste marco, este se deu em prazo distinto de outubro de 2014, havendo a necessidade de reequilibrar em razão do descumprimento temporal, pois afeta o fluxo de caixa.

3. Estação de tratamento de efluentes – de acordo com o estabelecido no TCA de 2012, a nova Estação de Tratamento de Efluentes Líquidos (ETE) teve sua implantação postergada para ser efetivada após 19 meses do início da operação do aterro CTL, que se deu em

novembro de 2010. Portanto, a ETE deveria ter iniciado sua operação em julho de 2012. Foi informado no T.C. n. 72.003.577.14-24 que a Construção da Estação de Tratamento de Efluentes foi postergada para o 13º ano da Concessão (outubro/17) devido ao seu Licenciamento Ambiental, havendo a necessidade, portanto, de reequilíbrio.

4. Modernização Transbordo Santo Amaro – o marco foi cumprido, contudo, cabe reequilíbrio para excluir valores que possivelmente seriam pagos para realizar a vedação acústica e a vedação de emissão atmosférica que estariam embutidas na tarifa, sendo que essas vedações não foram realizadas tendo em vista que a CETESB emitiu a Licença de Operação n. 33003662, em 03 de fevereiro de 2009, em que foi deferida a opção pela não execução de acústico e de emissões atmosféricas. Haveria necessidade de reequilibrar reduzindo a tarifa em razão do custo a menor.

5. Compensação Ambiental – foi compensada uma área de revegetação a menor. Estavam previstos 3.370.770,00 m² (três milhões e trezentos e setenta mil metros quadrados), sendo três vezes a área do novo aterro implantado de 1.123.590,00 m² (um milhão, cento e vinte e três mil metros quadrados), e foi revegetado 2.414.320,00 m² (dois milhões e quatrocentos e quatorze mil metros quadrados) autorizado pela Secretaria do Verde e Meio Ambiente, ou seja, inferior em 956.450,00 m² (novecentos e cinquenta e seis mil, quatrocentos e cinquenta metros quadrados), havendo a necessidade de reequilíbrio por um custo menor com a revegetação prevista incialmente.

6. Modernização Transbordo Vergueiro – no TCA de 2012, foi substituída a implantação de um novo transbordo (que deveria começar a operar até o 6º ano, outubro/10) pela manutenção do atual Transbordo (antigo) Vergueiro, mas para que seja feita sua modernização. Esta modernização estava prevista para ocorrer durante o 10º ano (outubro/14 a outubro/15) e estar operando até o início do 11º ano (outubro/15). A modernização ainda não ocorreu conforme informações do T.C. n. 3.577.14-24 (em fase de instrução processual), estando ainda em fase de análise na Secretaria de Licenciamentos,

sendo que solicitei celeridade no andamento do Processo Administrativo n. 2015-0.020.467-2 (fls. 410 e 419 do referido T.C.), que trata deste Transbordo, em vista do Interesse Público para sua modernização. Contudo, a despeito da necessidade de modernização o mais breve possível, há a necessidade de reequilibrar reduzindo a tarifa em razão da postergação do início da operação desse Transbordo.

II – Contrato de Concessão n. 27/SSO/04):

1. Centrais de Triagem – a AMLURB optou por substituir as 12 (doze) centrais manuais por centrais totalmente mecanizadas, com produção estimada de 250 t/dia por central. A AMLURB informou que, em face da autorização para a execução das novas centrais de triagem mecanizadas em substituição às centrais previstas no TCA de 2012, a concessionária estaria desobrigada do cumprimento desse marco contratual. Informou, ainda no T.C. n. 72.003.575.14-07, que o ajuste decorrente dessa substituição seria realizado na próxima reavaliação contratual quinquenal.

2. Frota de veículos de caminhões para coleta de resíduos de saúde – deveriam ser disponibilizados 9 (nove) caminhões para grandes geradores, e 40 (quarenta) do modelo Ducato para pequenos geradores. Foram fornecidos 9 (nove) e 35 (trinta e cinco) respectivamente. Segundo justificativa de AMLURB, tal fato ocorreu devido ao baixo crescimento do número de pequenos geradores de resíduos de saúde. Há a necessidade de reequilíbrio reduzindo a tarifa em razão do menor número de veículos disponibilizados.

3. Implantação de novo Aterro – pelo TCA de 2012, a implantação do aterro foi postergada para o 12° ano no caso Contrato de Concessão n. 27/SSO/04 (de outubro/15 a outubro/16). Segundo as informações do T.C. n. 72.003.575.14-07, o processo esteve parado na Secretaria de Licenciamento para obtenção de alvará pela Prefeitura, ainda está em fase de licenciamento, com provável descumprimento, não devendo ser cumprido até outubro/16. Há de se reequilibrar reduzindo a tarifa em razão da postergação do início da operação.

4. Nova Estação de Transbordo – segundo TCA de 2007, a implantação deveria ocorrer até o 9º ano (em out/13). Tal marco ainda não foi cumprido. A Origem e a Concessionária apresentaram uma série de situações no sentido de justificar o não cumprimento do marco contratual. A despeito de justificativas, há a necessidade de reequilibrar reduzindo a tarifa em razão da postergação do início da operação.

5. Implantação da Unidade de Tratamento de Resíduos de Saúde – não foi cumprido este marco, cujo início de operação deveria ocorrer até 10º ano (outubro/14). Houve os mesmos problemas da Nova Estação de Transbordo, pois ambos estavam sendo previstos para serem instalados no mesmo endereço à Vila Jaguará, havendo, contudo, de ocorrer o reequilíbrio visto que esse investimento não ocorreu.

6. Compensação ambiental – como não houve a implantação do aterro, não houve necessidade de revegetação, e por isso, o custo deste deve ser deslizado para compatibilização do início da operação do aterro.

A natureza das obrigações descumpridas – sobretudo em contratos de longa duração – traz reflexos diretos à relação econômico-financeira.

Considerados todos esses elementos, e tendo em vista a formulação iminente de um ato jurídico registrado por meio de Termo de Aditamento relacionado ao ajuste econômico-financeiro do contrato (elaboração de um novo TCA compreendendo o segundo quinquênio da contratação), se mostrou necessária a atuação preventiva desta Corte de Contas para apuração quanto à constatação dos seus elementos, a fim de se prevenir prejuízos aos cofres públicos.

As intervenções da Relatoria levaram em conta apontamentos de diversos descumprimentos em investimentos nos Contratos de Concessão do lixo na cidade de São Paulo, que deveriam ser levados em conta na segunda revisão quinquenal da Tarifa de Concessão para fins de reequilíbrio econômico-financeiro, no sentido de reduzir o montante pago à concessionária, vez que estes investimentos serão postergados, diminuindo seu valor presente no fluxo de caixa que resulta o cálculo do reequilíbrio. Assim, na qualidade de relator da matéria no âmbito do TCMSP, escorado no Poder Geral de Cautela, determinei **a suspensão de formalização de instrumento jurídico pela Municipalidade que resulte em alteração da tarifa dos contratos de concessão do lixo** (procedimento da 2ª Revisão Ordinária da Tarifa) **até que haja esclarecimentos se o descumprimento de obrigações contratuais pelas concessionárias está sendo considerado no cálculo de reequilíbrio da Tarifa de Concessão.** Referida decisão foi referendada de forma unânime pelo plenário do TCM.

Como consequência da decisão proferida pela Corte de Contas Municipal, um dos afetados com a consequência fática da suspensão do procedimento ordinário de revisão da tarifa ingressou com ação judicial distribuída para a 5ª Vara da Fazenda Pública do Estado de São Paulo, Processo n. **200.293.6.71.2017.8.26.0000.**

O pedido liminar de suspensão dos efeitos da decisão proferida foi indeferido pelo juízo de primeiro grau, sob o enfoque da ausência da tutela de urgência, por não estar vislumbrado o direito perseguido, bem como, ante a competência do TCMSP no que se refere às decisões de suspensão do procedimento de revisão de tarifa.

Referida decisão foi confirmada pela 5ª Câmara de Direito Público do TJ/SP no julgamento do Agravo de Instrumento, de relatoria do Eminente Desembargador Nogueira Diefenthaler, cuja ementa de julgamento destacamos:

> Voto n. 31734
>
> Autos de processo n.2002936-71.2017.8.26.0000
>
> Agravadas: Município de São Paulo (e outro)
>
> Comarca de São Paulo
>
> Juíza a quo: Carmen Cristina Fernandez Teijeiro e Oliveira
>
> 5ª Câmara de Direito Público

> AGRAVO DE INSTRUMENTO AÇÃO ORDINÁRIACONTRATO ADMINISTRATIVO REVISÃO DE TARIFATUTELA PROVISÓRIA DE URGÊNCIA
>
> 1. Recurso de agravo de instrumento interposto em face de decisão que, em ação ordinária, indeferiu pedido de tutela provisória de urgência destinada a: (i) suspender decisões do Tribunal de Contas do Município de São Paulo que sustou a conclusão do procedimento da 2ª Revisão Ordinária da Tarifa do Contrato n. 26/SS0/04, no âmbito do TC n. 72.001.025.16-99 e o pagamento da tarifa adicional provisória válida pela ré AMLURB, no TC n. 72.003.066.16-47; (ii) compelir a ré AMLURB a proferir decisão final nos autos de processo administrativo da 2ª Revisão Ordinária da Tarifa do Contrato n. 26/SS0/04, no prazo máximo de 15 dias corridos, sob pena de multa diária; (iii) determinar que até a implementação da 2ª Revisão Ordinária da Tarifa do Contrato n. 26/SS0/04 a ré AMLURB proceda ao pagamento da tarifa adicional provisória, conforme decisão proferida em processo administrativo.
>
> 2. Ausente, sobretudo, o requisito do fumus boni iuris neste momento, de rigor é o indeferimento da liminar. Primazia do interesse público que deve prevalecer na presente esfera de cognição sumária. Decisão atacada que não se apresenta teratológica e nem desprovida de legalidade, pelo contrário, está devidamente fundamentada e pautada no princípio do livre convencimento motivado judicial. Decisão agravada mantida. Recurso desprovido.

Após essa decisão, a Magistrada da 5ª Vara da Fazenda Pública sentenciou o feito, julgando o mérito da ação, decidindo pela improcedência total dos pedidos realizados, confirmando mais uma vez a atuação do TCMSP no controle preventivo por meio do poder geral de cautela. Em sua sentença, a Magistrada destacou o trabalho realizado pela Corte de Contas e a sua competência constitucional para atuar durante os atos praticados na execução de um contrato administrativo.

A medida cautelar no âmbito das Cortes de Contas visa à eficiência na proteção ao erário, que, no caso específico, visa o controle preventivo e a garantia do cumprimento contratual com fundamento na garantia da finalidade pública.

Ainda que se reconheça que os contratos administrativos tenham, em relação ao controle exercido pelos Tribunais de Contas, natureza diferenciada, certo é que uma vez constatada a plausibilidade da existência de iminente situação apta a conduzir a um prejuízo aos cofres públicos, o controle externo, ancorado no Poder Geral de Cautela, tem o dever de atuar para, preventivamente, evitar a ocorrência de lesão ao erário, assegurando a preservação do interesse público, considerando para tanto aspectos relacionados aos princípios da legalidade, legitimidade e economicidade.

Nesse sentido, confira-se o entendimento do Conselheiro do TCE de Pernambuco, Valdecir Pascoal:

> É também plausível, embora incomum, a concessão de cautelar em contratos já em execução. Conquanto o contrato administrativo tenha, em relação ao controle, um regime jurídico diferenciado, instituído pela Lei Maior, medidas cautelares podem ser prolatadas, por exemplo, <u>para determinar a suspensão temporária de reajustes de preços</u> (grifo nosso).[265]

O valor pleiteado pelas concessionárias no ano de 2014 a título de reequilíbrio econômico-financeiro representava aproximadamente 350 milhões de reais, enquanto perdurou a decisão desta Corte, a Prefeitura deixou de despender esses valores, entretanto, o contrato continua em sua plena execução até os dias atuais, o que revela uma economia real aos cofres municipais a partir da atuação preventiva da Corte de Contas Paulistana.

---

265 PASCOAL, Valdecir. "O Poder Cautelar dos Tribunais de Contas". *Revista do Tribunal de Contas da União Brasil*, ano 41, nº 115, mai./ago. 2009.

CONCLUSÃO

O Estado Democrático de Direito tem como centro de sua preocupação a harmonia social, que pressupõe a capacidade do Estado de compor as diferenças inerentes ao ser humano.

Na democracia, o que impera não é a conformação geral de opiniões. Esta pressupõe unanimidade, e nas complexas sociedades contemporâneas, o consenso é impossível. O que se valoriza na democracia é o acordo, e este nada tem a ver com a conformação geral de opiniões.

Trata-se de um processo que defino como consenso progressivo, ou seja, na democracia, como bem defendeu Norberto Bobbio, o seu Estado natural é estar sempre em transformação,[266] isto é, nas diferenças, acordar hoje o que é possível para prosseguir caminhando juntos, com a possibilidade desse acordo ser refeito ou redimensionado periodicamente.

Exatamente por ser a democracia o instrumento de composição das diferenças é que ela se torna determinante na relação do Estado com a sociedade. Este regime de governo somente se prolonga no

266 BOBBIO, Norberto. *O futuro de democracia*: uma defesa das regras do jogo. 6ª ed. Rio de Janeiro: Paz e Terra, 1997, p. 9.

tempo quando o Estado se coloca, de fato, como protetor do interesse público. Aliás, o Estado – para além da sua clássica definição, enquanto ordem jurídica soberana caracterizada pela existência de um povo em um determinado território –, tem como premissa fundamental, segundo, Dalmo de Abreu Dalari, a finalidade de promover e desenvolver integralmente os seres humanos,[267] dimensão que na atualidade pressupõe também proteger o ecossistema e, por consequência, as pessoas.

Dentre outros, o desafio do regime democrático no contexto do livre mercado, marca do capitalismo liberal, é impedir que a força do dinheiro desequilibre a desejada harmonia, acentuando as desigualdades sociais.

Como se sabe, historicamente as grandes revoltas populares, as revoluções, têm na sua origem o inconformismo social, destacadamente contra a concentração de renda nas mãos alguns poucos privilegiados.

O Estado que não regula as atividades econômicas dificilmente logrará êxito na construção de uma sociedade desenvolvida, integrada e harmônica.

Nesse sentido, o conceito de Estado regulador ganha a dimensão de estabelecer relação entre planejamento público, iniciativa privada e interesse social. Dessa forma, as contratações públicas ganham também uma dimensão social relevante, no sentido de cumprir com a finalidade do Estado.

É preciso reconhecer que há uma contradição natural entre o interesse público e a iniciativa privada: esta tem como fim principal o lucro; já aquele tem como premissa básica a proteção do ecossistema e o desenvolvimento integral das pessoas.

---

267 DALLARI, Dalmo de Abreu. *Elementos de Teoria Geral do Estado*. São Paulo: Saraiva, 2013, p. 112.

O Estado, como disse antes, não é um ente abstrato, ele se concretiza na ação dos seus agentes. As organizações humanas não são compostas por anjos, estão sujeitas a erro, dolo, má-fé. Não há como assegurar que os agentes do Estado, em sua integralidade, estejam livres de vícios na sua atuação. Portanto, preservar o interesse público pressupõe controles eficientes da atividade administrativa.

No Brasil, os constituintes de 1988 valorizaram sobremaneira os vários tipos de controles: controladorias, como forma de fortalecer o controle interno; Ministério Público como fiscal da lei; Defensoria Pública na defesa da sociedade; Poder Judiciário como protetor dos direitos pactuados e Tribunais de Contas como protagonistas do controle externo dos contratos e das contas públicas.

Em se tratando das Cortes de Contas, tradicionalmente, se praticou um tipo de controle de natureza repressiva ou posterior, exercido após a prática do ato administrativo. Este tipo de controle, como demonstrado ao longo deste trabalho, revelou-se ineficiente. Examinar o ato depois de concretizados os seus efeitos pouco contribui para a proteção de uma boa aplicação dos recursos públicos.

No período recente, entretanto, as Cortes de Contas têm buscado mecanismos para modernizar sua atuação, com o objetivo de melhor contribuir com a finalidade do Estado. Conscientes de que a harmonia social é dependente, também, do sucesso de políticas públicas inclusivas, os Tribunais de Contas têm procurado construir instrumentos que possam fortalecer sua atuação, a partir da lógica de chegar antes do desperdício do dinheiro público.

Nesse sentido, ganha consistência o controle preventivo da Administração Pública, aquele que, por natureza, procura proteger o interesse público antes dos males causados pela inconsistente gestão dos recursos públicos. O propósito aqui é construir soluções que, sem desprezar o controle-sanção, valorize sobremaneira a construção de uma relação dialógica com a Administração Pública que, dialeticamente, busca nas tensões cotidianas, próprias de qualquer tipo de gestão, encontrar as melhores soluções em sintonia com a supremacia do interesse público.

O controle preventivo é gênero, que se divide, temporalmente, em duas espécies: controle prévio e controle concomitante. O controle prévio é aquele que ocorre durante a formação do ato administrativo e antes da sua concretização; já o controle concomitante é aquele que se dá após a emissão do ato administrativo e antes da efetivação plena dos seus efeitos.

O desafio de tornar mais eficiente o controle de natureza preventiva impôs aos Tribunais de Contas a necessidade de construção de instrumentos que dessem efetividade a esse tipo de controle.

Modalidades de procedimentos de fiscalização do tipo auditorias operacionais, mesas técnicas, termos de ajustamento de gestão, verificações *in loco*, expedição de alertas, dentre outros, passaram a integrar cotidianamente a linguagem técnica das Cortes de Contas.

É por meio do controle preventivo que se previnem possíveis desvios de condutas dos agentes públicos e dos particulares contratados pela administração. Não há como preservar o interesse público numa relação contratual sem que o controle externo se debruce de forma prioritária na análise dos grandes contratos administrativos, que têm repercussões significativas tanto no plano econômico, social e empresarial.

Nas relações negociais que se formam entre o público e o privado, especialmente nas grandes contratações públicas, há sempre interesses contrapostos. De um lado o Estado, tutor do interesse público; de outro a livre iniciativa, com sua lógica de maximizar os resultados dos seus investimentos.

Nesta complexa relação é que se faz necessário um controle preventivo eficiente e efetivo. Assim, ganha relevância esta forma preventiva de controle como articuladora da consensualidade na relação administração pública e particulares contratados. Sem ocupar o lugar do administrador público, porém, valorizando as competências constitucionais conferidas, o grande desafio do Controle Externo exercido pelos Tribunais de Contas é fazer com que os recursos públicos caminhem em direção aos interesses da coletividade, resultando em políticas públicas que promovam a cidadania, sem discriminação, com desenvolvimento econômico e inclusão social.

REFERÊNCIAS BIBLIOGRÁFICAS

ADORNO, Theodor Ludwig Wiesengrund. *Educação e emancipação*. São Paulo: Paz e Terra, 1995.

AGLANTZAKIS, Vick Mature. "Fake news como ameaça à democracia e os meios de controle de sua disseminação". *Revista de Teorias da Democracia e Direitos Políticos*, Florianópolis, vol. 6, nº 1, jan./jun. 2020. DOI: https://doi.org/10.26668/IndexLawJournals/2525-9660/2020.v6i1.6465.

AGUIAR DE CARVALHO, V. "Corrupção nas contratações públicas: dois instrumentos analíticos para a detecção de indevidos incentivos". *Revista Eletrônica da PGE-RJ*, vol. 1, nº 2, 9 jun. 2018.

AGUIAR, Afonso Gomes; AGUIAR, Marcio Paiva de. *O tribunal de contas na ordem constitucional*. 2ª ed. Belo Horizonte: Fórum, 2008.

AGUIAR, Simone Coêlho. *Origem e evolução dos tribunais de contas*. Disponível em: http://www.publicadireito.com.br/artigos/?cod=d90d801833a681b1. Acessado em: 29.10.2024.

ALBANO, G. L.; CESI, B. "The Impact of Public Procurement on Firms' Growth". *European Journal of Political Economy*, vol. 52, 2018.

ALENCASTRO, Maria Alice Cruz; LOPES, Ana Maria D'ávila; SILVA, Edson Vicente da. "Contratações sustentáveis na administração pública brasileira: a experiência do Poder Executivo federal". *Revista de Administração Pública*, Rio de Janeiro, vol. 48, nº 1, 2014. Disponível em: https://periodicos.fgv.br/rap/article/view/16072. Acessado em: 13.09.2023.

ALEXY, Robert. *Conceito e Validade do Direito*. São Paulo: Martins Fontes, 2009.

_____. *Teoria dos direitos fundamentais*. 2ª ed. São Paulo: Malheiros, 2015.

ALMEIDA, Reuder Rodrigues Madureira de. "Responsabilização de entidades articulares perante as cortes de contas pela ocorrência de dano ao erário". *Revista TCEMG*, Belo Horizonte, vol. 35, nº 1, jan./jun. 2017.

AMARAL, Antonio Carlos Cintra do. *Extinção do ato administrativo*. São Paulo: Revista dos Tribunais, 1978.

ARAUJO, Anderson Wagner Santos de; SOUZA, Keyla Mirelly Nunes de. "A Continuidade e a descontinuidade de Políticas Públicas na Gestão Municipal de Petrolina-PE". *Id on Line Revista Multidisciplinar e de Psicologia*, vol. 13, nº 45, Suplemento 1, 2019.

ARAÚJO, Edmir Netto de. *Curso de Direito Administrativo*. 5ª ed. São Paulo: Saraiva, 2010.

ARAÚJO, Jailton Macena. "Valor social do trabalho na Constituição Federal de 1988: instrumento de promoção de cidadania e de resistência à precarização". *Revista de Direito Brasileira*, São Paulo, vol. 16, nº 7, jan./abr. 2017.

ARENDT, Hanna. *A Condição Humana*. Rio de Janeiro: Forense, 2009.

ARISTÓTELES. *A Política*. São Paulo: Martins Fontes, 2006.

_____. *Ética a Nicômaco*. São Paulo: Martins Fontes, 1996.

ARROWSMITH, S.; KUNZLIK, P. *The Law of Public and Utilities Procurement*. 3ª ed. Londres: Sweet & Maxwell, 2019.

ARRUDA, Marcela. *Controle de Contas 2.0*: o TAG como aliado das políticas públicas: termos de ajustamento de gestão na prática e possível aplicação no TCE-SP. Rio de Janeiro: Lumen Juris, 2022.

ATALIBA, Geraldo. *República e Constituição*. 2ª ed. São Paulo: Malheiros, 2001.

ÁVILA, Humberto. *Segurança jurídica*: entre a permanência, mudança e a realização no Direito Tributário. 2ª ed. São Paulo: Malheiros, 2012.

_____. *Teoria dos Princípios*. São Paulo: Malheiros, 2010.

BALDI, Vania; CARDOSO, Gustavo; COURACEIRO, Paulo; PAISANA, Miguel; QUINTANILHA, Tiago. "As fake news numa Sociedade

Pós-Verdade: Contextualização, potenciais soluções e análise". *Observatório da Comunicação*, Lisboa, jun. 2018. Disponível em: https://obercom.pt/wp-content/uploads/2018/06/2018-Relatorios-Obercom-Fake-News.pdf. Acessado em: 29.10.2024.

BALEEIRO, Aliomar. *Constituições brasileiras*: 1891. Brasília: Senado Federal, 1999.

______. *Uma introdução à ciência das finanças*. 15ª ed. Rio de Janeiro: Forense, 2015.

BARBOSA, Rui. *Comentários à Constituição Federal Brasileira* (1891). São Paulo: Saraiva, 1934.

BARROSO, Luís Roberto. *Curso de Direito Constitucional*. São Paulo: Saraiva, 2013.

______. *Interpretação e aplicação da Constituição*. 6ª ed. São Paulo: Saraiva, 2004.

______. "A Ordem Econômica Constitucional e os Limites à Atuação Estatal no Controle de Preços". *Revista de Direito Administrativo*, Rio de Janeiro, nº 226, out./dez. 2001.

BEHRING, Elaine Rossetti; BOSCHETTI, Ivanete. *Política social*: fundamentos e história. São Paulo: Cortez, 2016.

BELLUZZO, Luiz Gonzaga; GALÍPOLO, Gabriel. *A escassez na abundância capitalista*. São Paulo: Contracorrente, 2019.

BINENBOJM, G. "A consensualidade administrativa como técnica juridicamente adequada de gestão eficiente de interesses sociais". *Revista Eletrônica da PGE-RJ*, Rio de Janeiro, vol. 3, nº 3, 2020. Disponível em: https://revistaeletronica.pge.rj.gov.br/index.php/pge/article/view/190. Acessado em: 07.04.2023.

BOBBIO, Norberto. *A teoria das formas de governo*. São Paulo: EDIPRO, 2017.

______. *Direito e Poder*. São Paulo: Uniesp, 2006.

______. *O Filósofo e a Política*. Rio de Janeiro: Contraponto, 2003.

______. *O Futuro da Democracia*. 11ª ed. São Paulo: Paz e Terra, 2009.

______. *O Positivismo Jurídico*. São Paulo: Ícone, 1999.

______. *Qual Democracia?* São Paulo: Loyola, 2009.

______. *Teoria do Ordenamento Jurídico*. São Paulo: Edipro, 2011.

______. *Teoria Geral da Política*. São Paulo: Campus, 2000.

BOBBIO, Norberto; MATTEUCCI, Nicola; PASQUINO, Gianfranco. *Dicionário de política*. Brasília: UNB, 1991.

BRANCO, Paulo Gustavo Gonet; COELHO, Inocêncio Mártires; MENDES, Gilmar Ferreira. *Curso de Direito Constitucional*. 4ª ed. São Paulo: Saraiva, 2009.

BRASIL. *Constituição da República dos Estados Unidos do Brasil de 1937*. Disponível em: https://www.planalto.gov.br/ccivil_03/constituicao/constituicao37.htm. Acessado em: 21.02.2023.

______. *Constituição da República dos Estados Unidos do Brasil de 1934*. Disponível em: https://www.planalto.gov.br/ccivil_03/constituicao/constituicao34.htm. Acessado em: 21.02.2023.

______. *Constituição da República dos Estados Unidos do Brasil de 1946*. Disponível em: https://www.planalto.gov.br/ccivil_03/constituicao/constituicao46.htm. Acessado em: 21.02.2023.

______. *Constituição da República Federativa do Brasil de 1988*. Brasília, DF: Presidência da República. [Constituição (1988)]. Disponível em: http://www.planalto.gov.br/ccivil_03/constituicao/constituicao.htm. Acessado em: 19.04.2021.

______. *Constituição da República Federativa do Brasil de 1988*. Disponível em: http://www.planalto.gov.br/ccivil_03/constituicao/constituicao.htm. Acessado em: 21.02.2023.

______. *Decreto-Lei n. 4.657*, de 4 de setembro de 1942 – Lei de Introdução às Normas do Direito Brasileiro. Disponível em http://www.planalto.gov.br/ccivil_03/decreto- lei/Del4657compilado.htm. Acessado em: 06.02.2023.

______. *Lei n. 10.257*, de 10 de julho de 2001. Regulamenta os arts. 182 e 183 da Constituição Federal, estabelece diretrizes gerais da política urbana e dá outras providências. Disponível em: https://www.planalto.gov.br/ccivil_03/Leis/LEIS_2001/L10257.htm. Acessado em: 22.03.2023.

______. *Lei n. 13.655*, de 25 de abril de 2018. Inclui no Decreto-Lei n. 4.657, de 4 de setembro de 1942 (Lei de Introdução às Normas do Direito Brasileiro), disposições sobre segurança jurídica e eficiência na criação e na aplicação do direito público. Disponível em: http://www.planalto.gov.br/ccivil_03/_ato2015-2018/2018/lei/l13655.htm. Acessado em: 06.02. 2023.

______. *Lei n. 9.394*, de 20 de dezembro de 1996. Estabelece as Diretrizes e Bases da Educação Nacional. 23 dez. 1996. Disponível em: http://www.planalto.gov.br/ccivil_03/Leis/L9394.htm. Acessado em: 25.03.2023.

______. Supremo Tribunal Federal. MS 24510, Rel. Ellen Gracie, Tribunal Pleno, j. 19/11/2003, DJ19-03-2004 PP-00024 EMENT VOL-02144-02 PP-00491 RTJ VOL-00191-03 PP-00956.

______. Supremo Tribunal Federal. MS 36392 AgR, Rel. Min. Gilmar Mendes, Segunda Turma, j. 13/09/2019, Processo Eletrônico DJe-210 Divulg 25-09-2019 Public 26-09-2019.

______. Supremo Tribunal Federal. RE 1236731 AgR, Rel. Min. Alexandre de Moraes, Primeira Turma, j. 20/12/2019, Processo Eletrônico DJe-029 Divulg 12-02-2020 Public 13/02/2020.

______. Supremo Tribunal Federal. RE 223.037-SE, Rel. Min. Maurício Corrêa, DJ 02/08/2002.

______. Supremo Tribunal Federal. SS 5179 AgR. Rel. DIAS TOFFOLI (Presidente), Tribunal Pleno, j. 10/10/2019, Processo Eletrônico DJe-259 Divulg 26-11-2019 Public 27/11/2019.

______. Supremo Tribunal Federal. *Súmula 473*. Disponível em: http://www.stf.jus.br/portal/jurisprudencia/listarJurisprudencia.asp?s1=473.NUME.% 20NAO%20S.FLSV.&base=baseSumulas. Acessado em: 17.11.2014.

______. TCU. Plenário. *Acórdão n. 2386/2014*. Disponível em: https://contas.tcu.gov.br/pesquisaJurisprudencia/#/detalhamento/13/privado/%20/DTRELEVANCIA%0desc/false/1.

______. Tribunal de Contas da União. *Manual de Auditoria Operacional TCU*. 3ª ed. Brasília: TCU, Secretaria de Fiscalização e Avaliação de Programas de Governo (Seprog), 2010.

BRESSER-PEREIRA, Luiz Carlos. *Desenvolvimento, progresso e crescimento econômico*. Notas para uso em curso de desenvolvimento econômico na Escola de Economia de São Paulo da Fundação Getúlio Vargas, 2008.

BRITO, Carlos Ayres. *Revista Diálogo Jurídico*, vol. I, nº 9, dez. 2001.

______. "Tribunal de Contas: instituição pública de berço constitucional". *Revista Técnica dos Tribunais de Contas* – RTTC, Belo Horizonte, ano 2, nº 1, set. 2011.

______. "O regime constitucional dos tribunais de contas". *Revista Diálogo Jurídico*, Salvador, vol. I, nº 9, dez, 2011.

______. *O Regime Jurídico do Ministério Público de Contas*. Ministério Público de Contas: perspectivas doutrinárias de seu estatuto jurídico. Belo Horizonte: Forum/Associação do Ministério Público de Contas, 2017.

BUGARIN, Bento José. "Controle das finanças públicas – uma visão geral". *Revista do Tribunal de Contas da União*, Brasília, nº 59, 1994.

BUZAID, A. "O Tribunal de Contas do Brasil". *Revista da Faculdade de Direito*, São Paulo, Universidade de São Paulo, vol. 62, nº 2, 29 dez. 1966.

CABRAL, Flavio Garcia. *O tribunal de contas da União na Constituição Federal de 1988*. São Paulo: Verbatim, 2014.

CALDERINI, M. "Public Procurement, Innovation and Industrial Policy: International Evidence and Theoretical Perspectives". *Industry and Innovation*, vol. 24, nº 4, 2017.

CÂMARA, Jachintho Arruda; SUNDFELD, Carlos Ari. "Competências de controle dos tribunais de contas – possibilidades e limites". *In*: SUNDFELD, Carlos Ari (Coord.). *Contratações públicas e seu controle*. São Paulo: Malheiros, 2013.

CAMBI, Eduardo. *Neoconstitucionalismo e Neoprocessualismo*. São Paulo: Revista dos Tribunais, 2010.

CANOTILHO, José Joaquim Gomes. *Direito Constitucional e Teoria da Constituição*. 3ª ed. Coimbra: Almedina, 1999.

______. *Direito Constitucional*. 3ª ed. Coimbra: Almedina, 1983.

CAPELETTI, Mauro; GARTH, Bryant. *Acesso à Justiça*. Porto Alegre: Fabris, 1988.

CARRAZZA, Roque Antonio. *Curso de Direito Constitucional tributário*. 33ª ed. rev., ampl. e atual. até a Emenda Constitucional n. 109/2021. São Paulo: Malheiros, 2021.

CARVALHO FILHO, José dos Santos. *Manual de Direito Administrativo*. 2ª ed. Rio de Janeiro: Lumen Juris, 2011.

CARVALHO, Manuel Proença de. *Manual de Ciência Política e Sistemas Políticos e Constitucionais*. Lisboa: Quid Juris?, 2010.

CARVALHO, Paulo de Barros. *Curso de Direito Tributário*. 31ª ed. rev. atual. São Paulo: Noeses, 2021.

CASTRO, Sebastião Helvecio. *Palestra proferida por ocasião da Reunião do Colégio de Presidentes dos Tribunais de Contas*. São Paulo, set. 2019.

CAVALCANTI, Themístocles Brandão. *Teoria dos atos administrativos*. São Paulo: Revista dos Tribunais, 1978.

CHADID, Ronaldo. *A função social do Tribunal de Contas no Brasil*. Belo Horizonte: Fórum, 2019.

CHEKER, Monique. *Ministério Público junto ao Tribunal de Contas*. Belo Horizonte: Fórum, 2009.

CICCO, Cláudio de. *História do Direito e do Pensamento Jurídico*. 8ª ed. São Paulo: Saraiva, 2017.

CINTRA, Antonio Carlos de Araújo. *Motivo de motivação do ato administrativo*. São Paulo: Revista dos Tribunais, 1979.

CINTRA, Antonio Carlos de Araújo; DINAMARCO, Cândido Rangel; GRINOVER, Ada Pellegrini. *Teoria geral do processo*. 31ª ed. São Paulo: Malheiros, 2016.

COMPARINI, Julio de Souza; NUNES, Silvio Gabriel Serrano. "O direito à saúde na história das Constituições do Brasil". *In*: NIELSEN JÚNIOR, Diogenes (Coord.). *Constituição e ordem social*: saúde, educação e meio ambiente. 1ª ed. Londrina: Thoth, 2021.

COMPARINI, Julio de Souza; NUNES, Silvio Gabriel Serrano; TOMELIN, Georghio. A. "Democracia e opinião pública em Platão". *Cadernos de Ética e Filosofia Política*, [S. l.], vol. 42, nº 2, 2023. Disponível em: https://www.revistas.usp.br/cefp/article/view/187943. Acessado em: 30.12.2023.

CONSTANT, Benjamin. "Da liberdade dos antigos comparada à dos modernos". *Revista Filosofia Política*, nº 2, 1985. Disponível em: http://www.caosmose.net/candido/unisinos/textos/benjamin.pdf. Acessado em: 06.04.2023.

CONTI, José Maurício (Coord.). *Orçamentos públicos*: a Lei n. 4.320/1964 comentada. São Paulo: Revista dos Tribunais, 2008.

COSTA, Nelson Nery. *Ciência Política*. Rio de Janeiro: Forense, 2012.

CRETELLA JÚNIOR, José. "Natureza jurídica das decisões do Tribunal de Contas". *Revista de Direito Administrativo*, [S. l.], vol. 166, 1986.

______. *Prática do processo administrativo*. São Paulo: Revista dos Tribunais, 1988.

DALLARI, Dalmo de Abreu. *Constituição na vida dos povos*. São Paulo: Saraiva, 2010.

______. *Elementos de Teoria Geral do Estado*. São Paulo: Saraiva, 2013.

______. *O que é participação política*. São Paulo: Brasiliense, 1983.

DANTAS, Bruno. "Consensualismo, eficiência e pluralismo administrativo: um estudo sobre a adoção da mediação pelo TCU". *Revista Jurídica da Presidência*. [Recurso Eletrônico]. Brasília, vol. 22, nº 127, jun./set. 2020.

______. "Consensualismo, eficiência e pluralismo administrativo: um estudo sobre a adoção da mediação pelo TCU". *Revista Jurídica da Presidência*, Brasília, vol. 22, 2020.

DANTAS, Bruno; DIAS, Frederico. "A evolução do controle externo e o Tribunal de Contas da União nos 30 anos da Constituição Federal de 1988". *In:* TOFFOLI, Dias (Coord.). *30 anos da Constituição brasileira*: democracia, direitos fundamentais e instituições.

______. "O TCU está para a Lei de Responsabilidade Fiscal assim como o STF está para a Constituição Federal". *In*: COÊLHO, Marcus Vinicius Furtado; ALLEMAND, Luiz Cláudio; ABRAHAM, Marcus (Coord.). *Responsabilidade Fiscal*: análise da Lei Complementar nº 101/2000.

DANTAS, Bruno; GOMES, Valdecyr M. "A governança nas agências reguladoras: uma proposta para o caso de vacância". *Revista de Informação Legislativa*, vol. 56, ed. 222.

DANTAS, Bruno; GONÇALVES, A. L. M.; SANTOS, J. E. S. "A possibilidade de aplicação do controle de convencionalidade pelos Tribunais de Contas brasileiros". *Revista TCE Contas*, vol. 1, ed. 1, 2019.

DANTAS, Bruno; GONCALVES, SANTOS, André Luiz de Matos J. E. S.; CORDEIRO, P. H. P. "Crise e execução do orçamento público no contexto atual brasileiro". *Fórum Administrativo*, vol. 230, 2020.

DANTAS, Bruno; GUERRA, Sérgio. *Direito da Infraestrutura*: regulação e controle do TCU. Belo Horizonte: Fórum, 2021.

DANTAS, Bruno. "Consensualismo, eficiência e pluralismo administrativo: um estudo sobre a adoção da mediação pelo TCU". *Revista Jurídica da Presidência*, Brasília, vol. 22, 2020.

DANTAS, Bruno; SANTOS, Caio. V. R. "Notas sobre a prescrição no Tribunal de Contas da União: a prescrição da pretensão punitiva do Estado nos processos de competência do TCU". *Revista Jurídica FURB*, vol. 23, ed. 52, [s.d.].

DAVID, René. *Os Grandes Sistemas do Direito Contemporâneo*. São Paulo: Martins Fontes, 2002.

DE PAULA, Denise Mariano; GUERRA, Evando Martins. "A função jurisdicional dos tribunais de contas". *In*: MAIA, Renata C. Vieira; FERREIRA, Diogo Ribeiro. *Processo civil aplicado aos tribunais de contas*: novas tendência a partir do CPC de 2015. Belo Horizonte: Fórum, 2017.

DECOMAIN, Pedro Roberto. *Tribunais de Contas no Brasil*. São Paulo: Dialética, 2006.

DELEUZE, Gilles. *Diferença e Repetição*. Lisboa: Relógio d'Água, 2000.

DHAL, Robert. *A Democracia e seus críticos*. São Paulo: Martins Fontes, 2012.

DI PIETRO, Maria Sylvia Zanella. *Discricionariedade administrativa na Constituição de 1988*. São Paulo: Atlas, 1991.

_____. *Direito Administrativo*. 29ª ed. rev., atual. e ampl. Rio de Janeiro: Forense, 2016.

DINIZ, Maria Helena. "Importância da função social da empresa". *Revista Jurídica – Unicuritiba*, Curitiba, vol. 2, nº 51, 2018.

DURIGUETTO, Maria L.; MONTAÑO, Carlos. *Estado, classe e movimento social*. 1ª ed. São Paulo: Cortez, 2010.

ECO, Umberto. *Como se faz uma tese em ciências humanas*. 2ª ed. Lisboa. Presença, 1977.

ESPING-ANDERSEN, Gøsta. "As Três Economias Políticas do Welfare State". *Revista Lua Nova*, São Paulo, nº 24, set. 1991.

_____. *The Three Worlds of Welfare Capitalism*. Princeton: Princeton University Press, 1999.

ESTACHE, A. "Infrastructure privatization and changes in corruption patterns: the roots of public discontent". *Utilities Policy*, vol. 14, nº 2, 2006.

ESTACHE, A; FOSTER, V. "Time to change gear? The allocation of public investment in Europe". *World Bank Policy Research Working Paper*, (5477), 2010.

FAGUNDES, Seabra. *O controle dos Atos Administrativos*. 4ª ed. Rio de Janeiro: Forense, 1967.

FAZEKAS, M. "Grand corruption in public procurement markets". *Crime, Law and Social Change*, vol. 71, nº 3, 2019.

FERNANDES, C. C. C. "Compras Públicas no Brasil: Tendências de inovação, avanços e dificuldades no período recente". *Administração Pública e Gestão Social*, vol. 11, nº 4, 2019.

FERNANDES, Rafael Pereira. *Controle externo da atividade administrativa de fomento*: um estudo das relações entre TCU e BNDES. São Paulo: Universidade de São Paulo, 2020. DOI: 10.11606/D.2.2020. tde-04052021-160810. Acessado em: 10.09.2022. (Dissertação de Mestrado).

FERRAZ, Anna Cândida da Cunha; MACHADO, Antônio Cláudio da Costa. *Constituição Federal interpretada*. Barueri: Manole, 2013.

FERRAZ, Luciano. "Termos de Ajustamento de Gestão (TAG): do sonho à realidade". *Revista Brasileira de Direito Público RBDP*, Belo Horizonte, ano 8, nº 31, out./dez. 2010. Disponível em: https://hdl.handle.net/20.500.12178/166049. Acessado em: 17.09.2022.

FERREIRA, Caio Rioei Yamaguchi Ferreira; NUNES, Silvio Gabriel Serrano. "A Evolução Histórica das Políticas Públicas de Saneamento Básico no Brasil e a Lei n. 14.026/ 2020". *In:* CUNHA FILHO, Alexandre Jorge Carneiro da; ARRUDA, Carmen Silvia Lima de; LIMA, Guilherme Corona Rodrigues; BERTOCCELLI, Rodrigo de Pinho (Coord.). *Novo Marco Regulatório do Saneamento Básico*: Estudos Sobre a Nova Lei n. 14.026/ 2020. v. I. 1ª ed. São Paulo: Quartier Latin, 2021.

FERREIRA, Tiago; PERCIANI, M. Vituzzo; SOEIRO, J. Vieira, F. "As contratações públicas em tempos de pandemia – uma abordagem sobre estratégia, desafios e dificuldades". *Revista Científica de Pesquisa em Segurança Pública*, 2021.

FIGUEIREDO, Lúcia Valle. "Controle jurisdicional da Administração Pública". *Revista de Direito Administrativo e Constitucional*, Curitiba, nº 6, 2001.

______. *Curso de Direito Administrativo*. 9ª ed. São Paulo: Malheiros, 2008.

FILHO, João Antonio da Silva. *A democracia e a democracia em Norberto Bobbio*. São Paulo: Verbatim, 2014.

FINLEY, Moses. *A economia antiga*. Porto: Afrontamento, 1986.

______. *Democracia antiga e moderna*. Rio de Janeiro: Graal, 1985.

______. *Escravidão Antiga e Ideologia Moderna*. Rio de Janeiro: Graal, 1991.

______. *História Antiga*: testemunhos e modelos. São Paulo: Martins Fontes, 1994.

______. *Os gregos Antigos*. Lisboa: Edições 70, 2002.

______. *Política no mundo antigo*. Rio de Janeiro: Zahar, 1985.

FORTINI, C. "O papel das pequenas e médias empresas nas contratações públicas: o caso brasileiro". *Revista de Direito Administrativo*, nº 273, 2016.

FRANÇA, Phillip Gil. *O controle da Administração Pública*: tutela jurisdicional, regulação econômica e desenvolvimento. São Paulo: Revista dos Tribunais, 2008.

FREITAS, Juarez. *Discricionariedade administrativa e a o direito fundamental à boa administração pública*. 2ª ed. São Paulo: Malheiros, 2009.

______. *O controle dos atos administrativos e os princípios fundamentais*. 4ª ed. São Paulo: Malheiros, 2009.

FUKUYAMA, Francis. *O fim da história e o último homem*. Rio de Janeiro: Rocco, 1992.

GALINDO, André Galindo da. *A agenda da dívida externa no início do século XXI*: estudo dos casos de Argentina, Brasil e Equador. São Paulo: Universidade de São Paulo, 2020. (Tese de Doutorado).

GASPARINI, Diógenes. *Direito Administrativo*. 13ª ed. São Paulo: Saraiva, 2008.

GIACOMELLI, S. "Innovation and Public Procurement: Terminological, Conceptual, and Organizational Issues". *Journal of Public Procurement*, nº 14, vol. 3, 2014.

GIAMUNDO NETO, Giuseppe. *As garantias do processo no Tribunal de Contas da União*: Princípios Constitucionais, Código de Processo Civil/2015 e a Lei de Introdução às Normas do Direito Brasileiro-LINDB. São Paulo: Thompson Reuters BRASIL, 2019.

GOMES, José Jairo. *Direito eleitoral*. 12ª ed. São Paulo: Atlas, 2016.

GORDILLO, Agustin. *Princípios gerais de Direito Público*. Trad. Marco Aurélio Greco. São Paulo: Revista dos Tribunais, 1977.

GRAU, Eros Roberto. *O direito posto e o direito pressuposto*. 5ª ed. São Paulo: Malheiros, 2002.

GUALAZZI, Eduardo Lobo Botelho. *Regime Jurídico dos Tribunais de Contas*. São Paulo: RT, 1992.

GUIMARÃES, F. V. "Compliance nas Contratações Públicas". *Revista dos Estudos Jurídicos da Unipar*, vol. 21, nº 3, 2019.

GUIMARÃES, Júlia Venzi G. "O entendimento do Supremo Tribunal Federal a respeito do poder punitivo do Tribunal de Contas da União". *Caderno Virtual*, (Instituto Brasiliense de Direito Público, Brasília, vol. 1, 2021.

HABERMAS, Jurgen. *Direito e democracia, entre factividade e validade*. Rio de Janeiro: Tempo Brasileiro, 2003.

HARADA, Kiyoshi. "Tribunais de Contas dos Municípios". *Revista Jus Navigandi*, Teresina, ano 13, nº 1653, 10 jan. 2008. Disponível em: https://jus.com.br/artigos/10829. Acessado em: 09.10.2022.

HOBBES, Thomas. *Leviatã*. São Paulo: Martin Claret, 2009.

IHERING, Rudolf Von. *Questões e Estudos de Direito*. São Paulo: LZN, 2003.

ITUASSU, Arthur. "Participação, cidadania e ciberdemocracia no Brasil". *E-Compós*, *[S. l.]*, v. 14, nº 2, 2012. Disponível em: https://www.e-compos.org.br/e-compos/article/view/718. Acessado em: 09.042023.

JACOBY FERNANDES, Jorge Ulysses. "Limites à revisibilidade judicial das decisões dos Tribunais de Contas". *Revista do Tribunal de Contas da União*, Brasília, nº 70, out./dez. 1996.

______. *Tribunais de contas do Brasil*: jurisdição e competência. 4ª ed. rev. atual. e ampl. Belo Horizonte: Fórum, 2016.

JAYME, Fernando Gonzaga. "A competência jurisdicional dos tribunais de contas do Brasil". *Revista do Tribunal de Contas* – RTTC, Belo Horizonte, ano 2, nº 1, set. 2011.

JORDÃO, Eduardo. "A intervenção do TCU sobre editais de concessão não publicados – controlador ou administrador?" *Revista Brasileira de Direito Público da Economia* – RDPE, Belo Horizonte, ano 12, nº 47, 2014.

JUCÁ, Francisco Pedro. *Finanças públicas e democracia*. São Paulo: Atlas, 2013.

JUSTEN FILHO, Marçal. *Comentários à lei de licitações e contratos administrativos*: Lei n. 8.666/1993. 18ª ed. São Paulo: Thompson Reuters, 2019.

______. *Curso de Direito Administrativo*. 12ª ed. São Paulo: Revista dos Tribunais, 2016.

KABBAS, Adriana Pigatto. *A atuação dos Tribunais de Contas frente aos direitos sociais prestacionais*. Porto Alegre, 2008.

KELSEN, Hans. *O que é Justiça?* São Paulo: Martins Fontes, 2001.

_____. *Teoria Pura do Direito*. São Paulo: Martins Fontes, 1998.

KIRK, Russel. *A política da prudência*. São Paulo: Realizações, 2014.

KLEIN, Naomi. *A doutrina do choque*: a ascensão do capitalismo de desastre. Rio de Janeiro: Nova Fronteira, 2008.

KOEHLER, Frederico Augusto Leopoldino. *A razoável duração do processo*. 2ª ed. Salvador: JusPodivm, 2013.

LASSALE, Ferdinand. *O que é uma Constituição?* São Paulo: Russel, 2011.

LEAL, Victor Nunes. *Tribunais de Contas do Brasil*: jurisdição e competência. Belo Horizonte: Fórum, 2003.

LEITE JÚNIOR, Alcides Domingues. *Desenvolvimento e mudanças no Estado brasileiro*. 2ª ed. reimp. Florianópolis: Departamento de Ciências da Administração - UFSC, 2012.

LEWANDOWSKI, Enrique de Abreu. *Abrangência e limites da tutela cautelar dos tribunais de contas*. São Paulo: Universidade de São Paulo, 2022. DOI:10.11606/T.2.2022.tde-06022023-183014. Acessado em: 06.11.2024. (Tese de Doutorado).

LEWANDOWSKI, Enrique Ricardo. "Reflexões em torno do princípio republicano". *Revista da Faculdade de Direito da Universidade de São Paulo*, vol. 100, 2005.

_____. *Proteção dos direitos humanos na ordem interna e internacional*. Rio de Janeiro: Forense, 1984.

LIZARDO, Filippe Soares; SERRANO, A. C. A. P.; SILVA FILHO, João Antonio da. *Contratos, controle e procedimentos*: ensaios sobre a lei de licitações e contratos administrativos (Lei n. 14.133/21). *In:* ALMEIDA, Fernando Dias Menezes de; COMPARINI, Julio de Souza; NUNES, Silvio Gabriel Serrano; TOMELIN, Georghio Alessandro (Coord.). Nova Lei de Licitações e o Controle exercido pelos Tribunais de Contas. 1ª ed. São Paulo: Lumen Juris, 2022.

LIZARDO, Filippe Soares; SILVA FILHO, João Antonio da; TUMA, Eduardo. "Tribunais de Contas do Brasil: democracia e o controle externo da administração pública". *Revista Controle*, vol. 20, 2022.

LOPES, José Reinaldo de Lima Lopes. *O Direito na história*: Lições Introdutórias. 2ª ed. São Paulo: Max Limonad, 2002.

LOSANO, Mário G. *Os grandes sistemas jurídicos*. São Paulo: Martins Fontes, 2007.

MACHADO, Hugo de Brito. *Curso de Direito Tributário*. 32ª ed. São Paulo: Malheiros, 2015.

MAIA, Rousiley Celi Moreira; GOMES, Wilson; MARQUES, Francisco Paulo Jamil Almeida (Coord.). *Internet e participação política no Brasil*. Porto Alegre: Meridional; Sulina, 2011.

MARANHÃO, Jarbas. Tribunal de Contas. "Natureza jurídica e posição entre os poderes". *Revista de Informação Legislativa*, ano 27, nº 106, abr./jun. 1990.

MARTINS, Daniel Müller; STOCO, Isabela Maria. "A reabilitação de empresas no âmbito das contratações públicas à luz do Direito brasileiro anticorrupção". *Caderno PAIC*, [S. l.], vol. 18, nº 1, 2017. Disponível em: https://cadernopaic.fae.edu/cadernopaic/article/view/245. Acessado em: 16.11.2023.

MARTINS, Ives Gandra da Silva. "As Cortes de Contas são instituições permanentes de impossível extinção nos termos da Constituição Federal – sua competência é imodificável por legislação infraconstitucional". *Boletim de Direito Administrativo*, São Paulo, 12 fev. 1992.

MATTOS, Ilmar Rohloff de. *O Tempo Saquarema*. 7ª ed. São Paulo: Hucitec, 2017.

MEDAUAR, Odete. *Controle a Administração Pública*. São Paulo: RT, 1993.

______. *Direito Administrativo em evolução*. 2ª ed. São Paulo: Revista dos Tribunais, 2003.

______. *Direito Administrativo moderno*. 21ª ed. Belo Horizonte: Fórum, 2018.

MEIRELLES, Hely Lopes; BURLE FILHO, José Emmanuel. *Direito Administrativo Brasileiro*. 42ª ed. atual até a Emenda Constitucional 90, de 15.9.2015. São Paulo: Malheiros, 2016.

MELLO, Celso Antônio Bandeira de. "Funções do Tribunal de Contas". *Revista de Direito Público*, São Paulo, nº 72, out./dez. 1984.

______. *Apontamentos sobre agentes e órgãos públicos*. São Paulo: Revista dos Tribunais, 1984.

_____. *Curso de Direito Administrativo*. 35ª ed. rev. e atual. São Paulo: Malheiros 2021.

_____. *Curso de Direito Administrativo*. São Paulo: Malheiros, 2010.

_____. *Grandes temas de Direito Administrativo*. São Paulo: Malheiros, 2010.

MELLO, Maria Tereza Leopardi. "O direito, a pesquisa empírica e a economia". *In:* PORTO, Antônio Maristrello; SAMPAIO, Patrícia (Coord.). *Direito e Economia em dois mundos*: doutrina jurídica e pesquisa empírica. Rio de Janeiro: FGV, 2014.

MELO, Álisson José Maia; AGUIAR, Thaís Rodrigues Brito. "Os tribunais de conta à luz da separação de poderes no Direito brasileiro: um estudo sobre a natureza jurídica de suas decisões". *Revista de Direito da Faculdade Guanambi*, Guanambi, vol. 5, nº 2, jul./dez. 2018. Disponível em: http://revistas.faculdadeguanambi.edu.br/index.php/Revistadedireito/article/view/229. Acessado em: 07.02.2023.

MERLOTTO, Nara Carolina. *A atuação do Tribunal de Contas da União sobre as agências reguladoras*: entre a independência e o controle. São Paulo: Universidade de São Paulo, 2018. DOI: 10.11606/D.2.2018.tde-25092020-144220. Acessado em: 10.09.2022. (Dissertação de Mestrado).

MESQUITA, Patrick Bezerra. "Ministério público de contas brasileiro: ser ou não ser, eis a questão". *In*: ASSOCIAÇÃO NACIONAL DO MINISTÉRIO PÚBLICO DE CONTAS. *Ministério público de contas*: perspectivas doutrinárias do seu estado jurídico. Belo Horizonte: Fórum, 2017.

MILESKI, Hélio Saul. "O controle da gestão pública". *In*: COSTA, Luiz Bernardo Dias. *Tribunal de Contas*: evolução e principais atribuições no Estado Democrático de Direito. Belo Horizonte: Fórum, 2005.

MONTAÑO, Carlos. "Pobreza, 'questão social' e seu enfrentamento". *Serviço Social & Sociedade*, São Paulo, nº 110, abr./jun. 2012.

MONTESQUIEU. *O Espírito das Leis*. Trad. Cristina Murachco. 2ª ed. São Paulo: Martins Fontes, 2000.

MOREIRA, Egon Bockman. *Processo administrativo*: princípios constitucionais e a Lei n. 9.784/1999. 4ª ed. São Paulo: Malheiros, 2010.

MOURÃO, Licurgo; FERREIRA, Diogo Barbosa. "A atuação constitucional dos tribunais de contas e de seus magistrados (composição, atuação e deliberações): de Eisenhower a Zé Geraldo". *In:* LIMA, Luiz Henrique (Coord.). *Tribunais de Contas*: Temas polêmicos na visão de Ministros e Conselheiros Substitutos. 2ª ed. rev., ampl. e atual. Belo Horizonte: Fórum, 2018.

NAY, Oliver. *História das Ideias Políticas*. Petrópolis: Vozes, 2007.

NERY JUNIOR, Nelson. *Princípios do processo civil na Constituição Federal*. São Paulo: Revista dos Tribunais, 1992.

NERY JÚNIOR, Nelson; NERY, Rosa Maria de Andrade. *Código de Processo Civil comentado*. 18ª ed. São Paulo: Thompson Reuters, 2019.

NOHARA, Irene Patrícia Diom. *Direito Administrativo*. Barueri: Atlas, 2023.

NUNES, Silvio Gabriel Serrano. "30 Anos da Constituição da República Federativa do Brasil de 1988 e 40 Anos da Constituição Espanhola de 1978: documentos constitucionais de transições democráticas pactuadas". *56º Congresso Internacional de Americanistas*, Universidad de Salamanca - 800 años, vol. 11, 2018.

_____. *As origens do constitucionalismo calvinista e o direito de resistência*: a legalidade bíblica do profeta em John Knox e o contratualismo secular do jurista em Théodore de Bèze. São Paulo: Faculdade de Filosofia, Letras e Ciências Humanas, Universidade de São Paulo, 2017. DOI: 10.11606/T.8.2017.tde-12062017-105723. Acessado em: 22.04.2022. (Tese de Doutorado).

_____. *Constitucionalismo e resistência em Théodore de Béze: secularização e universalidade do direito de resistir na obra de Du Droit des Magistrats sur leurs sujets de 1574*. 2010. São Paulo: Faculdade de Filosofia, Letras e Ciências Humanas, Universidade de São Paulo, 2011. DOI: 10.11606/D.8.2011.tde-23052011-145729. Acessado em: 29.10.2024. (Dissertação de Mestrado).

_____. "John Locke e as teorias do direito de resistência de matriz luterana". *Cadernos Espinosanos*, [S. l.], nº 38, 2018. Disponível em: https://www.revistas.usp.br/espinosanos/article/view/145925. Acessado em: 04.07.2023.

_____. "Théodore de Bèze, O Liberum Veto e os 'Artigos do Rei Henrique' da Polônia: As Origens do Esplendor Constitucional no Século XVI e da Decadência Política da Sereníssima Res Publica Poloniae Diagnosticada por Rousseau no século XVIII". *Cadernos de Ética e Filosofia Política*,

[S. l.], vol. 1, nº 36, 2020. Disponível em: https://www.revistas.usp.br/cefp/article/view/171625. Acessado em: 04.07.2023.

NUNES, Silvio Gabriel Serrano; PINTO, Maria Isabel Pimentel de Castro. "Rui Barbosa e a inteligência que refundou o Brasil: Intelectualidade entre a política e a imposição do Federalismo (1889-1930)". *Projeto História: Revista do Programa de Estudos Pós-Graduados de História*, [S. l.], vol. 78, 2023. Disponível em: https://revistas.pucsp.br/index.php/revph/article/view/62554. Acessado em: 11.12.2023.

NUNES, Silvio Gabriel Serrano; ROCHA, Silvio Luis Ferreira da. "Aspectos Históricos da Normatização Jurídica das Licitações e dos Contratos Administrativos". *In:* ALMEIDA, Fernando Dias Menezes de; COMPARINI, Julio de Souza Comparini; NUNES, Silvio Gabriel Serrano; TOMELIN, Georghio Alessandro (Coord.). *Contratos, controle e procedimentos*: ensaios sobre a lei de licitações e contratos administrativos (Lei n. 14.133/21). vol. 1. 1ª ed. Rio de Janeiro: Lumen Juris, 2022.

______. "Aspectos Históricos da Normatização Jurídica das Licitações e dos Contratos Administrativos". *In*: ALMEIDA, Fernando Dias Menezes de; TOMELIN, Georghio Alessandro; NUNES, Silvio Gabriel Serrano; COMPARINI, Julio de Souza (Coord.). *Contratos, controle e procedimentos*: ensaios sobre a lei de licitações e contratos administrativos (Lei n. 14.133/21). 1ª ed. vol. 1. Rio de Janeiro: Lumen Juris, 2022.

NUNES, Silvio Gabriel Serrano; SERRANO, Antonio Carlos Alves Pinto. "O município na história das Constituições do Brasil de 1824 a 1988". *Cadernos Jurídicos*, Escola Paulista da Magistratura, São Paulo, vol. 18, nº 52, 2019.

NUNES, Silvio Gabriel Serrano; SERRANO, Antonio Carlos Alves Pinto; SERRANO, Juliana Salinas. "O direito à defesa técnica nos processos administrativos sancionadores perante os tribunais de contas: a obrigação de atuação das procuradorias públicas na defesa dos gestores públicos: The right to technical defense in sanctional administrative procedures before the courts of auditors: the obligation of public prosecutors in the defense of political agentes". *Brazilian Journal of Development*, [S. l.], vol. 8, nº 10, 2022. Disponível em: https://ojs.brazilianjournals.com.br/ojs/index.php/BRJD/article/view/53420. Acessado em: 04.07.2023.

NUNES, Silvio Gabriel Serrano; SERRANO, Antonio Carlos Alves Pinto. "O impacto da Covid-19 na interpretação e aplicação do direito brasileiro: aspectos a serem considerados nas decisões tomadas pelos gestores públicos". *In:* PINTO, Eduardo Vera-Cruz; RIBEIRO, Paulo Dias de Moura; SILVA, Marco Antonio Marques da (Coord.). *COVID-19* – O Mundo em transformação. vol. 1. 1ª ed. São Paulo: Quartier Latin, 2022.

______. "A Intervenção do Estado na Ordem Econômica na História das Constituições do Brasil (1824-1988) e a Declaração de Direitos de Liberdade Econômica (2019)". *In*: CUNHA FILHO, Alexandre Jorge Carneiro da; MACIEL, Renata Mota Maciel; PICCELLI, Roberto Ricomini (Coord.). *Lei de Liberdade Econômica* – Anotada. vol. 1. 1ª ed. São Paulo: Quartier Latin, 2020.

NUNES, Silvio Gabriel Serrano; TOMELIN, Georghio Alessandro; UEMA, Jean Keiji. "Preceitos fundamentais do SUS e o Poder Judiciário: um estudo da jurisprudência do STF". *In*: BRUZZESE; Camila Perissini; PSANQUEVICH, Paulo Kron; SANTANA, Fabio Paulo Reis de (Coord.). *O SUS e a judicialização da saúde*: dos procedimentos clínicos à estrutura jurídica. vol. 2. 1ª ed. Rio de Janeiro: CEEJ, 2022.

OECD. *Public procurement for innovation*: Good practices and strategies. OECD Publishing, 2015.

OLIVEIRA, G. J. de; SCHWANKA, C. "A administração consensual como a nova face da administração pública no século XXI: fundamentos dogmáticos, formas de expressão e instrumentos de ação". *Revista da Faculdade de Direito*, Universidade de São Paulo, *[S. l.]*, vol. 104, 2009. Disponível em: https://www.revistas.usp.br/rfdusp/article/view/67859. Acessado em: 12.09.2023.

OLIVEIRA, Regis Fernandes de. *Ato administrativo*. 2ª ed. São Paulo: Revista dos Tribunais, 1980.

______. *Gastos públicos*. São Paulo: Revista dos Tribunais, 2012.

______. *Curso de Direito financeiro*. 7ª ed. São Paulo: Revista dos tribunais, 2015.

OXFAM. *O vírus da desigualdade*: unindo um mundo dilacerado pelo coronavírus por meio de uma economia justa, igualitária e sustentável. Relatório de pesquisa. Oxfam International, Oxford-UK, jan. 2021. Disponível em: https://www.oxfam.org.br/justica-social-e-economica/forum-economico-de-davos/ o-virus-da-desigualdade/. Acessado em: 09.09.2022.

PACHUKANIS, Evgeny Bronislávovich. *A Teoria Geral do Direito e o Marxismo*. Rio de Janeiro: Renovar, 1999.

PALMA, Rodrigo Freitas. *História do Direito*. São Paulo: Saraiva, 2017.

PAOLI, Maria Célia Pinheiro Machado. "Empresas e responsabilidade social: os enredamentos da cidadania no Brasil". *In*: SOUSA SANTOS, Boaventura de. *Democratizar a democracia*: os caminhos da democracia participativa. Rio de Janeiro: Civilização Brasileira, 2002. Disponível em: biblio.fflch.usp.br/Paoli_MCPM_28_1248800_EmpresasEResponsabilidadeSocial.pdf. Acessado em: 06.11.2024.

PARDINI, Frederico. *Tribunais de Contas*: órgão de destaque constitucional. Faculdade de Direito da Universidade Federal de Minas Gerais, 1997. (Tese de Doutorado).

PAZZAGLINI FILHO, Marino. *Lei de improbidade administrativa comentada*: aspectos constitucionais, administrativos, civis, criminais, processuais e de responsabilidade fiscal. 5ª ed. São Paulo: Atlas, 2011.

PERELMAN, Chaim. *Ética e Direito*. São Paulo: Martins Fontes, 2005.

PETIAN, Angélica. *Regime jurídico dos processos administrativos ampliativos e restritivos de Direito*. São Paulo: Malheiros, 2011.

POLANYI, Karl. *A grande transformação*. São Paulo: Campus, 1980.

RAMOS, André de Carvalho. *Curso de direitos humanos*. 8ª ed. São Paulo: Saraiva, 2021.

RANGEL JÚNIOR, Hamilton. *Princípio da moralidade institucional*. São Paulo: Juarez de Oliveira, 2001.

RANIERI, Nina Beatriz Stocco. *O Estado democrático de direito e o sentido da exigência de preparo da pessoa para o exercício da cidadania, pela via da educação*. São Paulo: Universidade de São Paulo, 2009. DOI: 10.11606/T.2.2019.tde-10092019-171515. Acessado em: 04.06.2023.

RAUEN, André Tortato; PAIVA, Bianca Souza de. "Impacts of public procurement on business R&D efforts: the Brazilian case". IPEA. *Discussion Paper*, 246 Brasília, out. 2019.

RAWLS, John. *Uma Teoria de Justiça*. São Paulo: Martins Fontes, 2008.

REALE, Miguel. *Lições Preliminares do Direito*. São Paulo: Saraiva, 2001.

______. *Teoria do Direito e do Estado*. São Paulo: Saraiva, 2009.

RIVERO, Jean. *Curso de Direito Administrativo comparado*. São Paulo: Revista dos Tribunais, 1995.

RODRIGUES, Arlete Moysés. "Estatuto da Cidade: função social da cidade e da Propriedade. Alguns aspectos sobre população urbana e espaço". *Cadernos Metrópole*, nº 12, 2º sem. 2004.

ROLAND, Manoela Carneiro *et al.* "Desafios e perspectivas para a construção de um instrumento jurídico vinculante em direitos humanos e empresas. Direitos Humanos e Empresas". *Revista Direito GV*, vol. 14, nº 2, ago. 2018. Disponível em: https://doi.org/10.1590/2317-6172201817 Acessado em: 20.09.2021.

ROSE-ACKERMAN, Susan. *Corruption and Government*: Causes, Consequences, and Reform. Cambridge University Press, 1999.

______. "Introduction and overview". *In*: ROSE-ACKERMAN, Susan (Coord.). *International Handbook on the Economics of Corruption*. Cheltenham: Edward Elgar Publishing Limited, 2006.

ROSILHO, Andre Janjacomo. *Controle da administração pública pelo Tribunal de Contas da União*. São Paulo: Universidade de São Paulo, 2016. DOI: 10.11606/T.2.2017.tde-08022017-165131. Acessado em: 10.09.2022. (Tese de Doutorado).

ROSILHO, André. *Tribunais de Contas da União*: competências, jurisdição e instrumentos de controle. São Paulo: Quartier Latin, 2019.

ROSSI, Danilo Valdir Vieira. *O Tribunal de Contas e a qualidade da democracia*: um comparativo entre modelos institucionais. São Paulo: Faculdade de Direito, Universidade de São Paulo, 2017. DOI: 10.11606/T.2.2017.tde-05032021-151042. Acessado em: 10.09.2022. (Tese de Doutorado).

ROUSSEAU, Jean-Jacques. *O Contrato Social*. São Paulo: Edipro, 2011.

SALES, P. C. "Regime diferenciado de contratações públicas e contratação por resultados no Brasil". *Revista Digital de Direito Administrativo*, vol. 6, nº 1, fev. 2019.

SALLES, Alexandre, Aroeira. *O processo nos Tribunais de Contas*: contraditório, ampla defesa e a necessária reforma da Lei Orgânica do TCU. Belo Horizonte: Fórum, 2018.

SANTOS NETO, João Antunes dos. *Da anulação ex officio do ato administrativo*. 2ª ed. Belo Horizonte: Fórum, 2006.

SANTOS, Jair Lima. *Tribunal de Contas da União & controles estatal e social da Administração Pública*. Curitiba: Juruá, 2005

SANTOS, Maria Paula Gomes. *O Estado e os problemas contemporâneos*. 2ª ed. reimp. Florianópolis: Departamento de Ciências da Administração, UFSC, 2012.

SÃO PAULO (Município). Tribunal de Contas do Município de São Paulo. *Observatório de Políticas Públicas do Tribunal de Contas do Município de São Paulo* (TCMSP). Disponível em: https://observatorio.tcm.sp.gov.br/Educacao/216573. Acessado em: 17.04.2023.

SARLET, Ingo Wolfgang. "Direitos fundamentais em espécie". *In*: MARINONI, Luiz Guilherme; MITIDIERO, Daniel; SARLET, Ingo Wolfgang. *Curso de Direito Constitucional*. 6ª ed. São Paulo: Saraiva, 2017.

______. *A eficácia dos direitos fundamentais*: uma teoria geral dos direitos fundamentais na perspectiva constitucional. Porto Alegre: Livraria do Advogado Editora, 2015.

SCAFF, Fernando Facury. *Orçamento republicano e liberdade igual*: ensaio sobre Direito financeiro, república e direitos fundamentais no Brasil. Belo Horizonte: Fórum, 2020.

SCHOUERI, Luis Eduardo. *Direito tributário*. São Paulo: Saraiva, 2011.

SCLIAR, Wremyr. *Tribunal de Contas*: do controle na antiguidade à instituição independente do Estado Democrático de Direito. Porto Alegre: Pontifícia Universidade Católica do Rio Grande do Sul, 2014. (Tese de Doutorado).

SILVA FILHO, João Antonio da. *A democracia e a democracia em Norberto Bobbio*. São Paulo: Verbatim, 2014.

______. *Tribunais de contas no Estado Democrático deDdireito e os desafios do controle externo*. São Paulo: Contracorrente, 2019.

SILVA, Érico Xavier Desterro e. *O controle da eficiência administrativa pelo Tribunal de Contas*. 2020. São Paulo: Universidade de São Paulo, 2020. DOI: 10.11606/D.2.2020.tde-01052021-201729. Acessado em: 10.09.2022. (Dissertação de Mestrado).

SILVA, José Afonso da. *Comentário contextual à Constituição*. 7ª ed. São Paulo: Malheiros, 2010.

______. *Curso de Direito Constitucional positivo*. 38ª ed. São Paulo: Malheiros, 2015.

______. *Poder Constituinte e Poder Popular*. São Paulo: Malheiros, 2007.

______. "O proporcional e o razoável". *Revista dos Tribunais*, nº 798. São Paulo: Revista dos Tribunais, abr. 2002.

SILVA, Moacir Marques da. *Controle externo das contas públicas*: processo nos tribunais de contas do Brasil. São Paulo: Atlas, 2014.

SILVA. Luís Virgílio Afonso da. *Direito Constitucional brasileiro*. São Paulo: EDUSP, 2021.

SIMÕES, Edson. *Tribunais de Contas*: controle externo das contas públicas. São Paulo: Saraiva, 2014.

SØREIDE, T. "Corruption in Public Procurement". *In*: ROSE-ACKERMAN, Susan; SØREIDE, Tina (Coord.). *International Handbook on the Economics of Corruption*. Edward Elgar Publishing, 2009.

SOUZA, Celina. "Políticas públicas: uma revisão da literatura". *Sociologias*, Porto Alegre, nº 16, 2006.

STAFFORD, S. L. "The Impact of Corruption on Firm-Level Outcomes". *Economics & Politics*, nº 22, vol. 1, 2010.

STRECK, Lênio Luiz. *Verdade e Consenso*. São Paulo: Saraiva, 2014.

TAVARES, André de Carvalho. *Curso de Direito Constitucional*. 19ª ed. São Paulo: Saraiva Educação, 2021.

TAVARES, André Ramos. "Livre iniciativa empresarial. Enciclopédia jurídica da PUC-SP". *In:* CAMPILONGO, Celso Fernandes; GONZAGA, Alvaro de Azevedo; FREIRE, André Luiz (Coord.). *Tomo*: Direito Comercial. Coordenadores de tomo: Fábio Ulhoa Coelho e Marcus Elidius Michelli de Almeida. 1ª ed. São Paulo: Pontifícia Universidade Católica de São Paulo, 2017. Disponível em: https://enciclopediajuridica.pucsp.br/verbete/237/edicao-1/livre-iniciativa-empresarial. Acessado em: 06.11.2024.

TOMELIN, Georghio A. *O Estado Jurislador*. 1ª ed. Belo Horizonte: Forum, 2018.

TORRES, Heleno Taveira. *Direito Constitucional financeiro*: Teoria da constituição financeira. São Paulo: Revista dos Tribunais, 2014.

______. *Direito Constitucional Tributário e segurança jurídica*: metódica da segurança jurídica no sistema constitucional tributário. São Paulo: Revista dos Tribunais, 2011.

TORRES, Ricardo Lobo. "A legitimidade democrática e o Tribunal de Contas". *Revista de Direito Administrativo*, Rio de Janeiro, nº 194, out./dez. 1993.

______. *Curso de Direito Financeiro e Tributário*. Rio de Janeiro: Renovar, 1999.

______. *O orçamento na Constituição*. Rio de Janeiro: Renovar, 1995.

UYEDA, Massami. *Da competência em matéria administrativa*. São Paulo: Ícone, 1995.

VALLE, Kamile Medeiros do. *O controle de resultados exercido pelo TCU no fomento às Organizações da Sociedade Civil*. São Paulo: Universidade de São Paulo, 2020. DOI: 10.11606/D.2.2020.tde-07052021-162542. Acessado em: 10.09.2022. (Dissertação de Mestrado).

VIANA, Ismar. *Fundamentos do processo de controle externo*: uma interpretação sistematizada do texto constitucional aplicada à processualização das competências dos tribunais de contas. Rio de Janeiro: Lumen Juris, 2019.

VISCARDI, Cláudia Maria Ribeiro. "Pobreza e assistência no Rio de Janeiro na Primeira República". *História, Ciências, Saúde-manguinhos*, vol. 18, supl. 1, dez. 2011.

WILLEMAN, Marianna Montebello. *Accountability democrática e o desenho institucional dos tribunais de contas no Brasil*. Belo Horizonte: Fórum, 2017.

WRIGHT, Benjamin Fletcher. "Introdução". *In*: PUBLIUS (Alexander Hamilton, James Madison e John Jay). *O Federalista*. Brasília: UNB, 1984.

WURMAN, Samy. *Controle externo do TCU*. Brasília: Vestcon, 2006.

YUKINS, C. "Procurement and Public Management: The Fear of Discretion and the Quality of Governance". *Public Administration Review*, vol. 61, nº 3, 2001.

YUKINS, C. R.; SCHOONER, S. L. (Coord.). *Government contract law*: Cases and materials. 5ª ed. West Academic Publishing, 2018.

ZYMLER, Benjamin. "O Tribunal de Contas da União: vinte anos após a Constituição Federal de 1988". *Revista da Procuradoria-geral do Município de Juiz de Fora* – RPGMJF, Belo Horizonte, ano 3, nº 3, jan./dez. 2013.

A Editora Contracorrente se preocupa com todos os detalhes de suas obras! Aos curiosos, informamos que este livro foi impresso no mês de novembro de 2024, em papel Pólen Natural 80 g/m².